John Trent
Laura Schnurr

Renaissance der Vereinten Nationen

Gegenwart und Potentiale im 21. Jahrhundert

aus dem Englischen übersetzt von Charles K. Savala

Verlag Barbara Budrich
Opladen • Berlin • Toronto 2021

Bibliografische Information der Deutschen Nationalbibliothek
Die Deutsche Nationalbibliothek verzeichnet diese Publikation in der Deutschen Nationalbibliografie; detaillierte bibliografische Daten sind im Internet über https://portal.dnb.de abrufbar.

Gedruckt auf säurefreiem und alterungsbeständigem Papier

www.budrich.de

ISBN für die Verlagsausgabe: 978-3-8474-2449-9

Umschlaggestaltung: Bettina Lehfeldt, Kleinmachnow – www.lehfeldtgraphic.de
Titelbildnachweis: Basil D Soufi, bearbeitet von Laura Schnurr
Übersetzungslektorat: Frauke Möbius, Kiel – fm@buesteppe.de
Satz: Ulrike Weingärtner, Gründau – info@textakzente.de
Druck: Medienhaus Plump GmbH, Rheinbreitbach
Printed in Europe

Inhaltsverzeichnis

Abbildungsverzeichnis

Liste der Abkürzungen

CSR	Soziale Verantwortung des Unternehmens
DAC	Entwicklungshilfeausschuss
DESA	Abteilung für Wirtschaft und Soziales
ECOSOC	Wirtschafts- und Sozialrat
ECOWAS	Wirtschaftsgemeinschaft westafrikanischer Staaten
ESEC	Wirtschafts-, Sozial- und Umweltrat
FAO	Ernährungs- und Landwirtschaftsorganisation
FUNDS	Zukünftiges Entwicklungssystem der Vereinten Nationen
G20	Gruppe der 20
G77	Gruppe der 77
G7	Gruppe der 7
GATT	Allgemeines Zoll- und Handelsabkommen
GDP	Bruttoinlandsprodukt
GNI	Bruttonationaleinkommen
GA	General Assembly/Generalversammlung der Vereinten Nationen
IBRD	Internationale Bank für Wiederaufbau und Entwicklung
ICC	International Criminal Court/Internationaler Strafgerichtshof
ICISS	Internationale Kommission für Intervention und staatliche Souveränität
ICJ	International Court of Justice/Internationaler Gerichtshof
ICT	Informations- und Kommunikationstechnologie
IDA	Internationale Entwicklungsvereinigung
IDP	Binnenflüchtling
IFAD	Internationaler Fonds für landwirtschaftliche Entwicklung
ILO	Internationale Arbeitsorganisation
IMF	Internationaler Währungsfonds
IMO	Internationale Schifffahrtsorganisation
ITU	Internationale Fernmeldeunion
LGBT	Lesbian, Gay, Bisexual, Transgender/lesbisch, schwul, bisexuell, transgender
MDGs	Millenniumsentwicklungsziele
MOOC	Massiver offener Online-Kurs
NAM	Bewegung der Blockfreien Staaten
NATO	Organisation des Nordatlantikvertrags
NGO	Nichtregierungsorganisation

ODA	Öffentliche Entwicklungshilfe
OECD	Organisation für wirtschaftliche Zusammenarbeit und Entwicklung
OHCHR	Büro des Hochkommissars der Vereinten Nationen für Menschenrechte
P5	Permanent Five/die fünf ständigen Mitglieder des Sicherheitsrates
R2P	Responsibility to Protect/Verantwortung für den Schutz
RwP	Responsibility while Protecting/Verantwortung beim Schutz
SC	Security Council/Sicherheitsrat
SDGs	Sustainable Development Goals/Ziele für nachhaltige Entwicklung
SG	Generalsekretär
UNAIDS	Gemeinsames Programm der Vereinten Nationen für HIV/AIDS
UNCTAD	Konferenz der Vereinten Nationen für Handel und Entwicklung
UNDP	Entwicklungsprogramm der Vereinten Nationen
UNEF	Noteinsatztruppe der Vereinten Nationen
UNEPS	Umweltprogramm der Vereinten Nationen
UNESCO	Organisation der Vereinten Nationen für Bildung, Wissenschaft und Kultur
UN-HABITAT	Programm der Vereinten Nationen für menschliche Siedlungen
UNHCR	Hochkommissar der Vereinten Nationen für Flüchtlinge
UNICEF	Kinderhilfswerk der Vereinten Nationen
UNIDO	Organisation der Vereinten Nationen für industrielle Entwicklung
UNIFEM	Entwicklungsfonds der Vereinten Nationen für Frauen
UNODC	Büro der Vereinten Nationen für Drogen- und Verbrechensbekämpfung
UNOPS	Büro der Vereinten Nationen für Projektdienste
UNRISD	Forschungsinstitut der Vereinten Nationen für soziale Entwicklung
UNWTO	Welttourismusorganisation der Vereinten Nationen
UPR	Universelle regelmäßige Überprüfung
WFP	Welternährungsprogramm
WHO	Weltgesundheitsorganisation
WMO	Weltorganisation für Meteorologie
WTO	Welthandelsorganisation

Einleitung

Willkommen zu dieser kurzen, analytischen Einführung über die Vereinten Nationen, wie sie sind und wie sie sein könnten. Sie ist kurz, denn ihre erste Aufgabe beschränkt sich darauf, nur wesentliche Informationen über die UNO zu liefern. Sie ist analytisch, denn ihr zweites Ziel ist es, zu verstehen, wie wir über globale Institutionen denken können. Die Vereinten Nationen sind eine internationale Organisation, die 1945 durch einen Vertrag zwischen Staaten gegründet wurde, um ihnen bei der Zusammenarbeit in den Bereichen Frieden, Entwicklung und Menschenrechte zu helfen. Inzwischen wurde das Wort „international" zu „global" erweitert, was bedeutet, dass die Organisation sich nicht mehr auf Staaten beschränkt, sondern nun auch andere Akteure und Aktivitäten jenseits der Politik umfasst. Wir erleben die Geburt globaler Institutionen, deren Aufgabe es sein wird, das zunehmend integrierte globale System zu verwalten und zu steuern. Um die Vereinten Nationen zu verstehen, müssen wir ihren historischen und globalen Kontext verstehen und ihre Beziehungen zu Staaten, regionalen Organisationen, Nichtregierungsorganisationen (NGOs), multinationalen Unternehmen sowie religiösen und kulturellen Organisationen analysieren. Wir müssen auch ihre Stärken und Schwächen sowie ihr Zukunftspotential untersuchen.

Das Undenkbare erreichen

Historisch gesehen war die Welt noch nie ein besserer Ort. Wir leben in der friedlichsten und wohlhabendsten Zeit der Menschheitsgeschichte. Mehr als eine Milliarde Menschen sind in den letzten 25 Jahren aus extremer Armut herausgeholt worden. Vom frühen 19. Jahrhundert bis zur Mitte des 20. Jahrhunderts lebte die überwiegende Mehrheit der Weltbevölkerung in extremer Armut (Roser und Ortiz-Ospina, 2017). Wir haben seit Jahrzehnten keinen Krieg mehr zwischen Großmächten erlebt. Die Mehrheit der Menschen lebt in demokratischen Ländern, verglichen mit etwas mehr als 10 Prozent der Weltbevölkerung vor hundert Jahren. Der technologische Fortschritt hat sich schnell auf der ganzen Welt verbreitet, mit mehr Menschen, die miteinander und mit Informationen verbunden sind als je zuvor. Zehn Millionen Menschenleben wurden vor Windpocken, Polio, Masern, Malaria und Tuberkulose gerettet, während HIV/AIDS-Infektionen und Todesfälle erheblich zurückgegangen sind. Mehr Menschen haben Zugang zu Bildung und medizinischer Grundversorgung, und die Einkommen in den Entwicklungsländern steigen. Es ist richtig, dass die Covid-19-Pandemie eine signifikante Bedrohung für die Gesundheit und die Wirtschaft darstellt und dass sie viele der Fortschritte der letzten Jahre insbesondere in den Entwicklungsländern zunichte macht. Dennoch wird sie auf lange Sicht wohl lediglich als kleiner Störfaktor betrachtet werden.

Wir vergessen das oft, da wir ständig von den Medien und von Politikern mit schlechten Nachrichten überschüttet werden, die Angst und Unsicherheit schüren wollen. Wir brauchen dringend Perspektive.

Nichts davon besagt, dass wir uns unbekümmert zurücklehnen sollten, zufrieden mit den Fortschritten, die wir gemeinsam gemacht haben. Covid-19 hat über eine Million Leben gekostet und richtet fürchterliche Schäden in den Bereichen Arbeitslosigkeit, Armut und Hunger, sowie bei den Resultaten von Bildung an. Der Klimawandel hat Bedrohungen wie Wasserkrisen, Nahrungsmittelknappheit, mangelnden sozialen Zusammenhalt, schwindende Lebensgrundlagen und eine Gefährdung der Sicherheit verschärft. Der Terrorismus stellt eine sehr reale Bedrohung für unsere Sicherheit und Stabilität dar. Innerstaatliche Konflikte sind für die Betroffenen verheerend und haben gleichzeitig regionale und globale Folgen. Wir sind noch weit von einer angemessenen Lösung für die Migrationskrise entfernt, die durch die politische und wirtschaftliche Instabilität im Nahen Osten und in Nordafrika verursacht wurde. Es gibt keine Garantie dafür, dass wir eine weitere globale Finanzkrise ähnlich derjenigen von 2008/09 vermeiden werden.

Die Bedrohungen unserer Zeit unterscheiden sich von denen vergangener Epochen, die oft von einzelnen Staaten allein oder vielleicht von einigen wenigen Staaten innerhalb einer Region gelöst werden konnten. Die vielfältigen Herausforderungen, mit denen wir heute konfrontiert sind, haben mehrere gemeinsame Merkmale: Sie sind immer komplexer und überschreiten nationale Grenzen. Denken Sie an die Hunderttausende von Migranten und Flüchtlingen, die 2016 nach Europa eingereist sind, indem sie das Mittelmeer überquert und in Italien, Griechenland, Spanien und Zypern angekommen sind. Oder die schnelle Ausbreitung des Coronavirus, das zuerst in Wuhan, China, im Dezember 2019 identifiziert wurde und das sich in wenigen Monaten in nahezu jeden Winkel der Welt verbreitet hat. Wir wissen, dass der so genannte Islamische Staat ein globales Netzwerk aufgebaut hat, weitgehend über Social Media, das es ihm ermöglicht hat, eine große Zahl westlicher Kämpfer für Terroranschläge in Städten wie Paris und Brüssel zu rekrutieren, während er gleichzeitig über Niederlassungen auf der ganzen Welt verfügt, darunter im Jemen, in Libyen, Afghanistan, Bangladesch und Westafrika. Auch der Klimawandel kennt keine Grenzen; mit dem steigenden Meeresspiegel haben wir gesehen, wie die Kohlenstoffemissionen in einem Teil der Welt die Existenz von Inselstaaten auf der anderen Seite der Welt bedrohen.

Diese transnationalen Fragen erfordern eine höhere Ebene der Zusammenarbeit und Koordination zwischen den Staaten. Sie bedürfen starker internationaler Gesetze und Normen. Und vor allem benötigen sie effektive, globale Einrichtungen, die koordinierte Maßnahmen entwickeln und durchführen können. Doch kaum jemand bestreitet, dass derartige Institutionen zur Zeit ein Wunschtraum sind und dass die Vereinten Nationen, die einzige internationale Organisation ihrer Art, in ihrem derzeitigen Zustand der Aufgabe nicht gewachsen sind.

Warum also haben wir dieses Buch trotz aller entmutigenden Nachrichten mit einer positiven Aussage begonnen? Die Antwort ist einfach: Angesichts des Ausmaßes unserer Probleme und der Hindernisse, die wir überwinden müssen, ist es sinnvoll, sich daran zu erinnern, dass wir in den letzten Jahrzehnten unglaubliche Fortschritte erzielt haben – Fortschritte, die frühere Generationen wahrscheinlich nie für möglich gehalten hätten. So wie wir die Erwartungen bei der Schaffung von Kontinenten voller Frieden und bei Fortschritten in Bereichen wie Gesundheit, Entwicklung und Technologie übertroffen haben, so sind wir auch in der Lage, das System der Vereinten Nationen zu reformieren, um den gegenwärtigen und zukünftigen Herausforderungen gewachsen zu sein. Den sich vergrößernden Mangel an einer effektiven globalen Führung zu beheben, wird sicherlich nicht einfach sein, aber die Geschichte sagt uns, dass es möglich ist.

Das globale Führungsdefizit

Wie hat sich die Welt seit 1945 verändert? Hat sie sich in einem Maße gewandelt, das von uns verlangt, die damals geschaffenen internationalen Institutionen zu verändern? Wir behaupten, dass es tatsächlich so ist. Dass unsere gegenwärtigen Herausforderungen ebenso global wie national oder lokal sind, ist eine starke Begründung für die Verbesserung unserer Institutionen, aber es ist nicht die einzige.

Die Welt ist viel komplexer als in der Nachkriegszeit. Etwa 51 Länder schlossen sich 1945 zur Gründung der Vereinten Nationen zusammen. Heute gibt es 193 Mitgliedsstaaten. Und die Großmachtpolitik hat sich seit dieser Zeit enorm verändert. Eine bipolare oder unipolare globale Ordnung wurde durch eine multipolare ersetzt, was eine größere Instabilität erzeugt.

Als die UNO gegründet wurde, waren die Regierungen von Staaten die dominierenden Akteure im globalen Bereich. Auch wenn es noch zu früh ist, um auch nur den teilweisen Untergang der staatszentrierten Welt zu erklären, wird die Macht zunehmend mit anderen nichtstaatlichen Akteuren geteilt, wie NGOs, Stiftungen, multinationalen Unternehmen, Religionsgemeinschaften, regionalen Koalitionen oder Blöcken, zwischenstaatlichen Organisationen und Gruppen großer Volkswirtschaften wie der G7 und der G20.

Die wirtschaftliche, soziale und kulturelle Globalisierung hat dazu geführt, dass wir mehr denn je miteinander verbunden sind. Bessere Transportmöglichkeiten haben den globalen Handel mit Waren und Dienstleistungen erleichtert. Dasselbe gilt für die Freizügigkeit von Menschen, die zu einer zunehmenden Migration und zu internationalen Reisen führt. Schnelle und komplexe Kommunikationsmittel erschließen neue Wissensquellen und den sofortigen Zugang zu Informationen. Das Leben der meisten Menschen ist in irgendeiner Weise von der Globalisierung beeinflusst worden, aber das Ausmaß variiert stark. Und die Vorteile einer stärkeren Vernetzung sind nicht gleichmäßig verteilt; es gibt deutliche Gewinner und Verlierer. Soziale und wirtschaftliche Ungleichheiten haben sich verstärkt, und das Kapital konzentriert sich immer mehr in den Händen einiger Weniger, wobei nur ein Prozent der Weltbevölkerung mehr als 50 Prozent des Vermögens kontrolliert. Die globale Gesellschaft, in der wir heute leben, ist keineswegs eine globale Gemeinschaft.

Im Gegensatz dazu haben sich die internationalen Institutionen und ihre Fähigkeit zur Führung nicht wesentlich verändert. Die 1945 gegründeten Vereinten Nationen wurden für eine andere Zeit konzipiert. Ihre institutionelle Struktur und Kultur spiegeln immer noch diese vergangene Ära wider und nicht die Realitäten des 21. Jahrhunderts. Sie haben mit der rasanten Globalisierung und dem Wandel nicht Schritt gehalten. Diese versäumte institutionelle Entwicklung hat zu ihrer Marginalisierung geführt, indem die Staaten anderswo nach Lösungen für die dringendsten Herausforderungen der Welt suchen. Angesichts dieses Trends befürchten viele, dass die UNO jegliche Bedeutung verliert, wenn sie sich nicht an die Zeit anpasst.

Leider beobachten wir in einer Zeit, in der wir dringend eine stärkere Zusammenarbeit und eine bessere globale Führung benötigen, in vielen Ländern zunehmenden Nationalismus, Fremdenfeindlichkeit und Protektionismus. Die beschleunigte Globalisierung und Integration, die jahrzehntelang als unaufhaltsam galt, stößt auf eine neue Welle des Widerstands; Regierungschefs und Politiker, die Nationalismus und Isolationismus gegenüber Multilateralismus bevorzugen, gewinnen an Unterstützung. Wir konnten das deutlich sehen, als sich die Wähler im Vereinigten Königreich im Jahr 2016 für den Austritt aus der Europäischen Union entschieden haben, und erneut bei den darauf folgenden Wahlsiegen von Donald Trump in den USA, Jair Bolsonaro in Brasilien, Boris Johnson in Großbritannien, und anderen . Der Aufstieg nationalistischer politischer Bewegungen, an beiden Enden des politischen Spektrums, aber insbesondere im rechtsextremen Bereich, untergräbt internationale Institutionen wie die UNO.

Bilanz der Vereinten Nationen

Um genau zu verstehen, was mit den Vereinten Nationen nicht stimmt und welche möglichen Reformen ihre Regierungsfähigkeit verbessern könnten, müssen wir ihre Erfolge und Misserfolge untersuchen.

Wie diese Einführung zeigen wird, hat die UNO in ihrem über 75-jährigen Bestehen zahlreiche Erfolge erzielt. Diese reichen von öffentlichen Errungenschaften über alltägliche Führung, die selten mit ihr assoziiert wird, bis hin zu Auswirkungen, die nicht leicht messbar sind und kaum Schlagzeilen machen.

Der Beitrag, den die UNO seit ihrer Gründung zur Schaffung einer friedlicheren, gerechteren und nachhaltigeren Welt geleistet hat, ist so groß, dass es unmöglich wäre, alles zu erfassen. Sie verfügt über eine unübertroffene rechtliche Legitimität und globale Konventionsmacht und war unerlässlich für die Gestaltung von internationalem Recht, Regeln und Normen durch die Annahme von Verträgen und anderen Rechtsinstrumenten. Von der Allgemeinen Erklärung der Menschenrechte 1948 bis zum Atomwaffensperrvertrag 1968 ist sie für ein umfangreiches Völkerrecht verantwortlich, das das Verhalten der Staaten lenkt. Mehrere andere Verträge über die Rechte von indigenen Völkern, Menschen mit Behinderungen, Kindern, Flüchtlingen und anderen Minderheiten haben sichergestellt, dass für besonders gefährdete Personen oder Gruppen spezifische Rechte festgelegt wurden. Die Vereinten Nationen haben bei der Bekämpfung des Klimawandels zwischen dem Kyoto-Protokoll, dem Rahmenübereinkommen der Vereinten Nationen über Klimaänderungen und dem Zwischenstaatlichen Ausschuss für Klimaänderungen echte Fortschritte erzielt. In jüngster Zeit ist es mit dem Pariser Abkommen gelungen, die Mitgliedstaaten zu verpflichten, die dringend benötigten Emissionsreduktionen vorzunehmen. Über den Klimawandel hinaus hat sie in anderen Umweltfragen eine Führungsrolle übernommen, von der Eindämmung des Abbaus der Ozonschicht über den Schutz der biologischen Vielfalt bis hin zur Förderung alternativer Energien.

Der UNO können zwar nicht alle Fortschritte beim sozioökonomischen Wohlergehen und bei der Gesundheit angerechnet werden, dennoch hat sie enorme Beiträge geleistet. Ihre humanitären Programme stellen lebenswichtige Dienste für Bedürftige bereit, retten unzählige Leben und verbessern die Bedingungen für viele mehr. Sie hat wesentlich zur Gestaltung und Umsetzung einer globalen Entwicklungsagenda beigetragen, wie wir bei den Millenniumsentwicklungszielen im Jahr 2000 und den Zielen für nachhaltige Entwicklung im Jahr 2015 gesehen haben. Die UNO hat viel zur Förderung der Gleichstellung der Geschlechter beigetragen, darunter die Festlegung wichtiger internationaler Normen und die Schaffung von UN Women im Jahr 2010.

Neben dieser relativ sichtbaren Arbeit läuft der größte Anteil der internationalen wirtschaftlichen und politischen Aktivität dank einer Vielzahl von UN-Regulierungsinstitutionen ziemlich reibungslos. Im Endeffekt interagieren fast alle von uns regelmäßig mit der UNO, ohne sie dabei zu erkennen. Organisationen wie die Internationale Postunion, die Internationale Fernmeldeunion, die Internationale Zivilluftfahrt-Organisation und die Internationale Seeschifffahrtsorganisation sind in einer globalisierten Welt von entscheidender Bedeutung, aber wir neigen dazu, nicht jedes Mal an die UNO zu denken, wenn wir über eine Grenze fliegen, importierte Waren kaufen, einen internationalen Anruf tätigen oder eine Postkarte in ein anderes Land schicken.

Hinzu kommt, dass die UNO seit mehr als sieben Jahrzehnten eine stabilisierende Kraft ist, die zur globalen Ordnung beiträgt. Sie ist das wichtigste diplomatische Forum der Welt. Sie hat dazu beigetragen, einen weiteren Weltkrieg abzuwenden, die Verbreitung von Atomwaffen zu begrenzen und einen Atomwaffenkrieg zu verhindern sowie interne und internationale Konflikte durch zahlreiche Friedenssicherungseinsätze und politische Missionen zu reduzieren und zu beenden. Diese Art von Arbeit ist in der Regel nicht für die öffentliche Anerkennung geeignet. Das liegt zum Teil daran, dass wir einfach nicht wissen, welche Kriege oder Konflikte durch die Präsenz der UNO und ihren unermüdlichen Einsatz von Diplomatie, Verhandlungen und Vermittlung abgewendet wurden. Erfolgreiche Prävention macht selten Schlagzeilen, da das Ausbleiben eines Ereignisses nicht fassbar und die Kausalität schwer zu bestimmen ist. Letztendlich wird die UNO oft als selbstverständlich angesehen und erhält nicht die Anerkennung, die sie verdient, insbesondere für ihre Leistungen bei der Förderung von Frieden und Sicherheit. Dennoch sollte man sich daran erinnern, dass die Welt ohne die UNO auf immer brüchigere Beziehungen zwischen den Staaten angewiesen wäre. Trotz aller Mängel bleibt sie weitaus besser als die Alternative.

Ungeachtet all ihrer Errungenschaften würde selbst der leidenschaftlichste Anhänger der Vereinten Nationen nicht behaupten, dass sie eine perfekte Institution ist oder kurz davor steht.

Im Bereich Frieden und Sicherheit wurden der UNO in den letzten Jahren nach einer Reihe von Krisen, in denen sie entweder nicht gehandelt hat oder ganz umgangen wurde, sowie nach einigen publikumswirksamen Skandalen mehrere Schläge versetzt. Als die USA und einige andere Staaten 2003 einseitig beschlossen, in den Irak einzumarschieren, schufen sie einen gefährlichen Präzedenzfall in einer Welt, in der nur der Sicherheitsrat als fähig angesehen wurde, militärische Interventionen und die Anwendung von Gewalt zu tolerieren. Als die UNO bei den Verhandlungen über das iranische Atomabkommen 2015 nicht einbezogen wurde, sandte dies ein starkes Signal an die Organisation, die sich seit Jahrzehnten für die nukleare Abrüstung und Nichtverbreitung einsetzt. Seit mehreren Jahren hat es der Sicherheitsrat versäumt, in Syrien tätig zu werden, wo ein längerer Bürgerkrieg Hunderttausende von Menschenleben gefordert und Millionen vertrieben hat. Die internationale Gemeinschaft hat versucht einzugreifen, aber Russland und China haben ihr Vetorecht genutzt, um diese Versuche zu stoppen. Die Fähigkeit der fünf ständigen Mitglieder des Sicherheitsrates, gegen Resolutionen ein Veto einzulegen, erklärt, warum die UNO nicht immer in der Lage ist, Krisen wie Syrien effektiv zu bewältigen. Das Versäumnis der UNO, der zunehmenden Bedrohung durch den Terrorismus zu begegnen, hat ihrem Image als Friedensstifter der Welt weiteren Schaden zugefügt. Darüber hinaus haben Berichte über sexuellen Missbrauch durch UN-Friedenstruppen in der Demokratischen Republik Kongo und der Zentralafrikanischen Republik sowie die Erkenntnis, dass die Friedenstruppe in Haiti für den Cholera-Ausbruch nach dem Erdbeben 2010 verantwortlich war, gemeinsam den Ruf der seit langem bewunderten Blauhelme geschädigt.

Im Kampf um die Menschenrechte hat die UNO kein einheitliches Vorgehen gegen schwere Verstöße gezeigt und hat es der Politik beinahe jedes Mal erlaubt, ein prinzipientreues Handeln zu umgehen. Dies hat ihre Legitimität und Glaubwürdigkeit als Verteidigerin der Menschenrechte stark beeinträchtigt. Sie hat sich als unfähig oder nicht willens erwiesen, Massengrausamkeiten wie Völkermord, Verbrechen gegen die Menschlichkeit und Kriegsverbrechen unter anderem in Ruanda, Darfur, dem ehemaligen Jugoslawien und Syrien zu verhindern. Gleichzeitig ist es ihr nicht gelungen, eine internationale Reaktion auf die Migranten- und Flüchtlingskrise zu koordinieren, das heißt, die erforderlichen Ressourcen zu mobilisieren und die Staaten dazu zu bringen, mehr Menschen in Not aufzunehmen.

Durch die Verbreitung der Schutzverantwortung ist es gelungen, das Prinzip der staatlichen Souveränität und Nicht-Intervention nicht absolut, sondern bedingt zu machen. Doch Politik und nationale Interessen bestimmen immer noch, welche Situationen Beachtung finden und welche ignoriert werden. Unterdessen kämpft der Internationale Strafgerichtshof – eine vielversprechende Innovation zur Verfolgung der schlimmsten Menschenrechtsverletzer – darum, relevant zu bleiben, da einige Länder beschlossen haben, ihm nicht beizutreten, während andere aus ihm ausscheiden.

Auch bei der Förderung der nachhaltigen Entwicklung ist die UNO in Schwierigkeiten geraten. Die in der Entwicklungsagenda für die Zeit nach 2015 festgelegten hohen Ziele erfordern weitaus mehr Ressourcen, als derzeit verfügbar sind. Gleichzeitig hat das komplexe UN-Entwicklungssystem, das sich aus zahlreichen Organisationen und Agenturen zusammensetzt, oft mit überlappenden Mandaten, zu Ineffizienzen, Doppelarbeit, mangelnder Kohärenz und Wettbewerb um knappe Ressourcen geführt. Ihre Stellung als weltweit führende Organisation im Bereich Gesundheit hat die UNO durch ihre langsame und unzureichende Reaktion auf Pandemien wie dem Ausbruch von Ebola in Westafrika 2014–2016 sowie in jüngster Zeit dem weltweiten Ausbruch des Coronavirus aufs Spiel gesetzt, für die Politik und ihre Organisationskultur verantwortlich waren. Und der Wirtschafts- und Sozialrat, das wichtigste Koordinierungsorgan der Vereinten Nationen für alle wirtschaftlichen, sozialen und ökologischen Angelegenheiten, ist dringend reformbedürftig.

Da andere regionale und multilaterale Organisationen wie die Weltbank und regionale Entwicklungsbanken sowie private, philanthropische Akteure wie der Globale Fonds und die Gates Foundation als effizienter und reaktionsschneller wahrgenommen werden als UN-Organisationen, besteht für die Vereinten Nationen die Gefahr, dass die Mittel für die Entwicklung in andere Bereiche verlagert werden. Schließlich bleibt mit Blick auf die Zukunft unklar, ob sie in der Lage ist, Entwicklungspartnerschaften des 21. Jahrhunderts zu vermitteln und zu verwalten, die eine engere Zusammenarbeit zwischen öffentlichen, privaten und zivilgesellschaftlichen Akteuren erfordern, und gleichzeitig Innovation und Technologie einzuspannen, um ihren Einfluss auf die Entwicklung zu verstärken.

Die Dringlichkeit der aktuellen globalen Herausforderungen zusammen mit dem Scheitern der UNO und der wachsenden Tendenz der Staaten, sie zu umgehen, legen nahe, dass jetzt Handlungsbedarf besteht. Es gibt eine Reihe von Optionen, die von kleinen Optimierungen an der bestehenden Form und Funktion bis hin zum grundlegenden Neuaufbau der Organisation reichen. Wenn Letzteres möglich wäre, wäre das Potential für eine bessere globale Institution nur durch unsere kollektive Vorstellungskraft begrenzt. Aber eine gesunde Dosis Pragmatismus ist ratsam. Wir müssen die Hürden erkennen, die es zu überwinden gilt; das Vollkommene darf nicht der Feind des Guten sein.

Dennoch erfordern die Anforderungen an das UN-System mehr als eine Reihe von schrittweisen Verbesserungen. Struktur, Funktionen und Ressourcenzuweisung der UNO wurden im Laufe der Jahre reformiert, jedoch nicht in dem Maße, wie es notwendig wäre, um mit dem schnellen Wandel Schritt zu halten. Die Organisation ist heute nicht „zweckmäßig". Es mangelt jedoch nicht an Vorschlägen zur Verbesserung der veralteten Institution. Wissenschaftler, UN-Beamte und andere Experten entwickeln kontinuierlich praktikable Reformideen. Häufig besteht allgemeiner Konsens darüber, was getan werden sollte. Aber auch in diesen Fällen ist es aus einer Vielzahl von Gründen nicht einfach, Veränderungen herbeizuführen. Wenn es sich um eine langsame, bürokratische und politische Organisation wie die Vereinten Nationen handelt, wird es noch schwieriger. Letztendlich kann kein einzelner Akteur dies allein tun. Es bedarf einer konzertierten Anstrengung, um die institutionellen Defizite zu überwinden. Dies könnte in Form einer Multi-Stakeholder-Koalition zwischen willigen Staaten, NGOs, UN-Beamten, unabhängigen Experten und anderen Akteuren erfolgen. Jetzt ist es an der Zeit, verschiedene Akteure zu mobilisieren, gemeinsame Ziele zu identifizieren und eine Agenda für den Wandel zu erarbeiten und umzusetzen.

Jugendförderung

Wir können obendrein die notwendige Veränderung nicht erreichen, ohne die Jugend einzubeziehen. Diese Welt, in der 1,2 Milliarden Menschen im Alter zwischen 15 und 24 Jahren leben, war noch nie in der Geschichte Heimat für so viele junge Menschen wie heute. Neun von zehn Jugendlichen leben in Entwicklungsländern, von denen viele eine wachsende Zunahme der Jugend erleben, während die meisten entwickelten Länder mit Problemen kämpfen, die auf eine alternde Bevölkerung zurückzuführen sind (UNDESA 2019). Diese jungen Menschen, die besser informiert, mehr engagiert und globaler vernetzt sind als je zuvor, sollten die nächste Generation von Führungskräften stellen, die unsere gemeinsame Zukunft gestalten werden.

In seiner Rede vor der 71. UN-Generalversammlung lobte der ehemalige US-Präsident Barack Obama die Jugend unserer Zeit und erklärte: „Ich habe diesen Geist in unseren jungen Menschen gesehen, die gebildeter und toleranter, integrativer, vielfältiger und kreativer sind als unsere Generation; die einfühlsamer und mitfühlender gegenüber ihren Mitmenschen sind als frühere Generationen". Er sagte weiterhin, dass junge Menschen aufgrund des Zugangs zu Informationen über andere Völker und Orte „ein in der Menschheitsgeschichte einzigartiges Verständnis dafür haben, dass ihre Zukunft mit den Schicksalen anderer Menschen auf der anderen Seite der Welt verbunden ist".

Tatsächlich haben die heutigen Jugendlichen eine unglaubliche Macht, eine friedlichere, gerechtere und nachhaltigere Welt zu gestalten. Im Hochrangigen Segment der Generalversammlung 2016 wurde dies von einer beispiellosen Zahl von Staatsoberhäuptern anerkannt, wobei 59 Mitgliedstaaten die entscheidende Rolle der Jugend in ihren nationalen Erklärungen betonten (Jugendbotschafter der Vereinten Nationen 2016).

Die UNO selbst hat dies zur Kenntnis genommen. In seiner zweiten Amtszeit als Generalsekretär machte Ban Ki-moon die Arbeit mit und für junge Menschen zu einer seiner wichtigsten Prioritäten. Er gründete das Büro des Jugendgesandten des Generalsekretärs und ernannte Ahmad Alhendawi aus Jordanien zum ersten UN-Jugendbeauftragten ab 2013. Mit 28 Jahren war er der jüngste hohe Beamte in der Geschichte der UNO. Er wurde beauftragt, die Entwicklungsbemühungen der Jugendlichen quer durch das gesamte UN-System zu harmonisieren, die Reaktion der Vereinten Nationen auf die Bedürfnisse von Jugendlichen zu verbessern, sich für die Berücksichtigung der

Entwicklungsbedürfnisse und Rechte junger Menschen einzusetzen und die Stimmen junger Menschen bei den Vereinten Nationen einzubringen. Im Jahr 2017 kürte Generalsekretär Guterres Jayathma Wickramanayake aus Sri Lanka zu seiner Nachfolgerin in der Position (Website der Jugendbeauftragten).

Trotz einer Reihe von öffentlichen Äußerungen und Gesten, die das immense Potential der Jugend anerkennen, gibt es weltweit zu viele junge Menschen, die in Armut leben; und unzähligen wird die Möglichkeit verwehrt, eine Ausbildung zu erhalten und eine angemessene Beschäftigung zu finden. Schon vor der Covid-19-Pandemie sank weltweit der Anteil von Jugendlichen an der Zahl der Beschäftigten. Mit 13,6 Prozent ist die Gesamtarbeitslosenquote der Jugendlichen dreimal so hoch wie die der Erwachsenen, obwohl sie in einigen Regionen noch höher ist (in Nordafrika sind es fast 30 Prozent) Ein Fünftel aller jungen Menschen befindet sich weder in Arbeit, noch in der Schule oder in einer Ausbildung (ILO 2020). Die Realität für Mädchen und junge Frauen ist noch beunruhigender. Die Einschulungsraten an weiterführenden Schulen sind für Mädchen oft niedriger als für Jungen, und nur etwa zwei von 130 Entwicklungsländern haben auf allen Bildungsebenen Geschlechterparität erreicht. In fast allen Regionen sind junge Frauen stärker von Arbeitslosigkeit betroffen als junge Männer, während in Nordafrika und den arabischen Staaten die Arbeitslosenquote der weiblichen Jugendlichen fast doppelt so hoch ist wie die der jungen Männer (ILO 2016). Ihnen geht es ebenfalls in von Konflikten betroffenen Ländern noch schlechter als den meisten anderen. Die Covid-19-Pandemie hat die Herausforderungen, denen sich jungen Menschen stellen müssen, auf eine Art verändert, die wir noch eine ganze Weile lang nicht völlig überblicken werden. Und natürlich wird die Klimakrise zum Erbe der heutigen Jugend, die in immer größerer Zahl die Stimme erhebt und Maßnahmen fordert. Auf dem Klimagipfel der UNO im Jahr 2019 griff die damals 16-jährige Greta Thunberg in ihrer kraftvollen und emotionalen Ansprache die Staatschefs der Welt dafür an, die jungen Menschen durch ihr Nichtstun in der Krise zu verraten, und sorgte so international für Schlagzeilen. Fridays for Future, die Klimabewegung der Jugend, die sie inspiriert hat, hat bis heute über 13 Millionen junge Menschen bei Klimastreiks gezählt.

Gleichzeitig geben viele Länder ihrer Jugend keine Stimme; zwei von drei Ländern konsultieren keine jungen Menschen im Rahmen der Ausarbeitung von Strategien zur Armutsbekämpfung oder nationaler Entwicklungspläne (Jugendbotschafter der Vereinten Nationen 2014). Die Beteiligung junger Menschen in den nationalen Parlamenten ist gering, weniger als 2 Prozent der Parlamentarier weltweit sind jünger als 30 Jahre (Interparlamentarische Union 2016).

Kein Wunder also, dass sich Jugendliche trotz ihres Potentials oft entmachtet fühlen. Die Wahlbeteiligung der 18- bis 25-Jährigen ist nach wie vor geringer als in anderen Altersgruppen, und ein Mangel an bürgerschaftlichem Engagement der Jugendlichen ist weit verbreitet. Aber junge Menschen können es sich nicht leisten, Zuschauer zu bleiben. Sie müssen auf Maßnahmen und positive Veränderungen drängen. Sie müssen die Welt für sich selbst und für zukünftige Generationen verbessern. Mit politischen Rechten geht Verantwortung einher. Mehr denn je braucht die Welt ihre Jugend, um gute Führungskräfte zu wählen, sich in die Politik einzubringen, ihr Verständnis für globale Probleme zu erweitern und Lösungen zu entwickeln.

Ziele des Leitfadens

Dieser Leitfaden über globale Führung und die Reform der Vereinten Nationen analysiert die Organisation in ihrer derzeitigen Form und bietet Alternativen für die Zukunft an. Er zielt darauf ab, denjenigen, die relativ neu in diesem Bereich sind, die Grundlagen zu vermitteln. Es soll informativ sein, zum Nachdenken anregen und gleichzeitig einem breiten Publikum zugänglich bleiben, das von Studenten bis hin zu im Bereich aktiven Menschen reicht.

Er wurde entwickelt, um:

- einen Überblick mit wesentlichen Informationen über das System der Vereinten Nationen einschließlich seines historischen und globalen Kontextes zu geben,
- die Bilanz der UNO zu ihren drei „Säulen“ Menschenrechte, Frieden und Sicherheit sowie Entwicklung darzustellen,
- verschiedene Ideen und Vorschläge für die Erneuerung der Organisation zu erarbeiten, damit sie die Anforderungen von morgen besser erfüllen kann, und
- die Rolle von Normen, Werten und Einstellungen sowie verschiedener Akteure beim Aufbau einer Bewegung für eine UN-Renaissance zu untersuchen.

Wir interpretieren den Begriff der Renaissance in zweifacher Hinsicht. Erstens wird er verwendet, um Erneuerung, Wiedergeburt, Erweckung oder gar Frühling zu beschreiben, was uns dazu veranlasst, über Veränderung, Reform und Transformation in der UNO nachzudenken. Der zweite Ansatz bezieht sich auf die wesentliche Bedeutung der historischen Renaissance als „Rückkehr zum Ursprung“. Im gesamten Buch finden sich Hinweise auf die Gründungsziele der UNO, zu denen die Verhinderung der Kriegsgefahr, die Erlangung großer Befugnisse zur Zusammenarbeit bei wesentlichen Entscheidungen, das Streben nach dem Schutz der Menschenrechte und die Gewährleistung der wirtschaftlichen Zusammenarbeit gehören. Dieses Buch ist einer erneuten Suche nach den ursprünglichen Zielen der Vereinten Nationen gewidmet: Frieden, Entwicklung, Zusammenarbeit und Menschenrechte – und darüber hinaus noch viel mehr in Rahmen der weiteren Entwicklung der Welt. So nutzen wir die Renaissance, um eine Transformation der UNO zu fordern, die tief in ihren ursprünglichen hohen Zielen verwurzelt bleibt.

Wir hoffen, dass dieses Buch die Leser darauf vorbereitet und inspiriert, sich den bestehenden Bemühungen zur Erreichung dieser Renaissance anzuschließen und sie zu erweitern.

Kapitel 1 – Entwicklung internationaler Organisationen: Die Vergangenheit und Gegenwart der UNO

> „[Er] fragte sich, warum Menschen selten dieses gleiche Gefühl der Einheit für gute Zwecke nutzen konnten. Die Menschen würden ihre eigenen Interessen, ja sogar ihr eigenes Leben opfern, und sich in Bündnissen, die weit über das normale Leben hinausgingen, zusammenzuschweißen, um sich gegenseitig zu töten. Aber wenn es darum ging, Schönheit, Leben und Liebe zu erschaffen, wurden die Menschen allzu oft allein gelassen, jeder einzelne Akt wurde gegen Eigeninteresse und einfache Trägheit aufgewogen. Wenn die Menschen den Himmel auf Erden genauso leicht erschaffen könnten wie die Hölle, dann wäre es eine ganz andere Welt." Rachel Lee (2007: 474)[1]

Um die Vereinten Nationen wirklich zu verstehen, genügt es nicht, nur ihre Strukturen, ihr Personal und ihre Aktivitäten zu beschreiben. Es ist zunächst notwendig, ihre Anfänge und die Absichten ihrer Gründer zu erklären. Und dann beginnt der schwierige Teil: Wir müssen ihre Stärken und Schwächen abwägen und deren Komponenten analysieren. Dies ist der Grundgedanke für dieses Kapitel.

Frühzeitige Bemühungen um internationale Zusammenarbeit

Die Vereinten Nationen sind nicht die erste, sondern die dritte in einer Reihe von internationalen Organisationen, die auf das Jahr 1815 zurückgehen. Um der Gründung und Arbeitsweise der Vereinten Nationen in ihrer heutigen Form einen historischen Kontext zu geben, beschreibt der erste Teil dieses Kapitels diese Organisationen und die Schlüsselereignisse, die zu ihrer Entstehung geführt haben (siehe Abbildung 1).

---

1 Alle Zitate in diesem Buch: eigene Übersetzung.

Abbildung 1: Entwicklung der internationalen Organisationen, bis 1945

Konzert der europäischen Großmächte

Das Europäische Konzert wurde durch den Wiener Kongress gegründet, der die fast 20 Jahre dauernden Napoleonischen Kriege beendete. In vielerlei Hinsicht hat es die Weichen für seine Nachfolger gestellt: den Völkerbund und die Vereinten Nationen. Wie diese beiden letzten wurde das Konzert nach einem verheerenden Krieg gegründet, der von einer Gruppe von Verbündeten geführt wurde, um eine andere Nation daran zu hindern, ein Imperium zu gründen: Der Griff nach der Weltherrschaft. Das Wort „Konzert“ sollte eine Zusammenführung von Staaten in einer konzertierten Anstrengung beschreiben, an gemeinsamen Anliegen zu arbeiten. Es war eine radikale Abkehr von der Vergangenheit. Damals hieß es „ein Prinzip der allgemeinen Union, das alle Staaten kollektiv mit einer föderativen Bindung unter der Führung der fünf Hauptmächte vereint“ (Mazower 2013: 4). Bis zu den Napoleonischen Kriegen war Europa (wie andere Teile der Welt) von einem sich ständig verändernden „Kräftegleichgewicht“ bestimmt, in dem jeder souveräne Staat versuchte, seine eigenen Interessen zu maximieren und alle anderen Staaten oder Staatengruppen daran zu hindern, eine überwältigende Dominanz zu erlangen. Dies war die sich ständig verändernde Grundlage der Außenpolitik. Napoleons Frankreich hatte dieses Gleichgewicht gestört. Die alliierten Mächte wollten es dauerhaft wiederherstellen.

So war das Europäische Konzert praktisch eine fortlaufende Koalition der Großmachtsieger der Napoleonischen Kriege (Russland, Preußen, Österreich und Großbritannien sowie das zur Monarchie zurückgekehrte Frankreich). Ihre Aufgabe bestand darin, regelmäßig oder bei Bedarf Sitzungen einzuberufen und andere kleinere Länder einzubeziehen, um über sich überschneidende Interessen und ihre Bemühungen zur Aufrechterhaltung stabiler europäischer Beziehungen zu diskutieren. Die beiden Hauptaufgaben des Konzerts bestanden darin, den Frieden zwischen den Ländern zu wahren und die innere Stabilität der etablierten monarchischen Regierungen gegen nationalistische, liberale und demokratische Aufstände zu gewährleisten. In der Beratung wurden oft aggressive Impulse eingedämmt. Im Großen und Ganzen erreichte es im Zeitraum von 1815 bis zum Deutsch-Französischen Krieg 1870–71 seine beiden Hauptziele, also für über ein halbes Jahrhundert.

Das Europäische Konzert versuchte, die Angelegenheiten des Kontinents zu regeln, indem es alle Staaten auf die Regeln des internationalen Spiels verpflichtete. Manchmal konnte dies nur erreicht werden, indem man in die Angelegenheiten anderer eingriff. Tatsächlich war das Wort „international" ein relativ neues Konzept, das darauf hindeutet, dass es trotz ihrer bisherigen Gewohnheit, auf Grundlage ihrer souveränen Unabhängigkeit nur „ihr eigenes Ding machen" zu wollen, funktionierende Verbindungen zwischen Staaten gab. Dieses Recht auf souveränen Nationalismus geht auf den Westfälischen Frieden von 1648 zurück – der seinerseits den Dreißigjährigen Krieg in Europa beendete. Dennoch zögerte das Konzert nach der Französischen Revolution bei mehreren Gelegenheiten nicht, sich in die inneren Angelegenheiten eines Staates einzumischen, um eine konservative Wiederherstellung durchzusetzen. So marschierten 1823 Konzertmitglieder in Spanien ein, um eine revolutionäre Regierung aus Madrid zu vertreiben.

Die internationalen Beziehungen verbesserten sich im 19. Jahrhundert langsam, aber stetig. Zwischen 1840 und 1914 gab es fast 3.000 internationale Treffen. Mehr als 450 internationale, private oder nichtstaatliche Organisationen wurden gegründet, und das Konzert selbst wuchs auf 37 Regierungsorganisationen an. Internationale NGOs luden sich selbst zu den internationalen Treffen ein und wurden so zu neuen „Akteuren" in den internationalen Beziehungen und zu den Vorreitern der heutigen „Zivilgesellschaft". Ihr „Gegenspieler" war der historische Begriff der Souveränität (siehe Kasten 1).

Von Anfang an wurde darüber diskutiert, inwieweit die Schaffung eines Ordnungsrahmens zur Wahrung von Frieden und Stabilität eine Intervention in die Angelegenheiten anderer legitimieren könnte – Debatten, die mit der neuen UN-Politik der Verantwortung für den Schutz (R2P) fortgesetzt werden. Bei internationalen Angelegenheiten geht es nicht nur um die Gestaltung von Beziehungen. Es geht auch um dominante Ideen und den Wunsch nach Macht.

Kasten 1: Verständnis von „Souveränität"

Die *Souveränität* entstand aus dem Westfälischen Frieden von 1648, um die rechtliche Identität eines Staates im Völkerrecht zu definieren. Jeder Staat gilt als souverän gleichberechtigt. Es besteht eine entsprechende Verpflichtung, die Souveränität des anderen zu respektieren, indem man sich nicht in die inneren Angelegenheiten eines anderen einmischt. Intern bedeutet Souveränität die Fähigkeit der Regierung, autoritäre Entscheidungen durch ausschließliche Zuständigkeit innerhalb ihrer Territorialgrenzen zu treffen, zu deren Verteidigung sie berechtigt ist. Das ist internationales Recht, und seine Grundsätze werden vehement verteidigt, aber natürlich ist es nicht die internationale Realität. Die „souveräne Gleichheit der Staaten" ist in Artikel 2.1 der UN-Charta verankert. Der Grundsatz der „Nichteinmischung" ist in Artikel 2.7 zu finden. Das „Recht auf Selbstverteidigung" ist in Artikel 51 verankert. Der UN-Generalsekretär hat das Dilemma der beiden Souveränitätskonzepte diskutiert, von denen eines zum Staat und das andere zum Volk und den Individuen gehört. *Der Bericht der Internationalen Kommission für Intervention und staatliche Souveränität* schlägt vor, das Konzept auf die „Verantwortung" zusätzlich zur „Kontrolle" auszudehnen, so dass die staatlichen Behörden die Verantwortung für den Schutz ihrer Bürger tragen und über die UNO gegenüber der internationalen Gemeinschaft verantwortlich sind. Daraus entstand 2005 die Resolution der Vereinten Nationen zur Schutzverantwortung (R2P).

Quelle: International Commission on Intervention and State Sovereignty, 2001: 12–3

So hieß es: „Das Europäische Konzert hatte die neue Kunst der internationalen Regierung nicht gemeistert, sondern war im Gegenteil ein Symbol für eben diese Probleme – autokratische Führung, Kriegslust, ein Unverständnis für die Werte von Freiheit und der Macht des sozialen Wandels –, für deren Lösung ein echter Internationalismus notwendig war". (Mazower 2013: 12).

In Wirklichkeit waren die Außenbeziehungen 1815 ein Spielball der souveränen Monarchen und ihrer aristokratischen Minister, die darauf hinwirkten, dass Europa nicht nur stabil blieb, sondern dass auch radikale demokratische Tendenzen massiv unterdrückt wurden. Ein Beispiel war der französische Außenminister Prinz Talleyrand, der sein diplomatisches Geschick nutzte, um die Vorstellung durchzusetzen, dass Frankreich trotz des verlorenen Krieges zu zentral für Europa sei, um es zu zerstückeln. Diese Männer dominierten den Friedensvertrag von 1815, den Wiener Kongress und das Europa, zu dem er führte. Und es waren nur Männer, denn bis auf wenige Ausnahmen wie Königin Elisabeth I, wurden Frauen erst nach dem Zweiten Weltkrieg an der Gestaltung von internationalen Beziehungen beteiligt, als Eleanor Roosevelt und mehrere KollegenInnen die Allgemeine Charta der Menschenrechte bei den Vereinten Nationen einführten.

Wir können anerkennen, dass internationale Organisationen keine rein politischen Geschöpfe sind, sondern jeweils ihre Zeit und den Kontext während ihrer Gründung widerspiegeln. In vielerlei Hinsicht folgt die Politik dem Beispiel von Wirtschaft und Technik. So war die Entwicklung internationaler Organisationen im Laufe des 19. Jahrhunderts stark von der Industrialisierung, dem Ausbau der Eisenbahnen, der Erfindung schneller Schiffe und dem Warentransport über die nationalen Grenzen hinaus geprägt. Die Wirtschaft suchte nach Sicherheit für Märkte und Investitionen auf ganzen Kontinenten. Wissenschaft und Wirtschaft entwickelten gemeinsam das moderne Denken, das das Konzept eines Internationalismus ermöglichte. Moderne Handels- und Verkehrsformen führten zur Bildung von „öffentlichen internationalen Gewerkschaften" (die Vorläufer der heutigen „Sonderorganisationen" bei den Vereinten Nationen) in den Bereichen Verkehr, Kommunikation, Gewichte und Maße, Statistik, Patente, Landwirtschaft, Arbeit, Wissenschaft, Polizei und Hygiene. Darüber hinaus beeinflussten internationale Bewegungen für Arbeiter, Frauen und Frieden die Meinung der Weltöffentlichkeit.

Tatsächlich hat es eine Vielzahl von Einflüssen auf die Entwicklung internationaler Organisationen gegeben. Auch wenn der Impuls für eine internationale Zusammenarbeit aus dem Chaos der Nachkriegszerstörung entsteht, gehen Theoretiker davon aus, dass im Allgemeinen eine evolutionäre oder „genetische" Perspektive am besten geeignet erscheint, um zu verstehen, wie sich internationale Organisationen aus einer Vielzahl von Interessen (national und international, öffentlich und privat) sowie internen Lernprozessen und sogar buchstäblich aus dem Abhalten von internationalen Konferenzen herausgebildet haben (Reinalda: 2001). Es gibt Hinweise, dass in internationalen Organisationen Innovationen oft aus einer lebhaften und kontinuierlichen Debatte hervorgehen, die ihren Ursprung in wissenschaftlichen, technischen und humanistischen Gemeinschaften hat (Reinalda 2001; Schemeil 2003). Tatsächlich schafft der Konferenzprozess eine vorübergehende Gleichstellung von ungleichen Partnern und fördert eine offene Diskussion, die oft zu Innovationen führt (Murphy 1994: 62).

Das Abhalten von Konferenzen war auch geeignet, die Techniken und psychologischen Fähigkeiten zu entwickeln, die für erfolgreiche multilaterale Verhandlungen erforderlich sind (Claude 1966: 23). Engagierte Denker und Menschen in der Praxis fanden heraus, dass sie ihre Ideen weltweit umsetzen konnten und manchmal sogar aufgefordert wurden, Regierungspositionen vorzubereiten. In anderen Fällen haben NGOs gelernt, dass Regierungen durch geschickt eingesetzten privaten oder inoffiziellen Druck zur Zusammenarbeit bewegt werden können (Lyon 1963: 154). Veränderungen in der Innenpolitik von Staaten, wie neue Regierungen und politische Führungskräfte, können Chancen für neue Fortschritte auf internationaler Ebene bieten (Reinalda 2003: 9).

Eine Anmerkung zur Gründung des Völkerbundes

Der gerade beschriebene Kontext war sowohl der Prozess als auch der Anreiz für die Bildung internationaler Institutionen in der Zeit von den 1850er bis 1900er Jahren. Er bildete auch einen Teil des Hintergrundes für die Gründung des Völkerbundes im Jahr 1919 nach dem Ersten Weltkrieg. Weitere Anreize waren der schreckliche Verlust von Menschenleben, die Zerstörung von Ländern, die Zusammenarbeit der Alliierten im Krieg und die Notwendigkeit einer ständigen Organisation als Forum zur Förderung von Frieden anstelle von Krieg. Von großer Bedeutung war auch die beherzte Führung des amerikanischen Präsidenten Woodrow Wilson. Nach dem Zweiten Weltkrieg 1945 wiederholte sich die Geschichte in der Bildung der Vereinten Nationen, nur dass die Führungsrolle von einem neuen amerikanischen Präsidenten, Franklin D. Roosevelt, übernommen wurde.

Der Völkerbund wurde im Januar 1920 als Ergebnis der Pariser Friedenskonferenz und des Vertrags von Versailles gegründet, mit dem der Erste Weltkrieg beendet wurde. Als erste permanente zwischenstaatliche Organisation der Welt bestand sein Hauptziel darin, den Weltfrieden durch kollektive Sicherheit, Abrüstung und Schlichtung zu erhalten. Er hatte zunächst 44 Staatsmitglieder, die 1935 auf 58 anstiegen. Der Hauptsitz wurde unmittelbar nach der Gründung in Genf eingerichtet.

Wie wir sehen werden, lehren uns die vielen gründlichen Analysen der Gründung des Völkerbundes und der UNO viel über die Kausalität, Bedeutung und Absichten internationaler Organisationen (siehe Mazower, Reinalda, Schlesinger, Archer und Trent). Der Völkerbund entstand aus Geschichte, nationalen Interessen, Ideen und Persönlichkeiten. Er war das Resultat einer Kombination von einer Politik des „Urknalls“, die auf den Krieg reagierte, und einer evolutionären Entwicklung, die auf einem historischen Präzedenzfall beruhte. Als man über Institutionen der Nachkriegszeit nachdachte, hatten die verbündeten Teilnehmer der Pariser Friedenskonferenz 1919 (dominiert von den USA, Frankreich, Großbritannien und Italien, mit Persönlichkeiten wie Jan Smuts aus Südafrika als zusätzlichen Akteuren) ihre Zusammenarbeit während des Krieges, aber auch die Internationalität des vergangenen Jahrhunderts im Sinn. In ihren Überlegungen erwogen sie eine Reihe von Optionen: die Wiederbelebung einer neuen Version des alten Konzerts; ein Modell, das auf der amerikanischen Monroe-Doktrin basiert, die die Herrschaft der USA über Lateinamerika proklamierte; das British Empire, das in ein Commonwealth umgewandelt wurde; und schlicht die Rückkehr zur Politik des Gleichgewichts der Macht.

Das vorherrschende Denken war im Wesentlichen von Großbritannien und den USA geprägt. Als Großmächte wollte keine der beiden, dass neue Vereinbarungen sie zu sehr einschränken. Sie wollten das angloamerikanische Bündnis quasi in einem größeren Format beibehalten, sodass es nicht zu eigennützig oder rassistisch wirkte. Die Franzosen und Briten wollten nicht, dass der Völkerbund sich in ihre imperialen Ambitionen einmischt. Viele waren der Meinung, dass die neuen Regelungen so locker wie möglich sein und sich auf Verhandlungen, internationales Recht, Mediation und Schiedsverfahren konzentrieren sollten. Sowohl für den Völkerbund als auch für die UNO war die Erfahrung der Zusammenarbeit im Krieg als Grundlage für zentralere und systematischere Weltbeziehungen und die Bedeutung von Verfahren und Präzedenzfällen entscheidend.

Aber im Endeffekt waren es die Verhandlungen zwischen den Regierungschefs der großen, siegreichen Mächte, die die Gründung des Völkerbundes und der Vereinten Nationen vorantrieben. 1919 fand sich der US-Präsident Woodrow Wilson in Paris in langwierigen Verhandlungen mit dem französischen Präsidenten Georges Clemenceau, dem britischen Premierminister David Lloyd George und dem italienischen Premierminister Vittorio Orlando wieder – Staatsoberhäupter, die sowohl Geschöpfe ihrer eigenen Persönlichkeit, Philosophie und Visionen waren als auch von ihren engen Beratern beeinflusst wurden. Diese sogenannten „Big Four" hatten nicht die Absicht, die Kontrolle über die Tagesordnung der Konferenz abzugeben – eine Tradition, die bis heute erhalten geblieben ist.

Sie behielten ebenfalls die althergebrachte Tradition der diplomatischen Geheimhaltung bei, in der Annahme, dass eine Abweichung davon einen „regelrechten Selbstmord" für ihre Verhandlungen darstellen würde. Dennoch haben sie sich den wachsenden Forderungen der Journalisten nach regelmäßigen Plenarsitzungen und Pressekonferenzen gestellt. Kleine Staaten bekamen nachträglich einen Platz im Rat und der machtlosen Versammlung. Nach der Unterbreitung von Plänen verschiedener Politiker, Denker und von Verbänden konnte Robert Cecil, der britische Unterstaatssekretär für auswärtige Angelegenheiten, einen Textentwurf für den Völkerbund vorlegen, der zum Teil auf einer Studie über historische Präzedenzfälle basierte (wie es der amerikanische Außenminister später für die UNO tat). Er wurde zwei Monate lang diskutiert, geändert und schließlich angenommen. Es wäre jedoch falsch zu glauben, dass es keine anderen wesentlichen Einflüsse auf die Friedensverhandlungen gab. Zu den weiteren Haupteinflüssen gehörten: die Vermischung von Moral und Realpolitik in den provokanten Ideen von Jan Smuts, Premierminister von Südafrika; die intellektuelle Elite Londons, darunter Leonard Woolf, der ein suggestives Buch mit dem Titel International Government geschrieben hatte; die Forderungen kleiner Verbündeter, insbesondere derjenigen im neu entstehenden British Commonwealth, die zum Sieg des Krieges beigetragen hatten; und Volksverbände (jetzt NGOs) wie die League of Nations Association.

Der Völkerbund als Institution

Auch wenn sich der amerikanische Präsident Wilson für eine dauerhafte Organisation einsetzte, zog er es vor, diese Macht Politikern in einem Forum für quasi-parlamentarische Beratungen vorzubehalten, statt sie Anwälten in einer Art Supergerichtshof zu überlassen. Er wollte eine Institution, die sich nach dem gemeinsamen Willen weiterentwickeln würde. Er wollte auch die territoriale Integrität der wachsenden Zahl von Nationalstaaten durch eine allumfassende Vereinigung von Nationen schützen, die in der Lage sein sollte, im gemeinsamen Interesse zu handeln, um Kriege zu verhindern. „Die Tage des Wiener Vertrages sind längst vorbei", wie es der britische Premierminister Lloyd George formulierte, der sich damit auf die Geburt des Europäischen Konzerts bezog (Mazower 2013: 127). Es gab natürlich viele Widersprüche. Das allgemeine Prinzip der nationalen Selbstbestimmung blieb vage. Großbritannien, die große imperiale Macht, dachte, dass das Empire selbst einem „Völkerbund" glich. Vor Beginn der Pariser Friedenskonferenz blieben viele Fragen offen. Wie viel Exekutivgewalt würde ein Völkerbund besitzen? Inwieweit würde er sich für den Schutz etablierter Grenzen einsetzen? Könnten Sanktionen automatisch ausgelöst werden? Inwiefern wäre er mehr als nur ein permanentes Konferenzsystem?

Die Geschichte zeigt jedoch, dass nach Beginn der Friedenskonferenz persönliche Diplomatie entscheidend war. Ein Ausschuss unter dem Vorsitz von Wilson billigte den britischen Abkommensentwurf rasch. Es war eine Gewaltenteilung auf drei Säulen innerhalb einer Organisation vorgesehen, die an ein Parlament angelehnt war. Es handelte sich um: einen Rat mit ständigen Mitgliedern der Großmächte und vier gewählten, rotierenden Mitgliedern weniger mächtiger Staaten in einer Art „Oberhaus"; eine Versammlung mit einer Stimme pro Mitglied; einen relativ schwachen Generalsekretär in einem eher administrativen und weniger diplomatischem Amt; und ab 1922 einen Ständigen Gerichtshof für internationale Gerichtsbarkeit.

Die ständigen Mitglieder des Rates waren Frankreich, Großbritannien, Italien und Japan (die USA sind nicht beigetreten). Letzten Endes vertraten die 40 Mitglieder der Versammlung, die sich am neuen Hauptsitz in Genf trafen, nur in geringem Maß die verschiedenen Teile der noch immer kolonisierten Welt. Fast ganz Afrika, Asien und der Mittlere Osten wurden von europäischen Imperialmächten kontrolliert. Die Versammlung hatte keine gesetzgebenden Funktionen, und jedes Mitglied konnte gegen jede Maßnahme ein Veto einlegen. Zusätzlich fehlte es dem Völkerbund an Truppen oder Mechanismen zur Durchsetzung des Friedens. Er konnte lediglich Schiedsgerichte, Sanktionen und Boykotte empfehlen. Er war nicht einmal in der Lage, in klaren Fällen von Aggressionen ausreichend Druck auszuüben. Dennoch hat er eine neue demokratische Dimension in der öffentlichen Beratung und Meinungsbildung eingeführt. Außerdem tagte die Vollversammlung nur einmal im Jahr, so dass die nach ihren Verdiensten ausgewählten Beamten des Völkerbundes in der übrigen Zeit die Initiative ergreifen konnten.

Dies wurde zu einem wichtigen Aspekt des Völkerbundes und seinem endgültigen Erbe. Der Beamtenapparat wurde von Eric Drummond, einem hochrangigen Beamten des britischen Außenministeriums, geschaffen, der das Amt des Generalsekretärs 14 Jahre lang innehatte, länger als jeder andere im Völkerbund oder in der UNO. Nachdem er einen kleinen (650), hochprofessionellen internationalen Verwaltungsdienst aufgebaut hatte, den Beständigkeit und Autonomie auszeichnete und der Fachwissen über die Diplomatie stellte, wurde er einer der Architekten moderner internationaler Organisationen. Der Dienst wurde in funktionale Sekretariate unterteilt, die „die Verbindung zwischen Internationalismus und technischer Expertise festigten" (Mazower 2013: 148). So arbeiteten deutsche und sowjetische Beamte mit den technischen Diensten des Völkerbundes zusammen, bevor ihre Länder überhaupt offiziell beigetreten waren. Das Sekretariat nutzte auch die Artikel 23 und 24 des Paktes des Völkerbundes, die ihm eine weitreichende Verantwortung übertrugen und es ihm ermöglichten, zu einer Dachorganisation zu werden, die unter ihrer Schirmherrschaft die 31 internationalen Büros (auch „permanente Konferenzen" oder „öffentliche internationale Gewerkschaften" genannt) versammelte, welche vor dem Ersten Weltkrieg gegründet worden waren.

Ein Beispiel für die außerordentlichen Leistungen des Völkerbundes als humanitäre Organisation war die Betreuung von Auffanglagern, die den russischen, armenischen und griechischen Flüchtlingen auf dem Balkan Anfang der 1920er Jahre Hilfe boten. Er verwaltete und finanzierte Zeltlager und holte Gesundheitsexperten an Bord, um Infektionskrankheiten zu stoppen. Er half der griechischen Regierung, Kredite zu erhalten, um Hunderttausende von Flüchtlingen umzusiedeln. Er gründete die Flüchtlingssiedlungskommission, um neue Siedlungen, und sogar Kleinstädte, zu bauen. Diese Bemühungen einer Regierungsorganisation waren völlig neu. Zuvor war diese Arbeit Wohltätigkeitsorganisationen vorbehalten. Die erschreckende Ähnlichkeit mit den Ereignissen im Nahen Osten seit 2010 ist nicht zu übersehen, und man könnte fragen: Warum hat die Welt ein Jahrhundert später immer noch mit den gleichen schrecklichen Problemen zu kämpfen?

Der Völkerbund wurde auch für die Erhebung von Daten und die Ausgabe von Statistiken bekannt. In den Jahren zwischen den beiden Weltkriegen wurden die Sektionen für Gesundheit, Verkehr sowie Finanzen und Wirtschaft unentbehrlich. Eigenartigerweise kamen viele seiner Mitarbeiter aus den Vereinigten Staaten und ein Großteil seiner technischen Finanzausstattung von der Rockefeller Foundation. Er bemühte sich intensiv um die Wiederherstellung der Währungsstabilität, unterlag aber dem Protektionismus der Weltwirtschaftskrise. Seine Mitglieder waren stolz darauf, unparteiisch zu sein und über nationalen Interessen zu stehen (im Gegensatz zu den Vereinten Nationen), waren sich aber nicht zu schade, sich auf paternalistische Weise in die inneren Angelegenheiten der Mitgliedstaaten einzumischen. Rund zweihundert Mitarbeiter des Sekretariats des Völkerbundes arbeiteten nach dem Zweiten Weltkrieg auch für die UNO und darüber hinaus für eine Reihe von internationalen Organisationen – darunter Jean Monnet, der einer der Gründerväter der Europäischen Union werden sollte.

Dessen ungeachtet musste sich der Völkerbund ständig mit schrecklichen Katastrophen, dem Desertieren von Mitgliedern und dem Kampf gegen Ideologien herumschlagen. In den Jahren 1918 und 1919 betraf die spanische Grippe ein Fünftel der Weltbevölkerung und tötete zwischen 20 und 40 Millionen Menschen, mehr als die Todesfälle während des Ersten Weltkriegs. Tödlicher als die Schwarze Pest im 13. Jahrhundert war es die schlimmste Plage aller Zeiten, die die Welt heimsuchte. Aber der Völkerbund war auch mit anhaltendem Krieg und einer Flüchtlingskrise im Nahen Osten, dem wirtschaftlichen Zusammenbruch in Osteuropa und Gesundheitskrisen wie Grippe, Typhus und Hungersnöten konfrontiert. Darüber hinaus hatten die westlichen Politiker Angst vor der Ausbreitung des Kommunismus als Folge der russischen Revolution, der von vielen Menschen in Westeuropa aufgrund des wirtschaftlichen Zusammenbruchs und der massiven Arbeitslosigkeit begrüßt wurde. Zusätzlich war der neue Bund aufgerufen, das Gebiet der Saar und die Freie Stadt Danzig zu verwalten und sich um die Not der Christen in der Türkei und den Status von Armenien zu kümmern. 1929 wurde die Welt von der Weltwirtschaftskrise erfasst.

Das Desertieren prominenter Staaten hörte nie auf. Der vielleicht grausamste Schlag für den Völkerbund war die Entscheidung des US-Senats gegen den Beitritt zu Präsident Wilsons innovativer Kreation. Die Abstimmung spiegelte die Weigerung eines Teils der politischen Elite wider, sich in „verwickelte Allianzen“ und die Probleme der Welt einzumischen. Die öffentliche Unterstützung für den Völkerbund war gering, und der Kongress war nicht bereit, die USA gegenüber internationalen Organisationen zu verpflichten, was die Handlungsfreiheit der Vereinigten Staaten beeinträchtigen könnte. Es war ein gutes Beispiel für den amerikanischen Isolationismus – etwas, das bis heute anhält. Aber diese Haltung war mit dem Willen zur internationalen Führung gepaart, was in den Jahren zwischen den beiden Weltkriegen durch private

Stiftungen verdeutlichtet wurde, die sowohl den Völkerbund wie auch Institute, Zeitschriften, Clubs für internationale Beziehungen und Konferenzen zur Ausbildung von Amerikanern für ihre Rolle in der Welt finanziell unterstützten.

Die Sowjetunion ihrerseits trat erst 1934 dem Völkerbund bei und war nach der Invasion von Finnland 1939 der einzige Staat, der jemals aus der Organisation herausgeworfen wurde. Deutschland, das anfangs nicht willkommen war, trat 1926 bei und zog sich dann 1933 unter Hitlers nationalsozialistischem Regime zurück. Mussolinis faschistisches Italien folgte 1937, nachdem es in Äthiopien eingefallen war. Japan, unzufrieden mit der Kritik an der Besetzung der Mandschurei, zog sich 1933 zurück. Deutschland, Italien und Japan, die als Achsenmächte bekannt werden sollten, hegten jeweils einen Groll gegen das dominante Kolonialsystem, das der Völkerbund vertrat. Sie wollten, was die Franzosen und Briten hatten. Sie wollten Territorium, Kolonien und Macht. Für sie gab es ein Machtungleichgewicht in der durch den Völkerbund vertretenen Welt. Damit waren Großbritannien und Frankreich praktisch die einzigen Großmächte im Völkerbund, und sie waren immer noch zu sehr von ihren Verlusten während des Ersten Weltkriegs beeinträchtigt, um Energie für die Rettung des Völkerbundes aufzuwenden. Mit seinen schweren Belastungen und zankenden Mitgliedern konnte der Völkerbund das Abrutschen in einen neuen Weltkrieg nicht verhindern.

Der Kampf der Ideologien bestand hauptsächlich aus vielfachen Angriffen auf den theoretischen Anspruch der westlichen Staaten, die Fairness des Völkerrechts, das auf gleiche Weise auf gleichberechtigte Staaten angewendet werden sollte, als Grundpfeiler des Völkerbunds zu etablieren. So waren die westlichen Imperien nicht einmal bereit, sich Verträgen über Minderheitenrechte zu beugen. Was Deutschland, Italien und Japan verband, war ihre Kritik, dass der Völkerbund nur ein „Feigenblatt" sei, um einen territorialen Status quo zu erhalten, der Großbritannien, Frankreich und die USA begünstigte. Die gleiche Kritik sollte später an der UNO geäußert werden. Hegemonie, die Führung eines oder mehrerer Staaten, war die zentrale deutsche Auffassung von Weltherrschaft. Auch Japan nahm den Schutz der Eigeninteressen der Imperialisten in Asien als Hauptaufgabe des Völkerbunds wahr.

Die Sowjetunion mischte sich mit der Gründung der „Dritten Internationale" im Jahr 1919 als direkter Konkurrent des Völkerbundes ein. Lenin bezeichnete den Völkerbund sogar als „stinkende Leiche" (Mazower 2013: 177). Sowjetische Diplomaten wurden mit der Zeit jedoch maßvoller und versöhnlicher, und das Land trat 1934 sogar dem Völkerbund bei. Für Moskau kam seine Sicherheit vor der Revolution. Italien seinerseits warb für einen „faschistischen Internationalismus" in einer faschistischen europäischen Konföderation, der angeblich für die Rechte der europäischen Nationalstaaten kämpfte.

Das Potential zu Destabilisierung, das diese Beteuerungen von staatlicher Souveränität und Nationalismus hervorrufen und unter dem auch die UNO später leiden sollte, ist klar zu erkennen. Die führende amerikanische Politikwissenschaftlerin Quincy Wright machte sich Sorgen, dass „der Totalitarismus die Unzulänglichkeit der philosophischen und politischen Grundlagen des Völkerrechts aufgedeckt hat". (Mazower 2013: 187). Die unparteiische Autorität des Völkerbunds lag in Trümmern. Die Verankerung des Völkerrechts sollte einer Demonstration gemeinsamer Werte und Interessen sowie einer starken Durchsetzungsfähigkeit bedürfen.

Wir haben uns all dies (zusammen mit den Stärken und Schwächen des Völkerbundes, wie sie in Kasten 2 aufgeführt wurden) in Erinnerung gerufen, um für uns selbst deutlich zu machen, wie anfällig internationale Organisationen für die Politik ihrer Mitgliedstaaten sowie für andauernde Angriffe von Ideologien, den Medien und einer verständnislosen Öffentlichkeit sind.

Kasten 2: Stärken und Schwächen des Völkerbundes

— Das quasi-parlamentarische Modell im Kern des Völkerbundes wurde von Anfang an von Mitgliedern missbraucht, die eher nach Genf kamen, um sich selbst darzustellen, als Politik zu gestalten. Die Vorkriegsideale offener Verhandlungen und Diplomatie zur Stimulierung der Weltöffentlichkeit schufen unerfüllte Erwartungen.

— Die Einstimmigkeitsregel (d. h., dass jedes Mitglied ein Vetorecht besitzt) machte es schwer, Entscheidungen zu fällen, und verurteilte die Organisation zur Handlungsunfähigkeit.

— Seine Unentschlossenheit wurde durch das Fehlen jeglicher Mittel zur Durchsetzung oder Abschreckung wie Streitkräfte oder einer Polizei verstärkt, so dass selbst den von ihm verkündeten Regeln und Gesetzen die Autorität fehlte.

— Der Völkerbund verfügte in einer Zeit knapper finanzieller Mittel über extrem wenig Geld. Sein Budget von 5 Millionen Dollar pro Jahr betrug weniger als ein Dreißigstel dessen der UNO – was in der heutigen Multi-Milliarden-Dollar-Welt ebenfalls als winzig angesehen wird.

— Aufgrund dieser Strukturfehler war der Völkerbund nicht in der Lage, Lösungen für die dringenden Krisen des Zeitalters zu finden, was die öffentliche Wahrnehmung seiner Unwirksamkeit verstärkte.

— Die technischen Dienstleistungen des Völkerbundes, die von seinem professionellen Verwaltungsapparat erbracht wurden, haben die internationale humanitäre Zusammenarbeit und die Förderung der Wissenschaft viel weiter vorangetrieben, als es vor dem Ersten Weltkrieg jemand für möglich gehalten hätte. Dies versprach eine Zukunft von Demokratisierung und sozialer Transformation durch technische Expertise.

- Die technischen, intellektuellen und wissenschaftlichen Fähigkeiten des Völkerbunds bewiesen den Wert einer internationalen Organisation. Trotz seines diplomatischen Scheiterns waren sein Fachwissen und sein internationales Handeln ein Modell für das evolutionäre Wachstum kooperativen Verhaltens, das zum Teil auf seine Flexibilität und sein Multitasking zurückzuführen ist.
- Nicht alle Initiativen haben funktioniert. So lieferte das Institut für intellektuelle Zusammenarbeit nur wenige greifbare Ergebnisse, da Europa ideologisch fragmentiert war, und nur wenige Staaten ratifizierten den Vertrag von 1937 über einen Internationalen Strafgerichtshof (60 Jahre vor seiner Zeit) – selbst der französische Vorschlag für eine föderale Union Europas zur Bekämpfung der Wirtschaftskrise war nicht erfolgreich!
- Der Einfluss des Völkerbundes als ein Mittel zur weltweiten Führung auf der Grundlage moralischer Prinzipien und der formalen Gleichheit souveräner Staaten dauert an. Es gelang ihm, das demokratische Ideal einer Gesellschaft von Nationen mit der Realität der Großmachthegemonie zu verbinden.

Vom Völkerbund zu den Vereinten Nationen

Während eines Besuchs in Washington im Jahre 1941 stieg Premierminister Churchill gerade aus seinem Bad, als Präsident Roosevelt in seinem Rollstuhl in sein Zimmer rollte und verkündete, dass er den perfekten Namen für die neue Organisation gefunden habe: die Vereinten Nationen. Churchill war sich mit ihm sofort darüber einig, dass es eine brillante Idee war (Mazower 2013: 197). Es ist wenig bekannt, dass der Zweite Weltkrieg unter der Schirmherrschaft der Allianz der Vereinten Nationen geführt wurde, in der sich 26 Staaten mit den Vereinigten Staaten und Großbritannien verbündet hatten, obwohl die UNO erst auf der Konferenz von San Francisco im Jahr 1945 offiziell gegründet wurde. Da alle mit dem Rücken zur Wand standen, waren die Kriegsjahre in vielerlei Hinsicht die Höhepunkte des liberalen Multilateralismus und des Aufbaus (internationaler) Institutionen. Der Krieg förderte die Zusammenarbeit. In Worten der Theorie der internationalen Beziehungen ausgedrückt, können wir zu dem Schluss kommen, dass der Aufbau der UNO ein Beweis dafür war, dass Multilateralismus und robuste zwischenstaatliche Organisationen als „realistische Notwendigkeiten, nicht als liberale Schönfärberei" angesehen wurden (Plesch & Weiss 2015: 199).

1942 fing das UN-Informationsbüro mit seiner Arbeit an und die Ernährungs- und Landwirtschaftsorganisation (FAO) begann mit der Planung zur

Beseitigung des Hungers. Gleichzeitig mit den vielen Hinterzimmerdebatten über die Natur der UNO wurde 1943 die UN-Hilfs- und Rehabilitationsbehörde gegründet (die dann 1947 den Betrieb einstellte). Die Internationale Arbeitsorganisation wurde 1944 wiederbelebt, im selben Jahr, in dem die Bretton Woods UN-Währungs- und Finanzkonferenz stattfand, auf der die Weltbankgruppe und der Internationale Währungsfonds gegründet wurden. Die UN-Kriegsverbrecherkommission war ein Vorläufer der Nürnberger und Tokioter Prozesse. In einer seltsamen kleinen Fügung des Schicksals wurde 1941 eine der verbliebenen Einrichtungen des Völkerbundes in die Vereinigten Staaten verlegt. Mit Hilfe der Rockefeller Foundation verlagerten zwölf wichtige Mitglieder des Sekretariats ihre Akten und ihr Wissen nach Princeton, New Jersey, um sich im Institute for Advanced Study niederzulassen, wo sie über die Nachkriegsprobleme berieten.

Was steckte hinter all diesen kreativen Aktionen? Was wollten die Staatsoberhäupter von den neuen Vereinten Nationen? Natürlich wollten sie alle eine Organisation, die stark genug war, um die Welt friedlicher zu machen. Darüber hinaus wollte Großbritannien seine „besonderen Beziehungen" zu den USA aufrechterhalten. Es war ebenfalls der Meinung, dass die Beteiligung der USA und der Sowjetunion an der neuen Organisation wichtiger sei, als die genaue Form, die diese erhalten würde. Joseph Stalin, der Staatschef der Sowjetunion, wollte das Bündnis aufrecht erhalten, bis er Zeit hatte, sein Land wieder aufzubauen. US-Präsident Roosevelt hatte aus seinem Wirtschaftsförderungsprogramm „New Deal" gelernt, dass gute Politik mit sozioökonomischen Programmen einhergeht. Für die UNO bedeutete dies, dass die Förderung der internationalen wirtschaftlichen und sozialen Stabilität nach dem Krieg einen Beitrag zur Erhaltung von Frieden und Sicherheit leisten würde. Die massive Arbeitslosigkeit nach dem Ersten Weltkrieg führte zu sozialen Unruhen, die Vorboten eines neuen Weltkonflikts waren. Die Amerikaner hielten es für entscheidend, einen erneuten wirtschaftlichen Einbruch nach dem Krieg zu verhindern, indem sie eine internationale Bank und einen internationalen Währungsfonds strukturierten, um den dreiköpfigen Drachen des wirtschaftlichen Nationalismus, spekulativer Kapitalströme und Handelsbarrieren zu töten. Um hierfür neue Ziele herauszuarbeiten, gründeten die Amerikaner bereits 1941 unter Leo Pasvolsky, einem Mitarbeiter von Außenminister Cordell Hull, eine streng geheime „Division of Special Research", um eine neue permanente Weltorganisation zu planen.

Die drei größten Verbündeten (Großbritannien, die Sowjetunion und die USA) hatten bis zur letzten Minute unterschiedliche Vorstellungen, auch was den eigentlichen Charakter der neuen Organisation betraf. Zu einem früheren Zeitpunkt stellten sie sich eine internationale Polizei vor, die von den drei Verbündeten zusammen mit China geführt werden sollte. Eine weitere von ihnen diskutierte Variante bestand darin, einen „Weltrat" einzurichten, der sich aus drei Regionalräten zusammensetzt (Europa, Amerika und der Pazifik). Am Ende einigten sie sich auf eine Nachkriegsstruktur, die widersprüchliche Interessen besser managen und zumindest die Gefahr militärischer und humanitärer Katastrophen eindämmen könnte (Meacham 2003: 202–29).

Im Ablauf der Konferenzen von Dumbarton Oaks 1944 und von Jalta 1945 begann sich das Konzept der Vereinten Nationen zu verdichten. Das Gespräch verlagerte sich von Regionalräten und anderen Vorschlägen hin zur Planung einer Organisation, die die Kraft aufbringen könnte, um die Ordnung aufrechtzuerhalten, und die durch einen Sicherheitsrat (mit ständigen Mitgliedern) und eine Generalversammlung (ebd.: 321) vervollständigt wurde.

Es wurde beschlossen, dass die UNO den Vorsitz bei einer vom Sekretariat des Völkerbundes initiierten umfassenden Erweiterung der Sozialpolitik führen sollte und dass den kleineren Nationen unter der Führung der Großmächte eine Stimme gegeben würde. Churchill und Roosevelt versuchten, Institutionen aufzubauen, die verhindern sollten, dass sich die Fehler der ersten Hälfte des 20. Jahrhunderts in der zweiten Hälfte wiederholen könnten. Nichts wurde dem Zufall überlassen, als die Amerikaner die Förderung des Ideals der Vereinten Nationen nicht nur mit überparteilichen politischen Resolutionen, sondern auch mit Werbung, Hollywood-Showgirls und musikalischen Hymnen intensivierten. Am 1. März 1945, nur wenige Wochen vor seinem Tod, plädierte Roosevelt ein letztes Mal für eine globale und nicht für eine regionale Organisation. Er sagte dem Kongress, dass die UN-Abkommen in Jalta „das Ende des Systems von einseitigen Aktionen, exklusiven Bündnissen, von Einflusssphären, des Gleichgewichts der Macht und all der anderen Hilfsmittel bedeuten sollten, die seit Jahrhunderten erprobt wurden und immer gescheitert sind". (ebd.: 321).

Was wir aus all dem ersehen können, ist, dass Staaten erst dann über internationale Institutionen nachzudenken begannen, als sie befürchteten, dass ihre Interessen oder die der Welt in Gefahr waren. Es waren die Großmächte und ihre Führungspersönlichkeiten, die die Regeln bestimmten, zahlreiche Konzepte erforschten und von Anfang an nichts für selbstverständlich hielten. Kleinere Länder wurden in den Verfahren, die weder integrativ noch demokratisch waren, an den Rand gedrängt. Konzepte und Details wurden von einem „Sekretariat" im Hintergrund als Vorlagen für die Diskussion durch die Staats- und Regierungschefs erstellt, die wiederum die Themen abarbeiteten und zu zukunftsweisenden Schlussfolgerungen kamen. Diese spezielle Lektion sollte uns Hoffnung auf Veränderung geben. Plesch und Weiss schlossen: „Wir sollten also nicht so tun, als sei die heutige internationale politische Ordnung unveränderlich oder vorherbestimmt. Die 1940er Jahre sollten uns Mut machen, ehrgeizige Visionen zur Verbesserung der zukünftigen Weltordnungen zu formulieren.“ (2015: 203).

Aus der Geschichte dieser drei internationalen Organisationen sollten wir folgende Erfahrungen mitnehmen:

- Alle waren das Ergebnis von Bemühungen um Stabilität und Frieden nach verheerenden Kriegen;
- Sie waren außerdem das Ergebnis einer Weiterentwicklung der internationalen Beziehungen und des sozioökonomischen Kontextes;
- Alle standen unter dem Einfluss der Großmächte des jeweiligen Zeitraums
- Internationale Beziehungen werden immer noch von politischen Eliten mit wenig demokratischer Kontrolle bestimmt;
- Das Recht auf internationale politische Intervention ist nach wie vor umstritten;
- Alle wurden zwischen den widersprüchlichen Ansprüchen von Zusammenarbeit und gleichzeitiger souveräner Unabhängigkeit, von Gleichberechtigung und dem gleichzeitigen Wunsch nach Führung durch starke Staaten zerrieben;
- Die Staaten wollten die Hilfe internationaler Organisationen, um ihre Beziehungen zu glätten – aber diese Organisationen sollten gleichzeitig den Staaten gehorchen und durften nicht zu mächtig oder unabhängig werden; und
- Internationale Organisationen sind keine rein politischen Schöpfungen, sie spiegeln auch ihren einzigartigen Kontext wider.

Einführung in die Vereinten Nationen

Die Vereinten Nationen wurden 1945 auf der Konferenz von San Francisco von Delegierten aus 50 Ländern gegründet (Polen nahm nicht an der Konferenz teil, unterzeichnete die Erklärung aber später im selben Jahr und wurde ein weiteres Gründungsmitglied). Das Gesamtkonzept der Vereinten Nationen hatte viel mit ihrem Vorgänger gemeinsam und spiegelt wider, wie sich internationale Institutionen eher entwickeln als schnell verändern. Ein Beispiel für die Kontinuität der beiden Organisationen besteht in der wenig bekannten Tatsache, dass die Vereinigten Staaten dem Völkerbund erst nach dem Zweiten Weltkrieg betraten, ein Jahr bevor dieser 1946 mit einer Abschlusszeremonie in Genf offiziell aufgelöst wurde.

Wie der Völkerbund basiert die UNO auf einer dreigliedrigen parlamentarischen Struktur, die einen Sicherheitsrat (als eine Art Kabinett), eine Generalversammlung oder einen Debattierraum mit einer Stimme für jedes Staatsmitglied, aber mit wenigen Befugnissen (eine Art Legislative) sowie ein administratives Sekretariat mit einem Generalsekretär umfasst, der wiederum mehr Sekretär als General ist (ein Prototyp des öffentlichen Dienstes). Ebenso kann der Internationale Gerichtshof in Den Haag (der den Ständigen Gerichtshof der Internationalen Gerichtsbarkeit ersetzt) nur Fälle akzeptieren, die ihm von Mitgliedern vorgelegt werden, und seine Entscheidungen haben den Charakter von Empfehlungen anstelle von Befehlen. Außerdem hat die UNO keinen Staatsanwalt, keine Polizei und kein Gefängnis. Und obwohl die UN-Charta mit blumigen Worten von den grundlegenden Menschenrechten spricht und die Allgemeine Charta der Menschenrechte hervorgebracht hat, gibt es wieder einmal keine verbindlichen Regelungen, die die Mitglieder zum Schutz der Bürger verpflichten – auch wenn sie dazu Verträge unterzeichnen.

Es gibt auch erhebliche Unterschiede zwischen dem Völkerbund und der UNO. Der sehr mächtige Sicherheitsrat war darauf ausgelegt, Maßnahmen zu ergreifen, wenn seine Mitglieder einverstanden sind. Den Großmächten (den fünf ständigen Mitgliedern) wurden Vetos gewährt, um sicherzustellen, dass sie die UNO nicht verlassen müssen, um ihre Interessen zu schützen – was eines der Verhängnisse des Völkerbundes war und woran wir denken müssen, wenn wir später über die Kritik am Veto diskutieren. Keinem anderen Mitglied wurde ein Vetorecht erteilt, um Maßnahmen zu blockieren, so dass es keine Proto-Anarchie wie im Völkerbund gibt. Dem Sicherheitsrat wird die ausschließliche Zuständigkeit für die Aufrechterhaltung von Frieden und Sicherheit übertragen. In verschiedenen Kapiteln der Charta erhält der Rat abgestufte Befugnisse zur Durchsetzung des Friedens, angefangen bei Untersuchungen bis hin zu Verhandlungen, Sanktionen und schließlich einem möglichen Aufruf an alle Länder, den Frieden in der Welt zu schützen. Es gab auch Bestimmungen für Streitkräfte und eine Kommandostruktur, aber als der Kalte Krieg kurz nach der Gründung der UNO begann, wurden sie nie umgesetzt.

Eine weitere Neuerung war der Wirtschafts- und Sozialrat, der die Entwicklung und Zusammenarbeit von Experten wesentlich intensiver vorantreiben sollte, als es sich der Völkerbund vorgestellt hatte. Wie wir gesehen haben, war dies aufgrund seiner Erfahrung mit dem New Deal zur Überwindung der schlimmsten Aspekte der Weltwirtschaftskrise zu einem der Hauptziele von Präsident Roosevelt geworden. So verbindet die UNO die humanitäre Technokratie zur Förderung der wirtschaftlichen und sozialen Entwicklung mit dem großen Potential der Großmächte, den Frieden zu schützen, wann immer sie dies gemeinsam beschließen können. Nach mehr als 70 Jahren kann man behaupten, dass die UNO die Großmächte zusammen gehalten hat – im Dialog, nicht mit Streitereien. Manche sagen, sie sei die Wiedergeburt des Völkerbundes, nur mit mehr Biss und unter Beteiligung der Vereinigten Staaten.

Die wichtigsten Organe der Vereinten Nationen

Der Sicherheitsrat

Der Sicherheitsrat besteht aus fünf ständigen Mitgliedern (P5) mit Vetorechten (die Vereinigten Staaten, Großbritannien, Frankreich, Russland und China – die Sieger des Zweiten Weltkriegs) und derzeit zehn weiteren von der Generalversammlung für zwei Jahre gewählten wechselnden Mitgliedern. Es ist das mächtigste Forum der UNO. Die wechselnden Mitglieder repräsentieren die verschiedenen Regionen der Welt. Jedes Mitglied hat eine Stimme. Verfahrensfragen erfordern neun Stimmen. Sachliche Angelegenheiten erfordern neun Stimmen und das Fehlen eines Vetos. Theoretisch haben die wechselnden Mitglieder also eine negative oder blockierende Stimme, wenn es darum geht, Dinge zu verhindern – es wird manchmal als das „sechste Veto" bezeichnet. Die Ratspräsidentschaft wechselt monatlich unter ihren Mitgliedern.

Der Rat trägt die Hauptverantwortung für die Aufrechterhaltung des Friedens und der internationalen Sicherheit. Linda Fasulo hat ein hervorragendes Sprachbild seiner Macht erstellt: „Es ist befugt, jeden Konflikt oder Streitfall zu untersuchen, der internationale Auswirkungen haben könnte, und über Angelegenheiten zu entscheiden, die das Schicksal von Regierungen betreffen, Friedensmissionen einzuleiten, Tribunale einzurichten, um Personen vor Gericht zu stellen, die wegen Kriegsverbrechen angeklagt sind, Wirtschaftssanktionen auf Grund von Fehlverhalten von Regierungen zu verhängen und im Extremfall eine Nation durch Korrekturmaßnahmen anderer Mitgliedstaaten zu fairem Handeln zu zwingen. Es ist das einzige UN-Hauptorgan, dessen Resolutionen für die Mitgliedstaaten verbindlich sind, was bedeutet, dass die Regierungen nicht die Möglichkeit haben, zu entscheiden, welche der Entscheidungen des Rates sie akzeptieren oder nicht akzeptieren und unterstützen werden." (2015: 55).

Die Rolle der Vereinten Nationen bei der Friedenssicherung und der Durchsetzung des Friedens (gemäß Kapitel VII der Charta: „Maßnahmen in Bezug auf Bedrohungen des Friedens") ist seit dem Einsatz der ersten Notfalltruppe der Vereinten Nationen für die Suez-Krise von 1956 enorm gewachsen. Die UNO hat sich ausgehend von bescheidenen Überwachungs- und Kontrolloperationen in den 1940er Jahren zu einer Organisation entwickelt, die heute mehr Truppen vor Ort (die von Mitgliedern beigesteuert werden) kommandiert als jedes andere Land. Im Jahr 2016 gab es 16 UN-geführte Missionen vor Ort mit jährlichen Kosten von rund 8,2 Milliarden Dollar (zusätzlich zum regulären UN-Budget). Dazu gehören große zivile und polizeiliche Komponenten. In der Zeit nach 1990, nach dem Ende des Kalten Krieges, waren die P5 im Sicherheitsrat viel kooperativer und bereit, zahlreiche und vielfältige Konflikte einschließlich innerstaatlicher Rivalitäten anzugehen. Dies hat oft dazu geführt, dass mit regionalen Partnern in einer „Koalitionen der Willigen“ aus Gruppen wie der NATO, der Europäischen Union, westafrikanischen Staaten und der Afrikanischen Union zusammengearbeitet werden musste. Der Sicherheitsrat geht nun weit über die reine Friedensschaffung hinaus und arbeitet mit der Überwachung von Wahlen und langfristiger internationaler Unterstützung für die Entwicklung von Institutionen und Finanzen auf die Friedensförderung hin. Auch die Bekämpfung terroristischer Bedrohungen wurde verstärkt.

Neben der Friedenssicherung verfügt der Sicherheitsrat über eine ganze Reihe von Maßnahmen, mit denen er versuchen kann, die politische Orientierung von Staaten mit „Fehlverhalten“ zu ändern. Eine der dramatischsten Formen des Einflusses sind Sanktionen, mit denen der Verkehr von Finanzen, Waffen, Handel, Reisen oder diplomatischen Kontakten eingeschränkt werden kann. Wie im folgenden Kapitel erläutert wird, sind die Sanktionen im Laufe der Jahre als Reaktion auf Kritik zielgerichteter und effizienter geworden und es gab mehrere Beispiele für eine erfolgreiche Anwendung.

Die Anzahl der formellen und informellen Sitzungen des Sicherheitsrates hat im Laufe der Jahre geschwankt. So gab es beispielsweise 117 im Jahr 1988 und 373 im Jahr 2012. Auf Druck Kanadas und anderer Mitglieder hat sich der Rat langsam zu einem offeneren Prozess über die Treffen der Diplomaten seiner 15 Mitglieder hinaus entwickelt. Er lädt nun Nichtmitglieder, UN-Beamte und -Agenturen und sogar internationale NGOs ein. Er konsultiert auch Staaten, die einen wesentlichen Beitrag zur Friedenssicherung und zu anderen UN-Operationen leisten. Der Rat hat ebenfalls etwa 40 Unterorgane eingerichtet, die bestimmte Orte oder Themen überwachen. Im Laufe der Jahre hat sich der Aufgabenbereich des Sicherheitsrates von reinen friedenserhaltenden Maßnahmen zusätzlich auf humanitäre Anliegen, das internationale Recht auf Intervention, die Not von Kriegsflüchtlingen, die Überwachung von Wahlen, die Friedenskonsolidierung nach Konflikten, den Terrorismus und die Einrichtung internationaler Strafgerichte ausgedehnt.

Die Frage nach dem Vetorecht der ständigen Mitglieder ist sowohl für die Ausrichtung der UNO als auch für ihre Zukunft von großer Bedeutung. Die großen Siegermächte bestanden darauf, in der neuen internationalen Organisation ein Veto einzulegen zu können, um ihre „vitalen Interessen“ zu schützen. Andere Staaten unterstützten diese Forderung, um die Präsenz der wichtigsten Akteure zu gewährleisten und sicherzustellen, dass diese die Organisation nicht beim ersten kleinen Problem verlassen würden. Allerdings hatte man nicht erwartet, dass die P5 das Veto oder die Androhung eines Vetos nutzen würden, um ihre gesamte Außenpolitik abzudecken, wie es oft der Fall war, zuletzt bei Syrien.

Russland betrachtet Syrien seit langem als Teil seines „Einflussbereichs“. China hingegen hat keinen klaren Bezug zum Nahen Osten. Doch beide haben ihr Vetorecht genutzt, um Resolutionen zur Beendigung des syrischen Bürgerkriegs zu blockieren, und zwar auf der Grundlage, dass diese ihre inneren Angelegenheiten betreffen oder ein Prinzip oder einen Vorwand für eine solche Intervention festlegen könnten. Insbesondere befürchten sie die aggressive, übergreifende Reichweite der „Westmächte“ (USA, Westeuropa und ihre NATO-Verbündeten). Im Jahr 2007 akzeptierten Russland und China, dass die NATO im Namen der UNO die Norm der Verantwortung für den Schutz nutzen könnte, um Luftunterstützung zum Schutz der Zivilbevölkerung und der Rebellen gegen Gaddafi in Libyen zu genehmigen. Die Westmächte gingen jedoch weit über dieses Mandat hinaus, indem sie einen vollständigen Regimewechsel einleiteten. Russland und China befürchteten also, dass schon die Genehmigung von Flugverbotszonen über Syrien durch den Sicherheitsrat ein Einfallstor wäre, um den vollständigen Sturz des Assad-Regimes zu ermöglichen. Sie waren der Ansicht, dass die Verhinderung eines solchen Präzedenzfalls für die Intervention in innere Angelegenheiten für ihre Interessen lebenswichtig und eines Vetos würdig sei – auch wenn es für den Rest der Welt schwer zu verstehen ist, weil es diesen tödlichen Krieg fast ein Jahrzehnt lang andauern ließ.

Vor diesem Hintergrund haben viele Kritiker die vollständige Abschaffung der Vetos in der UNO gefordert. Unterdessen schlagen diejenigen, die glauben, dass die P5 ihr Vetorecht nie aufgeben werden, vor, dass die Welt auf eine Einschränkung des Vetos hinarbeitet, so dass seine Anwendung bei Kriegsverbrechen ausgeschlossen und sich strikt auf Entscheide beschränken würde, die direkt die vitalen Interessen eines P5-Staates gefährden.

Ein weiteres grundlegendes Problem des derzeitigen Sicherheitsrates besteht darin, dass er nicht repräsentativ für die Welt ist, für die er eine Führungsrolle übernehmen soll. Dies hat zu Forderungen nach einer Erweiterung der Mitgliedschaft geführt, für die es bereits 1965 einen Präzedenzfall gab (eine der wenigen Änderungen der UN-Charta). Aber auch das ist sehr politisch, und die Debatte dauert seit Jahrzehnten an. Verschiedene Vorschläge zur Reform des Sicherheitsrates, insbesondere zur Frage der Vertretung, werden in den Kapiteln 2 und 5 diskutiert.

Zusammenfassend lässt sich sagen, dass der Sicherheitsrat sehr effektiv sein kann, um den internationalen Frieden und die internationale Sicherheit zu schützen, wenn seine Mitglieder in der Lage sind, zusammenzuarbeiten. Seit dem Ende des Kalten Krieges hat er sich als einflussreich und sogar transformativ erwiesen, da er die Verantwortung der UNO für ein Eingreifen, selbst bei internen Konflikten, bekräftigt hat. Dennoch weist er entscheidende Mängel auf, darunter seine gelegentliche Untätigkeit, seinen nicht repräsentativen

Charakter und seine zweistufige Mitgliedschaft von ständigen und nicht ständigen Mitgliedern.

Die Generalversammlung

Die Generalversammlung (GA) ist das wichtigste Beratungsorgan der Vereinten Nationen. Sie besteht aus einem Vertreter jedes Mitgliedstaates, der jeweils eine Stimme hat. Es ist eine Art Legislative der UNO, in der alle allgemeinen Debatten stattfinden. Die Bedeutung der Tatsache, dass alle 193 Mitgliedstaaten drei Monate im Jahr (September bis Dezember) an einem Ort debattieren – und außerhalb dieser Zeit 24 Stunden am Tag erreichbar sind, kann nicht genug betont werden. Ob es ihnen gefällt oder nicht, sie lernen, die Regeln des Völkerrechts, der Diplomatie und sogar der Demokratie anzuwenden. Sie üben, miteinander auszukommen und einander zuzuhören. Sie lernen, nach den Spielregeln zu leben – und bestimmen sogar, was die Spielregeln sind. Sie lernen, zu überzeugen, anstatt zu kämpfen. Dies ist keine Kleinigkeit, wenn man bedenkt, dass die UNO von 51 Mitgliedern bei ihrer Gründung 1945 auf 193 Mitglieder bis 2011 (dem Jahr, in dem das letzte neue Mitglied, der Südsudan, beigetreten ist) angewachsen ist. Damit ist die GA eine Eckpfeilerinstitution, die die ausgeprägte, weltweite Gültigkeit der UNO demonstriert – genau das, woraus sie ihre Legitimität ableitet. Deshalb kommen vielleicht so viele Staatschefs zu ihrer jährlichen Generaldebatte im September, was die Macht der UNO symbolisiert, Staaten zu versammeln. Zusammen definieren die oben genannten Attribute das, was man das Prinzip des Multilateralismus nennt. Dennoch müssen wir erkennen, dass die Versammlung seit den 80er Jahren durch den aktiveren Sicherheitsrat und durch die Tatsache, dass sich große Staaten an Institutionen oder Gruppierungen wie die Weltbank und die Gruppe der 20 gewandt haben, um die internationalen Wirtschaftsbeziehungen zu verwalten, weitgehend in den Hintergrund gedrängt worden ist.

Artikel 11 der UN-Charta ermächtigt die Generalversammlung, Frieden und Sicherheit zu „erwägen“ und zu „diskutieren“ und den Mitgliedern „Empfehlungen zu geben“, mit Ausnahme von Themen, die vom Sicherheitsrat behandelt werden, an den sie Fragen des „Vorgehens“ weiterleiten muss. Artikel 13 regelt die Hauptzuständigkeitsbereiche der GA. Sie initiiert Studien und gibt Empfehlungen für die politische Zusammenarbeit, die Entwicklung des Völkerrechts und die Förderung der internationalen Zusammenarbeit in den Bereichen „Wirtschaft, Soziales, Kultur, Bildung und Gesundheit“ sowie für die Verwirklichung der „Menschenrechte und Grundfreiheiten“. Oftmals können grundlegende Entwicklungen sehr lange dauern. So war beispielsweise die bekannte Rede des maltesischen Botschafters von 1967, in der internationale Vorschriften für das Meer gefordert und gleichzeitig vorgeschlagen wurde, dass der Meeresboden und seine Ressourcen das „gemeinsame Erbe der

Menschheit" seien, nur der Beginn einer 15-jährigen Debatte, die schließlich zum Seerecht führte. Dennoch sollten wir feststellen, dass es oft die bilateralen und multilateralen Gespräche sind, die außerhalb der formalen Debatten stattfinden, die den wichtigeren Beitrag zur friedlichen Entfaltung der Weltpolitik leisten.

Die Versammlung wählt jedes Jahr einen neuen Präsidenten sowie 21 Vizepräsidenten und die Leiter ihrer sechs Hauptkomitees. Jeder kann sich einbringen. Unabhängig davon, ob es sich um kleine, mittlere oder große Länder handelt, tendiert die Versammlung dazu, so vielen Delegierten wie möglich eine verantwortungsvolle Position zuzuweisen – mit entsprechender Anerkennung und Belohnung. Doch nicht alle Beziehungen sind eng. Seit 1945 hat sich die Macht in der Versammlung verschoben, da sich die regionale Verteilung der Staaten verändert hat. Von der Gründung der Vereinten Nationen bis heute ist die Anzahl der afrikanischen Staaten von 3 auf 54 gestiegen, die der asiatischen von 9 auf 53, während sich die des Westens und Lateinamerika von 39 auf 85 nur verdoppelt hat. Die GA ist in alle möglichen Gruppierungen aufgespalten, hauptsächlich regionale und nord-südliche, aber auch historische (British Commonwealth) und kulturell/sprachliche (Spanisch, Französisch, Arabisch, etc.).

Die beiden großen Blöcke, die die „Entwicklungsländer" des „Südens" repräsentieren, sind die Bewegung der Blockfreien Staaten (NAM) mit ihren 114 Mitgliedern und die Gruppe der 77 mit 133 Mitgliedern – viele von ihnen sind in beiden aktiv. Die NAM wurde während des Kalten Krieges als ein Zuhause für diejenigen gegründet, die sich nicht einfach in kommunistisch oder kapitalistisch einteilen und definieren lassen wollten. Die G77 wurde einige Jahre später im Jahr 1964 gegründet, um die Position der Entwicklungsländer in Bezug auf Handel und Entwicklung zu koordinieren und ihnen zu helfen, den internationalen Handel und die internationalen Finanzen besser in den Griff zu bekommen. Gemeinsam arbeiten sie daran, die Generalversammlung gegen die ihrer Meinung nach herrschende US-Dominanz und die Versuche der Großmächte, sie zu marginalisieren, zu verteidigen. Einige sehen die NAM als ein Überbleibsel, das im Allgemeinen verwendet wird, um sich den Vereinigten Staaten zu widersetzen. Dennoch wird behauptet, dass die Mehrheit der Staaten der Dritten Welt dadurch eingeschränkt wurde, dass ihre Mehrheit innerhalb der Versammlung nicht durch Ressourcen für Maßnahmen außerhalb der Versammlung ergänzt wird. Dies unterstreicht die Schwäche der GA als beratendes Organ ohne effektive Verwaltungs- und Zwangsmöglichkeiten. Dazu kommt, dass die Blöcke dazu neigen, den Prozess zu verlangsamen und Entscheidungen auf den „kleinsten gemeinsamen Nenner" zu bringen – wobei all dem noch die Tendenz zugrunde liegt, alle Maßnahmen bis in den Sicherheitsrat hineinbringen zu wollen.

Die Empfehlungen oder „Resolutionen" der Generalversammlung sind nur dann verbindlich, wenn sie sich auf die internen Operationen der UNO wie Budget und Mitgliederfragen beziehen. Sie wählt die nicht ständigen Mitglieder des Sicherheitsrates und des Wirtschafts- und Sozialrates, und sie wählt zusammen mit dem Sicherheitsrat die Richter des Internationalen Gerichtshofs. Sie ernennt den Generalsekretär auf Empfehlung des Sicherheitsrates.

Die aktuelle Tagesordnung der Versammlung umfasst rund 175 Punkte, die sich auf neun große Kategorien verteilen. Um die Agenda abzuarbeiten, stützt sich die GA auf ihr Ausschusssystem, um Fragen zu prüfen und Lösungen vorzuschlagen. Es gibt einen Allgemeinen Ausschuss, einen Ausschuss für Mandate und sechs Hauptausschüsse (siehe Kasten 3).

Kasten 3: Die sechs Hauptausschüsse der Generalversammlung

Erster Ausschuss – Abrüstung und nationale Sicherheit

Zweiter Ausschuss – Wirtschaft und Finanzen

Dritter Ausschuss – Soziales, Humanitäres und Kulturelles

Vierter Ausschuss – Sonderpolitik und Dekolonisierung

Fünfter Ausschuss – Verwaltung und Haushalt

Sechster Ausschuss – Recht

Obwohl diese Ausschüsse die Diskussion über die Hauptthemen vor den Vereinten Nationen führen, spiegelt die aktuelle Agenda die alltäglicheren Probleme der Welt wider, wie anhaltendes Wirtschaftswachstum und nachhaltige Entwicklung, Drogenbekämpfung, Kriminalitätsverhütung und Terrorismusbekämpfung, Abrüstung und Wahrung des Weltfriedens und der internationalen Sicherheit. Wie man sich vorstellen kann, hat jedes dieser Elemente viele Unterabschnitte.

Eine der Hauptfunktionen der Generalversammlung ist die Archivierung internationaler Verträge. Viele internationale, multilaterale Aktivitäten und das Völkerrecht basieren auf Verträgen. Verträge werden auch als Bündnisse bezeichnet. Die Vereinten Nationen selbst sind im Wesentlichen ein Vertrag zwischen allen ihren Staaten (durch die Charta). Ein Mitgliedstaat wird „Vertragspartei" eines Vertrags, indem er formell „zustimmt, an seine Bestimmungen gebunden zu sein", in der Regel durch „Ratifizierung" des Vertrags durch seine Legislative. In jedem Vertrag ist eine Mindestzahl von Staaten festgelegt, die ihm zustimmen müssen, damit er zum Völkerrecht wird, an das seine Unterzeichner gebunden sind. Später können andere Staaten dem Vertrag/der

Konvention beitreten. Ein Überwachungsausschuss wird oft als „Konventionssekretariat" eingerichtet, um die Umsetzung des Vertrags zu überwachen.

Die größte Kritik an der Generalversammlung ist, dass sie die Welt nicht ausreichend vertritt. Mit der Politik der GA „Ein Mitglied, eine Stimme" erhält China dieselbe Repräsentation wie Malta. Im Jahr 2013 hatten 39 Mitgliedsstaaten eine Bevölkerung unter einer Million und 13 eine Bevölkerung unter 100.000. Die 65 am dünnsten besiedelten Mitgliedstaaten könnten zusammen eine Zweidrittelmehrheit blockieren, obwohl sie weniger als 1 Prozent der Gesamtbevölkerung aller Mitgliedsstaaten ausmachen. Und theoretisch könnten die 128 am dünnsten besiedelten Mitglieder – in denen weniger als 8,5 Prozent der Menschheit leben und die zusammen weniger als 1,3 Prozent des gesamten UN-Haushalts aufbringen – die für die Annahme einer Resolution erforderliche Zweidrittelmehrheit erreichen (Schwartzberg 2013: 19–20). Mit anderen Worten, die Macht in der Generalversammlung ist gegenüber den größten Staaten verzerrt. Wie Schwartzberg aus diesen Zahlen schlussfolgert: „Wenn man sich – zu Recht – dem undemokratischen Veto einer der fünf starken Nationen mit ständiger Mitgliedschaft im SR widersetzen will, sollte man sich auch gegen ungerechtfertigte politische Machtausübung durch GA-Koalitionen der sehr Schwachen wenden." (ebd.: 20).

Es gibt auch Kritik an den ineffektiven Prozessen der GA. Man wirft ihr vor, über Details zu diskutieren und keine Einigung über Themen zu erreichen, die ihre Prestige gefährden. Die ehemaligen Generalsekretäre haben festgestellt, dass es notwendig ist, ihre Verfahren und Strukturen zu straffen. Tatsächlich haben die meisten der größten Länder „mit den Füßen abgestimmt" und sind aus den Vereinten Nationen geflohen, um lieber in Gruppen mit begrenzter Mitgliedschaft wie der G7 und der G20 zu arbeiten. Um diese Defizite zu beheben, gibt es Vorschläge für eine „gewichtete Abstimmung", die die Größe der Bevölkerung und die wirtschaftlichen Beiträge eines Landes mit seiner Stimme als Staat kombinieren würde (siehe Schwartzberg 2013). Es ist sicherlich klar, dass Reformen notwendig sind, um die wichtigen Akteure anzuziehen, so dass sie die Vereinten Nationen wieder als wirksames Forum für globale Entscheidungen betrachten.

Der Wirtschafts- und Sozialrat

ECOSOC ist das Akronym für das dritte Hauptorgan der UNO, den Wirtschafts- und Sozialrat. Seine Hauptfunktionen bestehen darin, ein zentrales Forum für die Diskussion wirtschaftlicher, sozialer und ökologischer Fragen zu sein, politische Empfehlungen für Staaten und die UNO zu formulieren und die drei Säulen der nachhaltigen Entwicklung zu integrieren. Die UN-Charta legt sowohl seine politische als auch seine Fürsprecherolle dar und besagt, dass er Studien in Bezug auf internationale Wirtschafts-, Sozial-, Kultur-, Bildungs-

und Gesundheitsfragen sowie Menschenrechte durchführen oder initiieren kann; er gibt der Generalversammlung politische Empfehlungen und beruft Konferenzen ein. Er ist auch für die Koordination der Arbeit der UN-Organisationen (z. B. UNICEF, UNESCO) in diesen Bereichen zuständig und ist der Vermittler zwischen der GA und den mehr als 30.000 NGOs, die Entwicklungsarbeit leisten und für Menschenrechte eintreten (einschließlich der rund 4.000 NGOs, die einen Konsultativstatus beim ECOSOC haben).

Die derzeit 54 Mitglieder des Rates, die von der Generalversammlung nach geographischen Gesichtspunkten gewählt werden, haben eine Amtszeit von drei Jahren. Sie wählen jedes Jahr ihren eigenen Präsidenten und vier Vizepräsidenten. Die Beschlüsse werden mit Stimmenmehrheit gefasst, wobei jedes Mitglied eine Stimme hat. Er hält Vorbereitungssitzungen zusammen mit den zuständigen NGOs ab und hält dann im Juli eine vierwöchige Grundsatzsitzung abwechselnd in New York und Genf ab. Diese Sitzung umfasst ein hochrangiges Segment, an dem Kabinettsmitglieder und andere Beamte teilnehmen sollen. Der Rat soll die Arbeit der Programme und Fonds der Vereinten Nationen sowie der Sonderorganisationen koordinieren. Die ganzjährige Arbeit des ECOSOC wird von seinen Tochtergesellschaften und angegliederten Gremien durchgeführt, darunter acht funktionelle Kommissionen (Statistik, Bevölkerung, soziale Entwicklung, Frauen, Drogen, Kriminalität, Wissenschaft und Technologie sowie Wälder und nachhaltige Entwicklung – heute ein hochrangiges politisches Forum); fünf regionale Kommissionen (Afrika, Asien-Pazifik, Europa, Lateinamerika und die Karibik sowie Westasien); drei ständige Verwaltungsausschüsse; ein Ständiges Forum für indigene Fragen; und eine Reihe von Expertengremien (z. B. für Steuerfragen und den Transport gefährlicher Güter).

Der ECOSOC wird seit langem wegen seiner Ineffizienz kritisiert. Im Laufe der Jahrzehnte gab es viele Bemühungen, ihn zu reformieren, und doch ist es wahrscheinlich das Organ, an dem die wenigsten Veränderungen vorgenommen wurden. Seine Schwierigkeiten sind auf eine Vielzahl von Gründen zurückzuführen. Erstens überschneiden sich die Zuständigkeiten und Funktionen oft mit denen der Generalversammlung. Die Charta erhebt den ECOSOC zwar in den Rang eines Hauptorgans, stellt ihn aber auch klar unter die Aufsicht der GA. Wie bereits erwähnt, befasst sich der Zweite Ausschuss der GA mit Wirtschafts- und Finanzfragen, während das Mandat des Dritten Ausschusses den sozialen, humanitären und kulturellen Bereich umfasst. Zusätzlich zu dieser doppelten Aufgabenverteilung hat die Versammlung den Vorteil, dass sie das führende Plenum der UNO ist, in dem jeder über eine Stimme verfügt, während der ECOSOC nur ein Viertel ihrer Größe hat.

Zweitens haben viele große Länder, insbesondere westliche, industrialisierte Nationen, seit langem versucht, die Mitsprache der UNO in der internationalen Wirtschaft einzuschränken. Sie wollen sicherlich nicht, dass die UNO das zentrale Forum für die Diskussion und Koordinierung der Wirtschaftspolitik ist. Sie wollen auch nicht als Geisel genommen werden, um auf die Missstände der vielen kleinen und armen Entwicklungsländer zu hören, die die Generalversammlung und den ECOSOC dominieren. Dies erklärt auch, warum die Großmächte bei der Gründung der UNO die ernsten wirtschaftlichen Angelegenheiten an die unabhängige Weltbank und den Internationalen Währungsfonds weitergeleitet haben, wo sie nicht nur die Agenda kontrollieren, sondern auch ihre jeweiligen Direktoren ernennen. Dies war Teil eines langen Prozesses, in dem der Hauptfokus der UNO von der makroökonomischen Politikgestaltung hin zur Entwicklungshilfe verlagert wurde. In jüngster Zeit sind die wohlhabendsten Länder aus der UNO geflohen, um Wirtschaftsfragen in der G7 und der G20 zu diskutieren.

Drittens statteten die Gründer der UNO die 14 Fachagenturen mit einem eigenen Regierungsapparat aus, um die Dezentralisierung zu fördern. Jede untersteht ihren eigenen staatlichen Behörden. Das Ergebnis ist, dass sie sich nie verpflichtet fühlten, vom ECOSOC „koordiniert" werden zu wollen. Als ob diese grundlegenden Probleme nicht genug wären, verurteilt die sehr schwerfällige Natur des ECOSOC ihn ebenfalls zur Irrelevanz. Seine 54 Mitglieder sind zu zahlreich, um entschlussfreudig zu sein, und zu wenig, um die Attraktivität der Generalversammlung zu haben. Seine Prozesse und Sitzungen sind zu umständlich, um mächtige Minister anzuziehen und Notfallfragen zu behandeln, wenn die UNO wirklich aktiv werden muss.

Der ECOSOC wurde mit Adjektiven wie „ unbeständig", „ machtlos „ und „ohne klare Identität" geschmückt. Reformvorschläge wurden von den Außenministerien mächtiger Länder, der Generalversammlung oder dem Sicherheitsrat verhindert. So taumelt der ECOSOC weiter und hilft, Programme für Entwicklung und Technik voranzutreiben. Er trifft sich nun immerhin mit den internationalen Finanzinstitutionen und interagiert mit dem Sicherheitsrat, aber die Probleme seiner unklaren Beziehungen zur Generalversammlung, der Unverbindlichkeit seiner Beschlüsse sowie seiner Zusammensetzung sind noch zu lösen. Kapitel 3 wird einige frühere Reformversuche sowie Ideen von Experten zur Umwandlung des ECOSOC in eine funktionsfähige Institution behandeln.

Treuhandrat

Es gibt ein zusätzliches, wenig bekanntes Hauptorgan der UNO, das derzeit nicht mehr aktiv ist. Es handelt sich um den Treuhandrat, der 1945 gegründet wurde, um die 80 noch unter kolonialer Gerichtsbarkeit stehenden Länder auf ihrem Weg zur Unabhängigkeit unter der Führung der UNO zu verwalten und zu überwachen. Palau, eine kleine Inselgruppe im Pazifik, war das letzte

Treuhandgebiet, bevor es 1994 UN-Mitglied wurde. Trotz erheblicher Überlegungen und Bemühungen von Generalsekretär Kofi Annan konnte nie eine Mehrheit für einen der Vorschläge zur Änderung der Charta gefunden werden, um die Bestimmung des Rates zu ändern (z. B. ein Umweltrat zu sein). Daher hat der Treuhandrat 1994 die Arbeit eingestellt und existiert seitdem nur noch auf dem Papier. Diese Geschichte zeigt, dass die Gründer der UNO nicht alle Eventualitäten vorhersehen konnten. Sie zeigt auch, wie schwierig es wäre, die Charta zu ändern, selbst wenn einigermaßen Konsens über harmlose Änderungen besteht, die die aktuelle Realität besser widerspiegeln könnten. Trotz der Hürden, die es zu überwinden gilt, steht der ehemalige Treuhandrat zur Verfügung, um für einen neuen Zweck genutzt zu werden.

Der Internationale Gerichtshof

Der Internationale Gerichtshof (ICJ), der 1946 als Teil der Charta gegründet wurde, ist das wichtigste Justizorgan der Vereinten Nationen. Es befindet sich in Den Haag (Niederlande) und ist das einzige der sechs Hauptorgane, das nicht in New York ansässig ist. Es ist das einzige Gericht mit umfassendem Charakter und allgemeiner Zuständigkeit, das auch als „Weltgericht" bekannt ist. Seine oberste Aufgabe ist die Klärung von Rechtsstreitigkeiten, die von Staaten im Einklang mit dem Völkerrecht eingereicht werden (siehe Kasten 4). Im UN-Register befinden sich mehr als 180.000 zwischenstaatliche Verträge und über 500 große multilaterale Verträge, für die der Generalsekretär den Aufbewahrungsort stellt. Die Urteile des ICJ sind für die betroffenen Parteien verbindlich und können nicht angefochten werden. Zweitens gibt der Gerichtshof Gutachten zu Rechtsfragen ab, die von UN-Organen und -Agenturen gestellt werden.

Kasten 4: Verständnis des Begriffs „Völkerrecht"

Im Allgemeinen umfasst das Völkerrecht ordnungsgemäß ratifizierte völkerrechtliche Verträge und Übereinkommen, Beschlüsse des Sicherheitsrates, den internationalen Zoll, die allgemeinen Rechtsgrundsätze und, in subsidiärer Weise, frühere gerichtliche Entscheidungen und die Lehren der bedeutendsten Völkerrechtsexperten. Im weiteren Sinne kann faktisches Recht auch Aussagen, Erklärungen und Maßnahmenpläne umfassen, die von Unterzeichnerstaaten oder in internationalen Konferenzen vereinbart wurden. Zusammen bilden sie die Normen des Völkerrechts, nicht aber den koordinierenden Rahmen für ein internationales Rechtssystem.

Die Völkerrechtskommission wurde 1947 von der Generalversammlung gegründet, um die schrittweise Entwicklung des Völkerrechts und seine Kodifizierung zu fördern. Ein wesentlicher Teil ihrer Arbeit besteht darin, Entwürfe zu völkerrechtlichen Themen zu erstellen und der GA vorzulegen. Die Generalversammlung kann dann eine Konferenz einberufen, um den Entwurf in ein Abkommen umzusetzen, dem Staaten betreten können, wenn sie sich an die Bestimmungen halten wollen. Einige solcher Abkommen regeln die Beziehungen zwischen Staaten, wie die Wiener Übereinkommen über diplomatische Beziehungen, konsularische Beziehungen und das Recht der Verträge. Es gibt auch eine Reihe umfangreicher Rechtsordnungen wie das internationale Handelsrecht und das Umweltrecht. Eines der wichtigsten juristischen Werkzeuge der Welt ist das Seerechtsübereinkommen der Vereinten Nationen mit seinen 320 Artikeln und neun Anhängen. Es wird inzwischen allgemein akzeptiert, dass alle Aktivitäten und Ressourcen in den Ozeanen und Meeren durch das Übereinkommen mit seinen 165 Vertragsstaaten geregelt werden. So wird beispielsweise generell anerkannt, dass 12 Seemeilen die Grenze des Territorialmeeres eines Landes markieren, und dass es über eine ausschließliche Wirtschaftszone mit einer Ausdehnung von bis 200 Meilen, sowie einem rechtlichen Festlandssockel mit unterschiedlicher Ausdehnung verfügen kann. Das Übereinkommen hat auch der Schifffahrt Stabilität gebracht, indem es das Recht auf friedliche Durchfahrt in Hoheitsgewässern, auf Durchfahrt in engen Meerengen und auf freie Schifffahrt in der ausschließlichen Wirtschaftszone verankert hat.

Der Internationale Gerichtshof hat bislang weniger als 100 Urteile in Fällen erlassen, die von Grenzen und Souveränität bis hin zu Verstößen gegen das humanitäre Recht und diplomatischen Streitigkeiten reichen. Außerdem hat er 27 Gutachten erstellt. Somit ist das Gericht nicht gerade überlastet. Dies liegt zum Teil daran, dass nur Mitgliedstaaten Streitigkeiten einreichen können (kein einzelner Mensch oder ein anderer internationaler Akteur kann einen Fall vorbringen) und dass die Staaten sich im Voraus verpflichten müssen, das Urteil zu akzeptieren. Der ICJ ist kein „Verfassungsgericht" für das UN-System und es gibt keine juristische Überprüfung von Entscheidungen. Es gibt auch keine wirkliche Vollstreckungsmacht.

Der Internationale Gerichtshof wird nun vom Internationalen Strafgerichtshof (ICC) unterstützt, einem unabhängigen ständigen Gerichtshof, der 1998 durch das Römische Statut gegründet wurde und 2002 seine Arbeit aufnahm. Bis 2013 wurde das Römische Statut von 122 Vertragsstaaten ratifiziert. Der Gerichtshof verurteilt Personen, die wegen „internationaler Verbrechen" angeklagt sind: Völkermord, Verbrechen gegen die Menschlichkeit und Kriegsverbrechen. Wir nehmen ihn hier der Vollständigkeit halber auf, aber er ist nicht Teil der Vereinten Nationen. Die Gründung des Gerichtshofs wurde von den Vereinten Nationen unterstützt, und die Zusammenarbeit zwischen dem ICC und den Vereinten Nationen wird durch ein „ausgehandeltes Beziehungsabkommen“ geregelt. Der Sicherheitsrat kann Fälle an ihn verweisen. Der ICC wird in Kapitel 4 näher erläutert.

Bei seinen Versuchen, das humanitäre Völkerrecht auszuweiten, richtete der Sicherheitsrat auch die Internationalen Strafgerichte für das ehemalige Jugoslawien (1993) und für Ruanda (1994) ein und unterstützte die Sondergerichte für Sierra Leone (2002), Kambodscha (2006) und den Libanon (2007). Diese werden manchmal als „hybride Gerichte“ bezeichnet, die nach Anhörung aller Fälle aufgelöst werden.

Das Sekretariat

Das Sekretariat umfasst alle Abteilungen und Büros, die Richtlinien entwickeln und die UNO verwalten. Es ist Zentrum der internationalen Organisation. Obwohl Gegner der UN ihr immer wieder vorwerfen, einen „riesigen Beamtenapparat“ zu besitzen, arbeiten dort tatsächlich nur rund 40.000 Mitarbeiter (Stand Juni 2016), vergleichbar mit dem Personal einiger Gemeinden und sogar weniger als dem der Polizei und Feuerwehr von New York City. Etwa die Hälfte davon befindet sich vor Ort überall auf der Welt, die andere Hälfte arbeitet in Städten, in denen das Sekretariat vertreten ist, vor allem in New York, wo es seinen Hauptsitz hat, aber auch in Genf, Wien, Nairobi und anderen Städten. Das Sekretariat betreut die anderen Hauptorgane und verwaltet die von ihnen festgelegten Programme und Richtlinien. Zu den Aufgaben des Sekretariats gehören: Verwaltung der friedenserhaltenden Maßnahmen, Vermittlung bei internationalen Streitigkeiten, Organisation humanitärer Programme, Überwachung wirtschaftlicher und sozialer Trends, Studien zu Menschenrechten und nachhaltiger Entwicklung sowie die Förderung internationaler Abkommen. Es hat auch die Aufgabe, die Öffentlichkeit zu informieren und internationale Konferenzen zu organisieren.

Die Liste der Abteilungen und Büros innerhalb des Sekretariats (siehe Abbildung 2, S. 60) zeigt den immensen Umfang der UN-Aktivitäten. Neben den oben genannten vielfältigen Aufgaben muss es auch ständig über aktuelle Themen informiert sein, sei es in den Bereichen Wirtschaft und Soziales, Friedenssicherung oder Menschenrechte. Angesichts der „Globalisierung von allem“, von der finanziellen Instabilität bis zur Mobilität von Menschen, ist dies keine leichte Aufgabe. Zur Finanzierung seiner Arbeit betrug das Budget des Sekretariats 2016–2017 rund 2,4 Milliarden Dollar – etwa die Hälfte des gesamten Zweijahresbudgets der Vereinten Nationen für diese beiden Jahre. Um die personellen und finanziellen Ressourcen für die Erfüllung seiner Aufgaben zu sichern, müssen der Generalsekretär und seine Assistenten ständig mit den

Mitgliedstaaten und in geringerem Maße mit dem Unternehmenssektor verhandeln und ‚betteln, leihen und stehlen'.

Man kann sagen, dass das Sekretariat im Laufe der Zeit genauso gut geführt wurde wie jede andere Bürokratie. Als Reaktion auf mehrfache Kritik (vor allem von den Amerikanern) wurde es analysiert, umstrukturiert und sein Budget und sein Personal wurden mehrfach reduziert. So hat Kofi Annan 1997–98 etwa dreißig Abteilungen, Fonds und Programme in vier Exekutivgruppen für Entwicklung, Politik und Sicherheit, humanitäre Angelegenheiten und Menschenrechte zusammengeführt – ein Grundmodell, das nach wie vor befolgt wird. Ständig werden neue Sicherheitsvorkehrungen für die Kontrolle von Ausgaben und Korruption getroffen.

Das Hauptproblem des Sekretariats liegt in der Weigerung der Nationalstaaten, es zu einem vollwertigen, leistungsorientierten, internationalen öffentlichen Dienst zu machen, wie es ursprünglich mit einigem Erfolg unter dem Völkerbund versucht wurde. Jeder, auch die Großmächte, hat Gründe, das Sekretariat kontrollieren zu wollen – oder nicht zu wollen, dass jemand anderes dies tut. 1945 war in den Charter-Artikeln 100 und 101 vorgesehen, dass die Mitarbeiter von jeder Regierung unabhängig sein sollten. In Artikel 100 wurde der Grundsatz eines unabhängigen, internationalen öffentlichen Dienstes formuliert, und in Artikel 101 wurden die übergeordneten Werte der „höchsten Standards an Effizienz, Kompetenz und Integrität" festgelegt. Aber auf Druck der Sowjetunion wurde 1946 in London eine Absprache getroffen, wonach den fünf ständigen Mitglieder jeweils eine Hauptabteilung des Sekretariats „zugewiesen" wurde. Dies war der Beginn des beständig wogende Kampfes, der seitdem zwischen denen andauert, die einen professionellen und unabhängigen öffentlichen Dienst wollen, und denen, die ihre Staatsangehörigen in strategische Positionen bringen wollen. Letztere haben bislang gewonnen. Verstärkt durch die Forderungen nach einer „geografisch gerechten Verteilung" der Posten hat es im Laufe der Jahre eine zunehmende Politisierung des Sekretariats gegeben und damit einhergehend oft eine schlechte Verwaltung, fehlende Verantwortlichkeit und Vetternwirtschaft. Mitarbeiter haben sich auch über eine schlechte Verwaltungsjustiz im Sekretariat beschwert (Jonah 2007: 165).

Jenseits der Organe

Der Generalsekretär

> „Es gibt Grenzen für das, was der Generalsekretär tun kann … Multilaterale Institutionen (wie die UNO) werden durch wechselnde internationale Machtverhältnisse und Konflikte geformt, die innerhalb des umfassenderen internationalen Systems bestehen." Edward Newman (2007: 189).

Aktive und kompetente Generalsekretäre wie Dag Hammarskjöld und Kofi Annan haben es geschafft, eine eher bescheidene Position in ein „Symbol für die Ideale der Vereinten Nationen und einen Fürsprecher für die Interessen der Völker der Welt" (UN-Informationsdienst) zu verwandeln. Der Generalsekretär wird von der Generalversammlung auf Vorschlag des Sicherheitsrates für eine Amtszeit von fünf Jahren ernannt. Fast alle haben zwei Amtszeiten absolviert (vgl. Kasten 5 für die vollständige Liste der bisher amtierenden GS). Die Beschreibung der Position in der Charta ist sehr dürftig. Sie sagt wenig mehr als: „Er wird der leitende Verwaltungsbeamte der Organisation sein" (UN-Charta, Artikel 97). Die Beschreibung der Position durch die UNO ist etwas klarer und besagt, dass der Generalsekretär „Diplomat, Anwalt, Beamter, und Manager, ein Symbol der Ideale der UNO und ein Fürsprecher für die Interessen der Völker der Welt" sei. Das Büro des Generalsekretärs legt allgemeine Richtlinien fest und bietet der Organisation eine umfassende Orientierung (Basic Facts about the UN 2017: 18). Es heißt, dass die Gründer vom Generalsekretär erwarteten, dass er eher Sekretär als General sein würde.

Dennoch erwartet die Welt von ihm, dass er „die Wahrheit zu den Mächten spricht", indem er „dem Sicherheitsrat sagt, was er wissen muss, nicht was er hören will", wie Michael Sheehan, ehemaliger stellvertretender Generalsekretär für Friedenssicherung, es ausdrückte (Fasulo 2015: 27). Die wichtigste Aufgabe des GS besteht nämlich darin, den Rat auf drohende Gefahren für Frieden und Sicherheit aufmerksam zu machen.

Der GS führt auch den Vorsitz im Koordinierungsrat der Leiter der Organisationen des UN-Systems, das alle Geldmittel, Programme und Agenturen sowie die Weltbank und den Internationalen Währungsfonds umfasst. Mehr Koordination geht in der UNO nicht. Traditionell wurden die GS abwechselnd aus verschiedenen Regionen der Welt ausgewählt. Alle waren Männer, aber die Forderungen nach einem weiblichen Chef der UNO sind lauter geworden.

Selbstverständlich kann der Generalsekretär nicht alles selbst machen. Der GS ist von 15 Untergeneralsekretären umgeben, die die verschiedenen Abteilungen des Sekretariats leiten. Seit 1998 wird der GS auch von einem stellvertretenden Generalsekretär unterstützt, der bei der Bewältigung des Verwaltungsaufwands und der besonderen Tätigkeiten hilft. Damit der Generalsekretär seine „guten Dienste" (Verhandlung, Mediation, Konfliktverhütung, Öffentlichkeitsarbeit, Ausüben von Druck in der Öffentlichkeit und im Privatbereich usw.) besser ausführen kann, darf der GS besondere und persönliche Vertreter und Sondergesandte benennen, darunter „UN-Botschafter des Friedens" und „Goodwill Botschafter". Jeder Generalsekretär muss auch die Tätigkeiten der UNO in Abhängigkeit vom internationalen Kontext ausrichten. So konzentrierte sich Ban Ki-moon in seiner zweiten Amtszeit von 2012 bis 2016 auf nachhaltige Entwicklung, Klimawandel, Prävention von Naturkatastrophen, bewaffnete Konflikte, Menschenrechtsverletzungen, eine sicherere Welt, Nationen im Wandel sowie Frauen und Jugendliche.

Kasten 5: Generalsekretäre, 1945–heute

Trygve Lie (Norwegen)	1946–1952
Dag Hammarskjöld (Schweden)	1953–1961
U Thant (Burma)	1961–1971
Kurt Waldheim (Österreich)	1972–1981
Javier Pérez de Cuellar (Peru)	1982–1991
Boutros Boutros-Ghali (Ägypten)	1992–1996
Kofi Annan (Ghana)	1997–2006
Ban Ki-moon (South Korea)	2007–2016
Antonio Guterres (Portugal)	2017–

Ein Analyst hat die Komplexität der Position des Generalsekretärs sehr gut zusammengefasst. „Ohne traditionelle Machthebel kann der Generalsekretär dennoch einen wirklichen Einfluss in der internationalen Politik ausüben, indem er moralisches Zureden und seine Autorität als Verkörperung der ‚internationalen Gemeinschaft' einsetzt. Dies geschieht jedoch immer im Rahmen einer von den Mitgliedstaaten kontrollierten Organisation, die in erster Linie ihre nationalen Interessen verfolgen." (Newman 2007: 175).

Angesichts der Bedeutung der Position des Generalsekretärs gab es immer Diskussionen über den Umfang seiner Befugnisse und die Art der Nominierung. Die Nominierung erfolgt durch den Sicherheitsrat, d. h. im Wesentlichen durch die Staaten, die gegen jeden Vorschlag ein Veto einlegen können (die ständigen fünf Mitglieder, wenn auch im Endeffekt nur die größten – die Vereinigten Staaten, China und Russland). Es gab bis jetzt keine Offenheit, Voraussicht oder Planung. Kritiker fordern seit langem ein seriöses Auswahlverfahren mit spezifizierten Qualifikationen, eine ausgedehnte Suche, Regeln für die Nominierung, einen Diskussionszeitplan und eine einzige siebenjährige Amtszeit zur Vermeidung von Politisierung. Nach der „1 for 7 billion"-Kampagne unter der Leitung der World Federalists Movement und der British United Nations Association gab der Sicherheitsrat 2015 schließlich nach und gab den Kritikern zum Teil statt. Es wurde beschlossen, dass es zwar weiterhin das traditionelle Auswahlverfahren geben, aber gleichzeitig ein offenes Nominierungsverfahren für alle Länder eingerichtet werden soll, deren Kandidaten sich in der Generalversammlung vorstellen würden. Bei der Auswahl für den nächsten Generalsekretär 2016 gab es 10 offizielle Kandidaten. Die Hälfte der Kandidaten waren Frauen, nachdem erheblicher Druck ausgeübt wurde, den Spitzenposten mit einer Frau zu besetzen. Der gesamte Prozess war transparenter als in der Vergangenheit, mit öffentlichem Dialog und im Fernsehen übertragenen Debatten. Aber die einzige Nominierung kam immer noch vom Sicherheitsrat, und sie erfolgte im Geheimen.

Der vom Sicherheitsrat vorgeschlagene und von der Generalversammlung gewählte Kandidat war Antonio Guterres. Guterres war von 1995 bis 2002 Premierminister Portugals und von 2005-2015 für zwei Mandate als UN-Hochkommissar für Flüchtlinge tätig. Er war bei den Vereinten Nationen dafür bekannt, dass er gute Beziehungen zu den Mitgliedstaaten, der Zivilgesellschaft und dem Privatsektor unterhält. Er hat auch sein Büro reformiert und modernisiert und gleichzeitig die Kosten minimiert.

Antonio Guterres übt sein Amt als Generalsekretär seit Januar 2017 aus. In seiner Rede vor der Generalversammlung im Januar 2020, die das 75-jährige Jubiläum der UNO einläutete, sprach er sowohl über die Schlüsselthemen, die er während seiner Amtszeit vorrangig behandelt hat, als auch über die zukünftigen Hauptbedrohungen und Chancen. Bei den vier übergreifenden Bedrohungen, die er skizzierte, handelt es sich um atemberaubende geopolitische Spannungen, die Klimakrise, tiefes und wachsendes, weltweites Misstrauen und die dunkle Seite von Technologie. In Bezug auf Frieden und Sicherheit verwies Guterres auf die jüngsten Fortschritte im Yemen, Syrien, der Zentralafrikanischen Republik sowie Libyen, während er gleichzeitig einräumte, dass es mindestens genauso viele Orte gibt, an denen weiterhin Konflikte toben, und schließlich die dringende Notwendigkeit betonte, sich auf die Vermeidung zukünftiger Konflikte zu konzentrieren, statt mit den Folgen zu ringen. Er forderte die Regierungschefs der Welt – insbesondere diejenigen mit der meisten Verantwortung – dazu auf, jetzt in der Klimakrise zu handeln, gerade weil es immer dringender wird und wir schon über die Werkzeuge und das Wissen verfügen, um zu einer grünen Wirtschaftsweise zu wechseln. Um dem wachsenden weltweiten Misstrauen zu begegnen, rief er zu einer fairen Globalisierung auf und verwies auf die Agenda 2030 für nachhaltige Entwicklung, um dies zu erreichen – wenn wir denn nur vom Reden ins Handeln kommen könnten. In Bezug auf die Nachteile moderner Technologie sprach er über seine Besorgnis über die Auswirkungen von Technologie auf globale Arbeitsmärkte, seinen Wunsch, den Wilden Westen im Cyberspace zu ordnen, und die Hoffnung, künstliche Intelligenz als Werkzeug für das Gute einzusetzen. Ein letzter Schwerpunkt, über den Guterres sprach und der über seine ganze Amtszeit hinweg zentrale Bedeutung hatte, war die Reform des UN-Systems, so dass es seinen Aufgaben gerecht werden und auf unsere vielen Herausforderungen angemessen reagieren kann. Sein Reformplan konzentriert sich auf die Stärkung des UN Entwicklungssystems, den Bereich Frieden und Sicherheit (konkret in Bezug auf die Vermeidung von Konflikten, die Friedensförderung und Krisenmanagement), eine Verwaltungsreform und die Gleichstellung der Geschlechter in den gesamten Vereinten Nationen.

UN-Budgets

Die Generalversammlung der Vereinten Nationen hat ein Gesamtbudget von 3,07 Milliarden Dollar für 2020 genehmigt. Dies mag sich gewaltig anhören, aber tatsächlich ist die Organisation deutlich unterfinanziert, wenn man sich ihre Aufgaben ansieht, und wird die meiste Zeit von den Mitgliedstaaten an einer kurzen Finanzleine gehalten. Viele Kritiker halten die beständige Unterfinanzierung der UNO für das wichtigste Problem. Andererseits haben viele Mitglieder, angeführt von den Vereinigten Staaten, das Sekretariat im Laufe der Jahre beschuldigt, eine aufgeblähte Bürokratie zu haben und Geld zu verschwenden – ganz abgesehen davon, ob dies nun eine grobe Übertreibung ist oder nicht.

Die jüngsten Budgetverhandlungen waren von einem Gerangel zwischen armen Ländern, die die Entwicklungsausgaben der Vereinten Nationen erhöhen wollen, und den großen Industrieländern geprägt, die als größte Beitragszahler versuchen, die Beiträge zu senken, während sie im eigenen Land damit kämpfen, die Haushaltsausgaben zu reduzieren.

Der sogenannte Grundhaushalt der Vereinten Nationen, der verabschiedet wurde, umfasst keine Mittel für friedenserhaltende Maßnahmen, deren Kosten derzeit bei über 6,5 Milliarden Dollar pro Jahr (2019–2020) liegen und die in separaten Verhandlungen genehmigt wurden. Bemerkenswert ist die Tatsache, dass der gesamte friedenserhaltende Haushalt weniger als ein halbes Prozent der jährlichen weltweiten Militärausgaben ausmacht, die für 2019 auf 1,9 Billionen Dollar geschätzt wurden, oder lediglich 2,2 Prozent des weltweiten Bruttoinlandsprodukts (BIP). Der Grundhaushalt deckt auch nicht die Kosten für die UN-Tribunale. Sowohl die Friedenssicherung als auch die Tribunale werden durch Pflichtumlagen gedeckt, die von der Versammlung bestimmt und vor allem von den wohlhabenderen Ländern getragen werden.

Die einzelnen Budgets der großen UN-Organisationen und -Programme (wie UNICEF, UNHCR, UNDP, UNESCO und WHO) werden durch freiwillige Beiträge der Mitgliedstaaten finanziert.

Das UN-System

Technisch gesehen besteht das „System der Vereinten Nationen" aus der UN-Organisationsfamilie, zu der die wichtigsten Organe, die Programme und Mittel der Vereinten Nationen, die Sonderorganisationen und andere verwandte Organisationen gehören (obwohl viele von uns den Begriff UN-System lockerer verwenden, um sich auf alle Organe, die mit den Vereinten Nationen in Verbindung stehen, zu beziehen). Programme, Mittel und Büros sind untergeordnete Organe der Generalversammlung. Andererseits sind die Sonderorganisationen unabhängig, aber durch individuelle Vereinbarungen mit den Vereinten Nationen verbunden und berichten dem ECOSOC und/oder der Versammlung. Auch bei der Finanzierung gibt es Unterschiede. Während alle von chronisch unzureichenden, freiwilligen Beiträgen der Mitgliedsländer leben, erhalten die Sonderorganisationen auch Beiträge aus dem Gesamthaushalt der Vereinten Nationen. Die Internationale Atomenergiebehörde und die Welthandelsorganisation gelten als „verbundene Organisationen" mit eigenen Gesetzgebungsorganen. Wie wir gerade gesehen haben, versucht der Koordinierungsrat der Leiter der Organisationen des Systems der Vereinten Nationen, das UN-System zu steuern. Mit seinen 29 Mitgliedern tritt er zweimal im Jahr unter dem Vorsitz des Generalsekretärs zusammen.

Die Notwendigkeit einer besseren systemübergreifenden Koordination ist seit Jahrzehnten ein Thema. In der Tat kamen Childers und Urquhart in ihrer Analyse des Mangels an institutioneller Kohärenz des UN-Systems zu dem Schluss, dass die Gründer von Anfang an genau wussten, dass eine lose Ansammlung von Agenturen keine angemessene Führung gewährleisten kann. In Anbetracht dessen hatten die Gründer ein spezifisches System von Beziehungen entwickelt, das eine derartige Gruppe von Organisationen zum Funktionieren bringen könnte. Von Anfang an war vorgesehen, dass die UNO die zentrale Autorität „für die Entwicklung koordinierter Strategien" sein sollte (1994: 40), während die Ziele der Sonderorganisationen (durch unterzeichnete Rechtsabkommen nach den Artikeln 57, 58 und 63 der Charta) mit einem unterschiedlichen Grad an Zusammenarbeit und Kohärenz im Verwaltungsbereich koordiniert werden sollten. Dieses System wurde jedoch nie umgesetzt. Auch wenn es beabsichtigt war, dass spezialisierte Agenturen ihre eigene rechtliche Existenz und Sekretariate haben würden (so dass Politiker und Diplomaten den Fortschritt in spezialisierten und technischen Fragen nicht behindern konnten), war es nie in Betracht gezogen worden, dass sich die Agenturen einen Grad der Trennung erarbeiten würden, der zu einer der größten Schwächen des Systems geworden ist.

Wie die Autoren schlussfolgern: „Es gibt keine übergeordnete Versammlung oder einen Rat des gesamten UN-Systems.“ (ebd.: 31). Jetzt können wir erkennen, warum sich so viele „Reformer“ einen umstrukturierten ECOSOC als potentielle neue zentrale Säule für den wirtschaftlichen, sozialen und umweltpolitischen Zusammenhalt vorstellen.

Abbildung 2: System der Vereinten Nationen

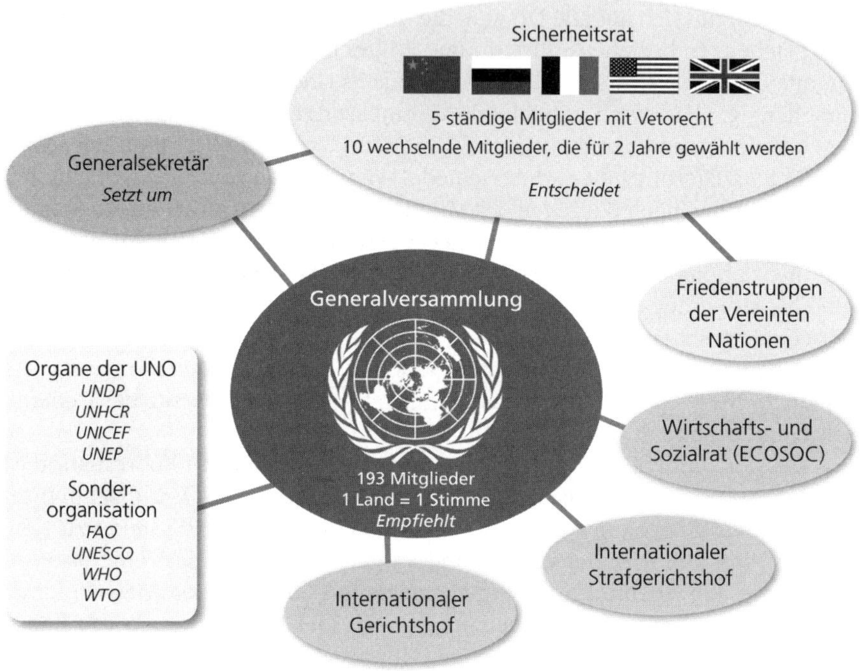

Quelle: Vereinte Nationen

Internationale Finanzinstitute und andere internationale Akteure

Die beiden größten internationalen Finanzinstitutionen, die Weltbankgruppe und der Internationale Währungsfonds, gehören in eine eigene Liga. Sie wurden 1944 auf der Bretton Woods Conference gegründet und sind auch als Bretton Woods Institutionen bekannt. Obwohl sie völlig unabhängig sind, gelten sie als zwei der 15 Spezialagenturen der Vereinten Nationen, mit denen sie über den Koordinierungsrat der Leiter der Organisationen des Systems der

Vereinten Nationen formelle Beziehungen unterhalten. Die Gründer der UNO haben jedoch diese beiden großen Finanzinstitute ausdrücklich vom Rest der UNO getrennt, vermutlich um eine mögliche politische Einmischung so gering wie möglich zu halten und eine verantwortungsvolle Verwaltung für die beteiligten Institutionen zu gewährleisten, wie nachfolgend beschrieben.

Die Weltbankgruppe entwickelte sich von der Internationalen Bank für Wiederaufbau und Entwicklung (die den Wiederaufbau nach dem Zweiten Weltkrieg ermöglichte) zu den heutigen fünf Finanzinstituten mit dem Auftrag, Finanzmittel und technische Hilfe zur weltweiten Armutsbekämpfung bereitzustellen. Die fünf Institutionen sind: die Internationale Bank für Wiederaufbau und Entwicklung, die Internationale Entwicklungsvereinigung, die Internationale Finanzgesellschaft, die Multilaterale Investitionsgarantieagentur und das Internationale Zentrum für die Beilegung von Investitionsstreitigkeiten.

Im Jahr 2020 stellte die Weltbankgruppe 77,1 Milliarden Dollar für finanzielle und technische Hilfe für Entwicklungsländer auf der ganzen Welt bereit und ist damit eine der größten Quellen für solche Finanzierungen. Diese Unterstützung fördert ein breites Spektrum von Investitionen in Bereichen wie Bildung, Gesundheit, öffentliche Verwaltung, Infrastruktur, finanzielle und private Entwicklung, Landwirtschaft sowie Umwelt- und Ressourcenmanagement. Die Internationale Bank für Wiederaufbau und Entwicklung (IBRD) vergibt Kredite für Entwicklungsprojekte an Regierungen von Ländern mit mittlerem Einkommen und kreditwürdigen Niedrigeinkommen; 2020 ging sie in 152 Verfahren neue Verpflichtungen in Höhe von 28 Milliarden US-Dollar ein. Die International Development Association (IDA) vergibt zinslose Darlehen (sogenannte Kredite) und Zuschüsse an Regierungen der ärmsten Länder mit Laufzeiten von 25 bis 38 Jahren. Im Jahr 2020 wurden Zusagen in Höhe von 30,4 Milliarden US-Dollar gemacht. IBRD und IDA bilden zusammen die „Weltbank“ (im Gegensatz zur „Weltbankgruppe“, die aus allen fünf Institutionen besteht).

Der Internationale Währungsfonds (IWF) hat in erster Linie zum Ziel, die Stabilität des internationalen Währungssystems zu gewährleisten – das System von Wechselkursen und internationalen Zahlungen, das es den Ländern ermöglicht, miteinander zu handeln. Dies geschieht auf drei Arten: durch die Beobachtung der Weltwirtschaft und der Wirtschaft der Mitgliedsländer, durch die Vergabe von Krediten an Länder mit Zahlungsbilanzschwierigkeiten und durch die Leistung von praktischer Hilfe für die Mitglieder. So war sie beispielsweise neben den europäischen Banken der wichtigste Kreditgeber, um Griechenland 2014 aus seinen Schwierigkeiten heraus zu helfen. Das Mandat des IWF wurde 2012 aktualisiert und umfasst alle makroökonomischen und finanzwirtschaftlichen Fragen, die die globale Stabilität betreffen. Seit der

Weltwirtschaftskrise im Jahr 2009 hat er auch seine Unterstützung für Länder mit niedrigem Einkommen verstärkt, um auf sich ändernde Wirtschaftsbedingungen und eine erhöhte Anfälligkeit dieser Länder zu reagieren.

Sowohl für die Bank als auch für den IWF steuern die 189 Mitgliedsländer Mittel entsprechend ihrer Wirtschaftskraft bei. Die Stimmrechte sind an die Höhe des Beitrags gebunden. Während die Stimmanteile in den beiden Organisation unterschiedlich sind, kontrollieren die USA, Japan, Deutschland, Frankreich und Großbritannien rund 35 Prozent der Stimmen. Jedes Mitgliedsland ernennt einen Gouverneur und einen Stellvertreter in den Gouverneursrat, der jährlich zusammentritt. Die Gouverneure sind in der Regel Finanzminister oder Zentralbankpräsidenten. Traditionell war der Präsident der Weltbank amerikanischer Herkunft, während der geschäftsführende Direktor des IWF europäischer Herkunft war. Der IWF hat sich jedoch im Jahr 2011 zu einem offenen, leistungsorientierten Verfahren für die Auswahl des Geschäftsführers entschlossen, und die Weltbank wird sich dem voraussichtlich anschließen.

Die internationalen Finanzinstitutionen leisten mehr, als nur Kredite zu vergeben und die internationale Wirtschaft zu regulieren. Sie legen auch Bedingungen fest. Ab Ende der 1980er Jahre förderte der so genannte „Washington-Konsens" neoliberale Regelungen, um die Rolle von Regierungen in der Wirtschaft zu verringern und die Rolle der Marktkräfte zu stärken. Die Weltbank und der IWF konnten diese Ansicht in der gesamten Dritten Welt vertreten, indem sie die von ihnen für die Haushaltshilfe gewährten Großkredite an politische Bedingungen knüpften. Die Länder waren gezwungen, die öffentlichen Ausgaben zu kürzen, Subventionen abzubauen und staatliche Industrien zu privatisieren. Gegen Ende der 90er Jahre wurde dies mit dem Motto Good Governance (gute Regierungsführung) beschrieben und schloss Demokratisierung und Transparenz mit ein. Im Laufe der Zeit erkannte man allerdings, dass diese Maßnahmen oft zu mehr Armut und mehr ausländischem Besitz in den Entwicklungsländern führen. Die finanzielle Zurückhaltung von Regierungen machte nationale Finanznotfälle manchmal eher schlimmer als besser.

Die 1995 gegründete Welthandelsorganisation (WTO) ist ein Nachfolger des Allgemeinen Zoll- und Handelsabkommens (GATT: General Agreement on Tariffs and Trade) der Nachkriegszeit. In den letzten 50 Jahren hat das GATT Schutzzölle zwischen den Mitgliedstaaten erfolgreich um mehr als die Hälfte reduziert, besaß aber mehrere Schwachstellen. Bei formalen Streitfällen zwischen Mitgliedern war z. B. die Zustimmung aller Beteiligten, inklusive des Beklagten, nötig, um überhaupt verhandeln zu können. Die Länder konnten dadurch einfach Verfahren gegen sich selbst blockieren, was sie aber interessanterweise selten taten. Doch die WTO ist eine juristisch viel besser aufgestellte Institution. Sie hat auch einen größeren Anwendungsbereich, der Themen wie Gesundheits- und Sicherheitsmaßnahmen und geistiges Eigentum umfasst. Wie das GATT arbeitet auch die WTO weiterhin nach dem Prinzip der Konsensabstimmung. Im Zusammenhang mit ihrer großen Anzahl von Mitgliedern, die im Jahr 2016 164 betrug, wurde diese Konsensregel von vielen für die derzeitige Pattsituation der Institution verantwortlich gemacht: Ihre letzte Verhandlungsrunde, die Doha-Runde, ist seit über einem Jahrzehnt blockiert. Doch ein Aspekt der Institution, ihre Funktion für die Beilegung von Streitigkeiten, gedeiht weiterhin. Unter den internationalen Gerichten zeichnet sie sich durch ihre große Zahl von über 500 eingereichten Streitigkeiten, ihre hohe Konformität mit ihren Entscheidungen und die Einheitlichkeit ihrer Rechtsprechung aus. Sofern die Länder den Handel unter der Schirmherrschaft der WTO weiter liberalisieren, geschieht dies durch die kontinuierliche Präzisierung ihrer Verpflichtungen im Rahmen der Beilegung formaler Streitigkeiten. Obwohl sie kein formaler Bestandteil der UNO ist, unterhält die WTO regelmäßige Beziehungen zu Teilen des UN-Systems.

Der Aufstieg anderer internationaler Akteure darf nicht ignoriert werden (siehe Kasten 6). Aufgezählt werden diejenigen, die heute in der Literatur über internationale Beziehungen allgemein akzeptiert werden, dennoch müssen wir für starke neue Partner auf der globalen Bühne bereit sein.

Die Zivilgesellschaft, die im Unterschied zu Regierungen und Wirtschaft als „dritter Sektor" der Gesellschaft gilt, umfasst NGOs, soziale Bewegungen, religiöse Institutionen, Akademiker, Gewerkschaften und alle anderen nichtstaatlichen Organisationen und Institutionen, die die Interessen der Bürger vertreten. Eine aktuelle Zählung ergab, dass die Zahl der NGOs bei mehr als 50.000 liegt; die meisten wurden erst in den 1980er und 90er Jahren gegründet. Einige NGOs verfügen sogar über mehr Ressourcen als UN-Organisationen. Die Zivilgesellschaft ist am effektivsten, wenn ihre Mitglieder in sogenannten „Kampagnenkoalitionen" zusammenkommen, um wichtige internationale Entscheidungen wie die Schaffung des Internationalen Strafgerichtshofs, das Verbot von Landminen und R2P zu beeinflussen. Sie bezieht ihre Stärke zu einem großen Teil aus der Repräsentation demokratischer Kräfte und aus ihrem Einfluss auf die öffentliche Meinung, die Medien und Unternehmen auf nationaler und internationaler Ebene. Sie ist auch eine Quelle internationaler Expertise.

Ebenso haben Unternehmen in der internationalen Politik zunehmend an Einfluss gewonnen und gelten dort heute als wichtiger Partner. Im Jahr 2000 erlangten diese Verbindungen eine neue Qualität, als die Vereinten Nationen den Global Compact ins Leben riefen, um Unternehmen zu ermutigen, Nachhaltigkeitsprinzipien zu übernehmen und über deren Umsetzung zu berichten. Inzwischen haben sich über 11.500 Unternehmen der Initiative angeschlossen.

Ein weiteres Paar neuer Akteure, die G7 und die G20, bieten ideale Rahmenbedingungen für die Beeinflussung der Wirtschaft. Die Gruppe der 7, die sich aus den wohlhabendsten und mächtigsten westlichen Verbündeten und Japan zusammensetzt, suchte einen Rahmen für die Gestaltung von Strategien, in dem sie sich auf die politischen Fragen des Augenblicks konzentrieren konnte. Die Gruppe der 20 besteht aus den größten Volkswirtschaften der Welt. Einige halten sie für eine notwendige Institution, um weltweite Finanzkrisen und eine Wirtschaftsplanung fernab der sich widersprechenden Forderungen der UNO zu bewältigen. Andere sehen darin den Gegenpol zu den Versuchen, weltumspannende diplomatische Foren zu schaffen. Mit ihrem Fokus auf aktuelle, kurzfristige Themen, die von den mächtigsten Ländern bestimmt werden, handelt es sich bei der G20 um einen Rückgriff auf das Europäische Konzert, ohne jegliches Programm für wirtschaftliche Entwicklung und ohne ein Sekretariat für die Umsetzung längerfristig angelegter Ziele.

Ein immer wichtiger werdender Akteur auf der internationalen Bühne ist auch das Weltwirtschaftsforum, das sich jährlich in Davos, Schweiz, trifft. Es behauptet, sich für die Verbesserung des Zustands der Welt einzusetzen, und die führenden Vertreter aus Politik, Wirtschaft und anderen Bereichen der Gesellschaft zu motivieren, globale, regionale und industrielle Programme zu gestalten.

Kasten 6: Andere „Akteure" treten auf die Weltbühne

Der Begriff „Akteure", wie er hier verwendet wird bezieht sich auf Gruppen, die einen so großen Einfluss auf die internationale Politik haben, dass sie sowohl von anderen Akteuren als auch von Analysten berücksichtigt werden müssen. Bis in die 1980er und 90er Jahre war man sich einig, dass die einzigen einflussreichen Akteure in der internationalen Politik Staaten und deren Subjekte wie die Vereinten Nationen und andere internationale Organisationen waren. Eine der wichtigsten Veränderungen in der internationalen Politik ist die Präsenz neuer Akteure, die nicht ignoriert werden dürfen. Dazu gehören insbesondere die Zivilgesellschaft in Form von NGOs und der Privatsektor, der durch multinationale Unternehmen vertreten ist – aber auch die Medien, religiöse Gruppen, regionale Akteure und Großstädte.

Kapitel 2 – Frieden und Sicherheit: Die Reform des Sicherheitsrates

> *„Frieden kann nicht durch Gewalt erhalten werden. Er kann nur durch Verständnis erreicht werden."* Albert Einstein

Wir haben die Mission und die Strukturen des Rates bereits im letzten Kapitel erläutert. Jetzt geht es darum zu verstehen, was im Sicherheitsrat funktioniert und was nicht. In der UNO geht es selten um alles oder nichts. Wir müssen die Versuchung vermeiden, zu übertreiben. Der Sicherheitsrat hat seit den 90er Jahren große Fortschritte gemacht. Und doch gibt es nach wie vor grundlegende Hindernisse auf dem Weg zu seinem Ziel, Frieden und Sicherheit in der Welt zu gewährleisten.

Die meisten von uns möchten bei der Analyse eines Gegenstands wie des Sicherheitsrates einen gradlinigen, rationalen Ansatz verfolgen. Leider eignet er sich nicht für widerspruchsfreie Erklärungen. Er ist zu komplex, widersprüchlich und anomal, um rein vernünftige Schlussfolgerungen zu erlauben. So sollen beispielsweise nach der UN-Charta alle Mitglieder gleichberechtigt sein, aber die fünf ständigen Mitglieder mit Vetorecht sind offensichtlich gleicher als die anderen. Während der Sicherheitsrat dazu vorgesehen ist, den Frieden und die Sicherheit auf der ganzen Welt zu bewahren, wird der größte Teil seiner Energie für interventionistische Friedensoperationen innerhalb von kriegsgebeutelten Ländern aufgewendet. Die UNO soll sich nicht in die souveränen Angelegenheiten unabhängiger Länder einmischen, und doch tut der Sicherheitsrat dies regelmäßig und ungestraft. Trotz der Charta hat sich der Rat teilweise von der Perspektive der westfälischen Souveränität hin zur globalen Gemeinschaftsverantwortung bewegt. Ein weiteres offensichtliches Problem besteht darin, dass der Sicherheitsrat für Frieden und Sicherheit verantwortlich ist und dennoch nicht nur die blutigsten Konflikte endlos andauern lässt, sondern auch manchmal den Anschein erweckt, dass einige seiner Mitglieder diese Konflikte sogar schüren und begünstigen. Wenn wir also den Sicherheitsrat analysieren, müssen wir uns bemühen, die Spreu vom Weizen zu trennen und nach Ursachen und Erklärungen zu suchen, wo immer dies möglich ist. Wir müssen auch unseren Fokus auf den Sicherheitsrat mit der Aufmerksamkeit für die breitere Perspektive der Weltsicherheit verbinden.

Abschließend sei als einleitender Kommentar gesagt, dass sich die Bedeutung von „Frieden und Sicherheit" im Laufe der Jahrzehnte entwickelt hat. Ursprünglich bezeichnete der Begriff einfach die „nationale Sicherheit" des Nationalstaates. Später ging es um die „gemeinsame Sicherheit" der internationalen oder globalen Gemeinschaft, die hauptsächlich in die Zuständigkeit der Vereinten Nationen fällt. In jüngster Zeit wurde die „menschliche Sicherheit“ als Aspekt hinzugefügt, um die einzelnen Menschen – insbesondere Zivilisten in Kriegssituationen – und die Verantwortung der Regierungen für sie in den Mittelpunkt zu stellen.

Andererseits bezieht sich der Begriff auf eine ganze Reihe globaler Herausforderungen, die zu „Unsicherheit“ führen. Ein erstes Beispiel wäre der Terrorismus, der Angst und Zwietracht verbreiten soll. Die Staaten konnten sich nicht einmal auf eine Definition von Terrorismus einigen, wo ein Täter für den einen ein Terrorist, für den anderen ein Freiheitskämpfer und womöglich sogar ein Agent einer Regierung sein kann. Hinzu kommen Massenmigrationen, die, wie wir in Europa gesehen haben, das Gleichgewicht der Gesellschaften stören, zu Spannungen und politischen Auseinandersetzungen führen und sogar die Bemühungen um regionale Integration gefährden können. Die Auswirkungen des Klimawandels, einschließlich steigender Wasserstände, extremer Wetterbedingungen und erhöhter Migration, werden sich nur noch verstärken. Pandemien können ganze Länder und Regionen in den Ruin treiben und unproduktive internationale Schuldzuweisungen verursachen. Cyberangriffe sind eine weniger tödliche, aber dennoch destruktive Form der Kriegsführung. Wirtschaftliche Erschütterungen breiten sich von einem Land zum anderen aus. Internationale Kriminalität und Mafia erfordern internationale Lösungen.

Auf moralischer Ebene benennt die Charta weitere Formen der Sicherheit, darunter die Befreiung vom Hunger und das Recht auf Wohnung, Beschäftigung und Gesundheit. Wo soll der Sicherheitsrat bei all diesen Zielen eingreifen?

Wie wir gesehen haben, gibt es Zuständigkeitskonflikte zwischen dem Sicherheitsrat und der Generalversammlung. Sie tauchten erstmals 1950 mit der Uniting for Peace Resolution 377 gemäß den Artikeln 10 und 11 auf. Während der Abwesenheit der Sowjetunion vom Sicherheitsrat (den sie vorübergehend boykottierte), umging der Westen den Rat einfach. Er nutzte die Macht der Generalversammlung, um für Frieden und Sicherheit aktiv zu werden, solange der Sicherheitsrat dazu nicht in der Lage war, und setzte eine UN-Truppe unter amerikanischer Führung ein, um die Invasion Nordkoreas in den Süden des Landes zu stoppen.

Heute gibt es eine weitere juristische Nord-Süd-Konfrontation über die Erweiterung des Mandats des Rates. Wenn der Rat der Meinung ist, dass er handeln sollte, dann tut er es. Er tut oft, was er will, weil seine recht eingeschränkte Struktur von einigen als idealer Rahmen für die Bewältigung von Weltkrisen angesehen wird, unabhängig davon, ob es sich um Frieden und Sicherheit handelt oder nicht. So hat der Rat beispielsweise im Jahr 2000 unter dem Titel „lebenswichtige Sicherheitsinteressen“ das Thema HIV/AIDS formal behandelt. Später, im Jahr 2007, forderte das Vereinigte Königreich den Rat auf, über die Beziehungen zwischen Energie, Klima und Sicherheit zu diskutieren. Der Rat hat auch den Fragen der Gewalt gegen Frauen und des Beitrags von Frauen zum Frieden große Aufmerksamkeit geschenkt. So haben sich die Rollen inzwischen vertauscht, und viele GA-Mitglieder sind der Meinung, dass der Rat sich auf bewaffnete Konflikte beschränken sollte.

Nachdem wir diesen Zuständigkeitskonflikt zwischen der Versammlung und dem Rat erläutert haben, werden wir unseren Fokus nun wieder darauf richten, wie gut der Sicherheitsrat sein zentrales Ziel, den Umgang mit Frieden, Konflikten und Sicherheit, handhabt, bevor wir uns anschließend genauer mit dem erweiterten Einsatz von Friedensoperationen befassen.

Funktionen und Tätigkeiten des Sicherheitsrates

Stärken des Sicherheitsrates

Es wird gerne behauptet, dass seit dem Zweiten Weltkrieg kein Tag vergangen ist, an dem es keinen tödlichen politischen Konflikt irgendwo in der Welt gegeben hat. Dies erfordert oft Maßnahmen der Vereinten Nationen. Als Reaktion darauf hat der Sicherheitsrat sein Tempo im Laufe der Jahre erhöht; in den ersten 46 Jahren verabschiedete er 685 Resolutionen, in den folgenden 29 Jahren (1991–2019) dann 1.817. Unabhängig davon, ob er bewundert wird oder nicht, ist es allgemein anerkannt, dass der Sicherheitsrat den Einsatz internationaler Truppen genehmigen muss – genau so, wie es die Charta vorschreibt. Anders gesagt ist eine Quelle der Autorität des Sicherheitsrates das Völkerrecht, das sich aus der in der Charta der Vereinten Nationen enthaltenen Bestimmung ergibt, dass die Anwendung von Gewalt durch einen Staat gegen einen anderen auf Situationen der Selbstverteidigung (Art. 51) oder Umstände beschränkt ist, in denen Gewalt vom Sicherheitsrat genehmigt wird (Kapitel VII). Entgegen der landläufigen Meinung gibt es daher keine unabhängige Rechtfertigung für „humanitäre Intervention“ oder „Schutzverantwortung“, die beide der Genehmigung durch den Sicherheitsrat unterliegen. Natürlich kann ein Staat oder eine Gruppe von Staaten weiterhin unabhängige Handlungen auf der Grundlage einer angeblichen moralischen oder politischen Legitimität vornehmen, aber sie werden nicht als legal angesehen. In den seltenen Fällen, in denen es keine Autorisierung durch die UNO gab, sind die Interventionen im Allgemeinen nicht gut gelaufen (z. B. die „humanitäre“ NATO-Intervention im Kosovo 1999 und die von den USA geführte Invasion im Irak 2003). In der Tat hat dieser Aspekt des Völkerrechts seit 1945 viel zum Schutz der Welt beigetragen und dafür gesorgt, dass bewaffnete Konflikte zwischen Staaten selten bleiben.

Wie der Präsident der Generalversammlung, Mogens Lykketoft, bei der hochrangigen thematischen Debatte über Frieden und Sicherheit im Mai 2016 betonte, hat die UNO dazu beigetragen, die größten Mächte der Welt zu bändigen, Personal und Geld für die Friedenssicherung zu mobilisieren, einen klaren Rechtsrahmen für Krieg und Menschenrechte zu schaffen und die Bedrohung durch die tödlichsten Waffen der Welt zu verringern.

So ist der Sicherheitsrat im Endeffekt zu einer Art Exekutivorgan für den Umgang mit Weltkrisen geworden. Und wenn der Rat harmonisch zusammenarbeitet, hat er sich als sehr effektiv erwiesen. So beschloss er auf dem Höhepunkt der Nahostkrise 2014 einstimmig, Sanktionen gegen sechs Führer des islamischen Staates und Al Nusra zu verhängen. Er hat außerdem die Idee von absoluter nationaler Souveränität beerdigt. Jetzt können Staaten nicht mehr ungestraft gegen ihre eigene Bevölkerung vorgehen, und der Rat kann sich in innerstaatliche Konflikte einmischen, die nach seiner Einschätzung die internationale Sicherheit gefährden. Wie David Malone in seinem Essay über den Sicherheitsrat feststellt: „Die Entscheidungen des Rates in der Zeit nach dem Kalten Krieg haben sich auf normativer Ebene als äußerst einflussreich, ja transformativ erwiesen. Indem er die Verantwortung der Vereinten Nationen für ein Eingreifen auch in internen Konflikten bekräftigt, in denen die Menschenrechte und die humanitären Interessen der Bevölkerung stark beeinträchtigt werden, haben die Entscheidungen des Rates, die sich aus der sich entwickelnden Auslegung der Charta ergeben, die Bedeutung der Souveränität zutiefst beeinträchtigt“. (2007: 133).

Im Laufe der Jahre hat der Rat seine Bemühungen um Frieden ausgeweitet, indem er die „guten Dienste“ des Generalsekretärs genutzt und sich an Erkundungsmissionen beteiligt hat. Er verwendet auch „Gruppen von Freunden“, d. h. Länder, die einflussreich sein können und in besonders heiklen Fällen beraten und mithelfen können, wenn die Ratsmitglieder selbst möglicherweise nicht über ausreichende Kontakte verfügen. Wie wir später in diesem Kapitel erläutern, ist die UNO über die reine Friedenssicherung hinaus dazu übergegangen, zahlreiche und vielfältige Konflikte mit militärischen Missionen zur Friedenssicherung zu bekämpfen, wie den Schutz Osttimors im Jahr 1999, die Rückgängigmachung der irakischen Invasion in Kuwait im Jahr 1990 und die Intervention bei den Bürgerkriegen in Guatemala und El Salvador. Der Sicherheitsrat befugt auch regionale Organisationen und „Koalitionen der Willigen“, in seinem Namen zu handeln. In den letzten Jahren haben die Afrikanische Union und die Wirtschaftsgemeinschaft Westafrika (ECOWAS) eine führende Rolle bei der Bekämpfung der Konflikte in Darfur, Sierra Leone, Liberia und der Elfenbeinküste gespielt.

Manchmal handelt der Sicherheitsrat in seltener Einigkeit. Manchmal sind es nur die ständigen Mitglieder, die das Sagen haben. Manchmal sind es nur die

Vereinigten Staaten, Russland oder China, die aggressiv ihre Eigeninteressen wahrnehmen. In anderen Fällen gibt es zeitweilige Allianzen zwischen einigen der 15 Mitglieder. Abgesehen von reinen Macht- und Eigeninteressen kann der Rat aber auch aus einer gewissen Führungsperspektive gesehen werden. Um unter den 193 Mitgliedern der UNO etwas zu erreichen, bedarf es oft sowohl an Führung und Entschlossenheit sowie langfristiger Planung und Diplomatie. Den Vereinigten Staaten wird oft vorgeworfen, die UNO zu dominieren, aber normalerweise besteht ihre Rolle darin, Resolutionen zu entwerfen, Abstimmungen durchzuführen und die Dinge zusammenzufassen – mit anderen Worten, Führung zu übernehmen. Die Schwierigkeit des Rates im Umgang mit dem Terrorismus sind ein gutes Beispiel. Obwohl er viele starke, handlungsorientierte Resolutionen zur Bekämpfung des Terrorismus verabschiedet hat, ist er immer noch nicht in der Lage, eine einvernehmliche Definition der Bedeutung des Begriffs Terrorismus zu entwickeln. Dennoch führte der Einsatz einiger weniger zu einem Gipfeltreffen der Staats- und Regierungschefs, auf dem 1992 der Terrorismus verurteilt wurde, zur Verfolgung der Taliban in Afghanistan nach dem 11. September 2001 und zu weitreichenden Beschlüssen zur Bekämpfung der Finanzierung von Terrorismus und seiner Rückzugsgebiete sowie zur Einsetzung des Ausschusses für Terrorismusbekämpfung als Unterorgan des SC.

Der Sicherheitsrat ist vergleichsweise offener, aktiver und effektiver, als wir ihm zugutehalten. Er trifft sich nun mit Staaten, die zu Friedensmissionen beitragen, NGOs, der Wirtschaft und regionalen Organisationen. Seit Mitte der 90er Jahre wird der Präsident des Rates von einzelnen Experten, NGOs und Beobachtern informell über spezielle Themen informiert. Seit 1994 gibt es Konsultationen mit den Ländern, die Truppen zur Verfügung stellen.

Da sich die Medien oft auf die Unfähigkeit der UNO konzentrieren, in Krisenfällen zu handeln, ist es ziemlich erstaunlich zu erfahren, dass die meisten Resolutionen des Sicherheitsrates angenommen werden. So gab es im Jahr 2016 zum Beispiel 457 Sitzungen, in denen 72 Beschlüsse angenommen und nur drei mit einem Veto belegt wurden. Der Anteil der Vetos an der Gesamtzahl der Beschlüsse des Rates sank von 85 Prozent während des Kalten Krieges auf 15 Prozent nach 1988. Anders gesagt, läuft die Haupttätigkeit des Sicherheitsrates recht reibungslos ab. Was den Rat jedoch bekannt macht, ist die relativ geringe Zahl von Resolutionen, die von einem oder mehreren der ständigen Mitglieder abgelehnt werden. Von 2012 bis Juni 2019 haben Russland und meistens China ein Veto gegen 14 Resolutionen zum syrischen Bürgerkrieg eingelegt und damit alle Folgemaßnahmen bis auf einen kleinen Teil der humanitären Hilfe verhindert. Ein P5-Veto oder die Androhung eines solchen Vetos genügt, um ein Handeln des Sicherheitsrats und damit der UNO zu verhindern. Dies ist umso bedeutsamer, als der Sicherheitsrat, wie wir gerade gesehen haben, seinen Einflussbereich auf immer mehr Themen wie Pandemien, Klimawandel, Gesundheit und Wirtschaft ausgeweitet hat.

Wie schon erwähnt, besteht eine weitere Facette der Fähigkeit des Rates, Einfluss auf das internationale System zu nehmen, darin, durch verbindliche Sanktionen den Zugang eines Staates zu diplomatischen Beziehungen, Finanzen, Handel und Waffen zu unterbinden. Traditionelle Sanktionen, die einen recht umfangreichen Charakter aufwiesen, wurden kritisiert, weil sie der Bevölkerung insgesamt mehr Schaden zufügen als den wirtschaftlichen und/oder politischen Eliten. Die jüngsten Sanktionen wurden stärker auf die Reisemöglichkeiten, Bankguthaben und Luxusgüter der Eliten ausgerichtet, um die Auswirkungen auf die einfachen Bürger so gering wie möglich zu halten. Es ist auch zunehmend anerkannt worden, dass die Hauptanwendung von Sanktionen eher der Überredung als der Bestrafung dienen sollte. Alles in allem wurden sie mit großem Erfolg gegen das Apartheid-Regime Südafrikas und die Atomambitionen des Iran eingesetzt, aber bisher scheinen sie wenig Einfluss auf das Verhalten Nordkoreas zu haben. In den letzten zehn Jahren hat die Öffentlichkeit durch das Benennen und an den Pranger stellen von „Sanktionsbrechern" zur Wirksamkeit von Sanktionen beigetragen.

Der Sicherheitsrat hat noch viele andere Aufgaben. Er benennt die Richter des Internationalen Gerichtshofs, mit denen er gut auskommt. Dasselbe gilt nicht für die Beziehungen zum Internationalen Strafgerichtshof, der außerhalb der Vereinten Nationen gegründet wurde und dem die Vereinigten Staaten und China (sowie Indien, Israel und andere) bislang nicht beigetreten sind. Erwähnenswert ist jedoch, dass der SC aus eigenem Antrieb 1993 und 1994 Ad-hoc-Strafgerichte für das ehemalige Jugoslawien sowie 2002 Sondergerichte für Sierra Leone und 2005 für Kambodscha eingerichtet hat. Der Rat entsendet aktiv Beobachter zu nationalen Wahlen, wenn legitimierte Ergebnisse für die Entwicklung der Demokratie entscheidend sind. Er verfügt über 40 Unterorgane, die sich hauptsächlich mit Erkundungsmissionen und der Umsetzung von Sanktionen befassen, aber auch mit anhaltenden Problemen wie der Terrorismusbekämpfung und Kindern in bewaffneten Konflikten.

Zusammenfassend lässt sich sagen, dass der UN-Sicherheitsrat seit den 90er Jahren viel offener und partnerschaftlicher geworden ist und ein viel größeres und vielfältigeres Instrumentarium an Interventionsmitteln in Frieden und Sicherheit entwickelt hat. Der kumulative Effekt besteht in einer beeindruckenden Liste von Errungenschaften im Zusammenhang mit dem ersten Pfeiler der Vereinten Nationen, Frieden und Sicherheit (siehe Kasten 7).

Kasten 7: Die Leistungen der Vereinten Nationen bei Frieden und Sicherheit

- Unterstützung bei der Vermeidung eines weiteren globalen Krieges.
- Aufbau einer Sammlung von Unterlagen zu internationalem Recht, Regeln und Rechtsnormen, einschließlich 560 internationaler Verträge seit 1945, mit den daraus resultierenden normativen Auswirkungen.
- Einrichtung eines Systems von Streitbeilegungsmechanismen, zu dem der Internationale Gerichtshof, das Seerecht von 1982, die Resolution zur Lösung der pazifischen Streitigkeiten von 2005 und die Unterstützungsstelle für Mediation gehören.
- Aufbau eines Netzwerks von 14 multilateralen Agenturen zur Regulierung der täglichen, lebenswichtigen und praktischen internationalen Interaktion – von der Telekommunikation bis zum Tourismus.
- Verwaltung der Verbreitung von Massenvernichtungswaffen und deren Inspektion.
- Verhängung von Sanktionen für unberechtigtes staatliches Verhalten bei 26 Gelegenheiten.
- Entsendung von Personal zu 54 Friedensoperationen und 39 politischen Sondermissionen zur Verhütung, Linderung oder Beendigung von Konflikten.

Quellen: Rudd 2016: 11–16

Schwächen des Sicherheitsrates

Trotz dieser Erfolge ist mit dem Sicherheitsrat nicht alles in Ordnung. Bei seinen Entscheidungen kollidieren nationale Eigeninteressen allzu oft mit globalen Sicherheitsbedenken. Die großen Hoffnungen, die man auf den Rat als Friedensstifter nach dem Zweiten Weltkrieg und nach dem Kalten Krieg gesetzt hatte, wurden kaum erfüllt. Er hat sich nicht zu einem kollektiven Organ entwickelt, das in der Lage wäre, sich für die Krisenherde der Welt zu engagieren. Es gab keine ausreichende gemeinsame Führung, was zu zweifelhafter institutioneller Legitimität und internationaler Ernüchterung geführt hat. Die umstrittenen Beziehungen zur Bewegung der Blockfreien Staaten und zur Gruppe 77 in der Generalversammlung dienten nur dazu, die Frustrationen zu verstärken. Die Vereinbarung der P5 zur Schaffung der G20, die die finanziell mächtigsten Nationen der Welt umfasst, hat die wirtschaftliche Glaubwürdigkeit der Vereinten Nationen weiter untergraben. Der Rat ist bekannt dafür, dass er eher ein reaktives als ein präventives Organ ist. Das Versäumnis, eine Reihe von operationellen Kriterien für die Aktivierung der R2P-Norm aufzunehmen, ist ein perfektes Symbol für diese Schwäche. Die Großmächte hielten es nicht für angebracht, die Vereinten Nationen mit eigenen Friedenstruppen oder autonomen Finanzen auszustatten, um sicherzustellen, dass die UNO an der kurzen Leine gehalten wird.

Drei besonders besorgniserregende Misserfolge betreffen Kernwaffen, globale Entscheidungsfindung und die Wahrnehmung einer wachsenden Irrelevanz der UNO. Die erste UN-Resolution vom Januar 1946 forderte die Beseitigung von Massenvernichtungswaffen. Aber statt der Hoffnung auf eine kollektive Moral hat die altmodische Machtpolitik wieder das Ruder übernommen. Prinzipien wichen den nationalen Interessen. Die Welt fiel in den Kalten Krieg, der von der Strategie des Gleichgewichts des Schreckens dominiert wurde. Obwohl seit Hiroshima und Nagasaki am Ende des Zweiten Weltkriegs keine Atomwaffen mehr eingesetzt wurden, hat sich die Verbreitung von Atomwaffen und deren Trägersystemen rasant beschleunigt. Zunächst auf die USA, Frankreich, Großbritannien und die Sowjetunion (heute Russland) beschränkt, wuchs die Zahl der atomar bewaffneten Staaten um Indien, Pakistan, China und Nordkorea. Viele glauben, dass Israel Atomwaffen besitzt (obwohl es das nie zugegeben hat) und der Iran versuchte, ebenfalls einen Platz auf dieser Liste einzunehmen.

Im Bewusstsein der Gefahren wurde 1968 ein Nichtverbreitungsvertrag geschlossen. Mit dem SALT-1-Vertrag von 1972 gab es Bemühungen, die Anzahl der offensiven Atomwaffen zu begrenzen, aber in den 1980er Jahren ging das Wettrüsten erneut weiter. Schließlich wurde 1996 der Kernwaffenteststop-Vertrag verabschiedet. Die Grundidee war, dass sich die Staaten mit Kernwaffen darauf einigen würden, friedliche Kerntechnik mit Staaten zu teilen, die auf Bemühungen um eigene Kernwaffen verzichtet haben, aber es gibt Streit darüber, ob dieser Transfer tatsächlich stattgefunden hat. Außerhalb dieser Verträge wurde 1957 die Internationale Atomenergiebehörde in Wien gegründet. Als unabhängige Agentur berichtet sie der GA und dem SC über ihr Mandat für Kontrolle, Verifikation, Sicherheit und Technologietransfer. Wann immer sie vom Sicherheitsrat unterstützt wurde, hat sie lobenswerte Arbeit geleistet. Aber bis Ende 2016 sprachen Trump und Putin immer noch davon, Milliarden für die Modernisierung ihrer Atomwaffenarsenale auszugeben und nicht für Technologietransfer oder die Beendigung der Armut. Dennoch stimmte 2017 eine Mehrheit von 122 Ländern in der Generalversammlung für einen Vertrag zum Verbot von Atomwaffen. Alle neun Länder, die über Atomwaffen verfügen oder sie möglicherweise besitzen, boykottierten die Diskussionen und behaupteten, sie würden die „Realität" der internationalen Sicherheit missachten. Der Vertrag wurde Ende 2017 für eine Unterzeichnung ausgelegt und bis September 2020 von 46 Staaten ratifiziert. Er tritt in Kraft, wenn 50 Länder ihn ratifiziert haben.

Das zweite Versagen war die Unfähigkeit des Sicherheitsrates, Entscheidungen in entscheidenden Momenten zu treffen, in denen das Schicksal ganzer Völker bedroht war. Der Rat war nicht in der Lage oder willens, die schrecklichsten Blutbäder unserer Zeit in Fällen wie in Bosnien, Ruanda, Simbabwe, Darfur und Syrien zu stoppen. Zum Teil liegt dies am P5-Veto oder der Androhung seiner Nutzung. Das ist paradox. Das Veto war ein Instrument, das erfunden wurde, um die Großmächte in der UNO zu halten. In jüngster Zeit hatte keine Großmacht das Gefühl, dass sie drohen musste, die UNO zu verlassen, um ihre Interessen zu verteidigen. Dennoch wollen diese Mächte ihren Machtvorteil in der UNO bewahren.

Vetos sind eine Hauptursache für Unentschlossenheit im Sicherheitsrat, auch wenn ihre Zahl zurückgegangen ist. Vetos werden oft nicht zum Schutz lebenswichtiger Interessen (z. B. zum Schutz des Staatsgebietes) eingesetzt, sondern zur Aufrechterhaltung vermeintlicher Einflusssphären und zum Schutz von Verbündeten, wie es die USA für Israel und Russland für Syrien getan haben. Sie sollen auch den internationalen Status erhöhen und die öffentliche Meinung im Inland stärken. Mit anderen Worten, die P5 finden viele andere Gründe als ihre lebenswichtigen Interessen für die Ausübung des Vetos. So gäbe es auch ohne das Veto noch eine Großmachtpolitik im Sicherheitsrat und eine Beeinträchtigung der globalen Entscheidungsfindung. Deshalb drängen Frankreich und Mexiko auf eine Begrenzung des Vetos (was möglich ist) und nicht auf seine Abschaffung (was viel unwahrscheinlicher ist).

Während diese Probleme (zusammen mit den anderen in Kasten 8 aufgeführten Misserfolgen) als berechtigte Einschränkungen oder Mängel des Sicherheitsrates angesehen werden können, bezieht sich das letzte Thema eher darauf, wie der Sicherheitsrat wahrgenommen wird. Das Wort „irrelevant" wurde erstmals von Präsident George W. Bush verwendet, als er 2003 über die UNO sprach, und ist seither zu einem von vielen anderen verwendeten Refrain geworden. Natürlich haben wir aus den Leistungen des Sicherheitsrates gelernt, dass die UNO in Wirklichkeit nicht irrelevant ist. Die Welt wäre ohne all ihre Beiträge verloren. Was jedoch die Wahrnehmungen und oft genug die Berichterstattung in den Medien betrifft, so sieht es häufig anders aus.

Das haben wir 2016 gesehen, als Kanada nach dem Veto gegen eine weitere Resolution zu Syrien im Sicherheitsrat von 71 weiteren Ländern unterstützt wurde, die den Rat umgingen und das Thema direkt auf das Podium der Generalversammlung brachten, in Anlehnung an die Resolution „Vereint für den Frieden" von 1950. Dieses einzigartige und berichtenswerte Unterfangen wurde von den großen Zeitungen kaum erwähnt. Doch am nächsten Tag wurde die Ernennung von Wonder Woman zur Ehrenbotschafterin der UNO in den Schlagzeilen der Welt verspottet. All das sieht nach Irrelevanz aus – oder noch schlimmer. Leider besteht nach wie vor eine Tendenz bei den Medien, sich auf die Mängel der UNO zu konzentrieren.

Die Folgen gehen jedoch über die bloße Beeinträchtigung der öffentlichen Meinung zur UNO hinaus. Wenn die Organisation für unfähig gehalten wird, mit den dringendsten Sicherheitsbedenken umzugehen, haben und werden die Staaten sie umgehen, wie wir bei den Verhandlungen über das iranische Atomabkommen im Jahr 2015 gesehen haben.

Kasten 8: Die Herausforderungen, Probleme und Misserfolge des Sicherheitsrates

- Die Wahrnehmung, dass der Sicherheitsrat aufgrund des Vetos und der Androhung eines Vetos gelähmt ist, schürt Frustrationen über die Handlungsfähigkeit der UNO bei Krisen, obwohl es nur 276 Vetos gab und 2.296 Resolutionen erfolgreich angenommen wurden.
- Die Unfähigkeit, Massengrausamkeiten (Kriegsverbrechen, Völkermord, Verbrechen gegen die Menschlichkeit) zu verhindern, weil die UNO nur langsam oder gar nicht reagiert hat – z. B. Kambodscha, das ehemalige Jugoslawien, Ruanda, Darfur, Südsudan und Syrien.
- Die zögerliche Reaktion auf den globalen Terrorismus, einschließlich des staatlich geförderten Terrorismus.
- Anhaltende Auswirkungen der Invasion im Irak, die gegen den Willen der UNO stattfand.
- Fehlen der UNO bei den Verhandlungen über das iranische Atomabkommen sowie ihr verspätetes Einbeziehen in Afghanistan.
- Fehlende wirksame Maßnahmen zur Lösung der Krise in Syrien, die UNO schaute zu während 400.000 Menschen gewaltsam getötet und die Hälfte der Bevölkerung entwurzelt wurde.
- Mangelndes Engagement in der Ukraine-Krise.
- Keine diplomatische Initiative der UNO gegen Nordkoreas illegales Atomprogramm.
- Unfähigkeit, die Welle von Flüchtlingen, Migranten und Asylbewerbern in den Jahren 2015–16 zu bewältigen.
- Verlust der moralischen Autorität durch uneinheitliche Reaktionen auf Menschenrechtsverletzungen.
- Sexueller Missbrauch in Friedensmissionen beschädigt den Ruf von Blauhelmen.
- Ausbruch der Cholera in Haiti, für den UN-Truppen verantwortlich waren und bei dem Tausende Menschen ums Leben kamen.

Quellen: Rudd 2016: 16–20

Die Friedensoperationen der UNO

Seit Urzeiten haben Analysten viele verschiedene und manchmal widersprüchliche Erklärungen für die Ursachen des Krieges und die Mittel zur Friedensförderung gegeben. In Man, the State, and War konnte Kenneth Waltz (1954) diese verschiedenen Ansätze von Ursache und Wirkung unter drei Rubriken einsortieren: dem Individuum, dem Staat und dem internationalen System. Jede deckt sich mit einer weiteren Analyse, was die Art der Ursache für mögliche Wege zum Frieden bedeutet. In der ersten ist es die bestialische, aggressive Natur der Menschheit, die als Schuldige ins Visier genommen wird. Aber, so wird gefragt, wenn der Einzelne die Ursache des Krieges ist, sind es nicht die öffentlichen Institutionen der Staaten, die ihre Bürger prägen und einschränken? Dann wird weiter vorgeschlagen, dass auch die Staaten innerhalb des wettbewerbsorientierten, anarchischen internationalen Systems mit einander wetteifern müssen, wodurch sie dem Einzelnen und sogar den Staaten wenig Wahlmöglichkeiten in ihrem Verhalten lassen. Waltz kommt zu dem Schluss, dass selbst diese sehr allgemeinen Kausalitätsfelder durch die Möglichkeit, dass die Kriegsursachen aus allen drei Bereichen kommen und sogar von besonderen Umständen abhängen können, noch weiter verwischt werden können.

Unabhängig von den Ursachen des Krieges hat sich die UNO seit ihrer Gründung aktiv für den Frieden eingesetzt. Bevor die Entwicklung der UN-Friedensoperationen untersucht wird, lohnt es sich, einige Schlüsselbegriffe im Zusammenhang mit dem gesamten Spektrum der Aktivitäten der UN zur Wahrung von Frieden und Sicherheit zu skizzieren. Diese sind: Friedenssicherung, Friedensschaffung, Friedenserzwingung und Friedenskonsolidierung. Generalsekretär Boutros Boutros-Ghali hat in seiner Friedensagenda von 1992 diese vier unterschiedlichen, aber sich überschneidenden Rollen für Friedensoperationen beschrieben. Die Friedenssicherung, die im Großen und Ganzen darin besteht, kriegsgebeutelten Ländern zu helfen, Bedingungen für einen dauerhaften Frieden zu schaffen, wird manchmal in einem umfassenden Sinne eingesetzt, um auch auf andere Aktivitäten hinzuweisen. Friedensschaffung (gemäß Kapitel VI der Charta) bezieht sich auf diplomatische Maßnahmen, um feindliche Parteien zu einer Vereinbarung zu bewegen, unter anderem durch Verhandlungen, Untersuchungen, Mediation, Vermittlungsbemühungen, Schiedsverfahren, gerichtliche Verfahren oder mit Hilfe regionaler Behörden. Die neuen Methoden, die dieser langen Liste hinzugefügt wurden, waren die „guten Dienste" des Generalsekretärs und sein Einsatz von Sonderbeauftragten und Botschaftern als Vermittler. Die Friedenserzwingung (nach Kapitel VII) erfordert die Zustimmung des Sicherheitsrates und beinhaltet eine Reihe von Zwangsmaßnahmen, einschließlich des Einsatzes militärischer Gewalt. Am Ende konzentriert sich die Friedenskonsolidierung auf die Wiederherstellung und den Wiederaufbau nach Konflikten, mit dem Ziel, nationale

Kapazitäten für die Konfliktbearbeitung aufzubauen und Voraussetzungen für einen dauerhaften Frieden zu schaffen.

Obwohl die erste Notfalltruppe der Vereinten Nationen für die Suez-Krise von 1956 eingesetzt wurde, hatten die Vereinten Nationen bereits in den 1940er Jahren Erfahrungen mit Beobachtungs- und Überwachungseinsätzen gesammelt. Die ursprünglichen friedenserhaltenden Missionen beschränkten sich auf leicht bewaffnete Kräfte, die als Vermittler und Beobachter fungierten und zwischen Konfliktparteien intervenierten, um sie buchstäblich auseinander zu halten und den Frieden zu wahren. Sie waren von den Prinzipien der Zustimmung, der Neutralität und des Gewaltverzichts abhängig.

Im Laufe der Jahre haben die Friedensoperationen ihre Mission und ihr Mandat stark ausgeweitet und gehen weit über die reine Friedensschaffung hinaus, indem sie sich für die Friedenskonsolidierung mit der Beobachtung von Wahlen und der langfristigen internationalen Unterstützung für die Entwicklung von Institutionen und Finanzen in gescheiterten Staaten einsetzen. Sie können berechtigt sein, Gewalt anzuwenden, und verfügen über Polizeikräfte und Verwaltungsspezialisten, die den Wiederaufbau einer funktionierenden Regierung und (hoffentlich) einer unabhängigen Zivilgesellschaft beaufsichtigen. Die Operationen sind mehrdimensional geworden, mit dem Ziel, den politischen Prozess zu ermöglichen, die Zivilbevölkerung zu schützen, die Menschenrechte zu fördern, Wahlen zu unterstützen, die Rechtsstaatlichkeit wiederherzustellen und bei der Entwaffnung, Demobilisierung und Reintegration ehemaliger Kämpfer zu helfen. Wie man sich vorstellen kann, sind solche Vorgänge erschreckend komplex.

Was sich geändert hatte, war, dass von 1900 bis 1941 80 Prozent der Kriege zwischen Staaten stattfanden; von 1945 bis 1976 spielten sich 85 Prozent der Kriege innerhalb eines einzigen Staates ab. Diese Bürgerkriege waren in der Regel allumfassend und destruktiver für die Wirtschaft, die Bürgerrechte und die staatlichen Institutionen. Viele davon waren in illegalem Handel und Terrorismus verwickelt, und Konflikte drohten auf die Nachbarländer überzugreifen, was den internationalen Frieden gefährdete. Die UNO wurde immer mehr einbezogen. Erstmals wurden Operationen durchgeführt, die kriegsähnlichen Zwang und friedensähnliche Verhandlungen kombinierten. Nach dem Ende des Kalten Krieges nach 1990 waren die P5 im Sicherheitsrat kooperativer und bereit, zahlreiche und vielfältige Konflikte einschließlich innerstaatlicher Rivalitäten anzugehen.

Ende 2020 liefen 14 UN-geführte Missionen in diesem Bereich mit jährlichen Kosten von rund 6,5 Milliarden US-Dollar. Sie umfassen eine große Anzahl von zivilen und polizeilichen Komponenten. Die Abteilung für Friedenseinsätze im Sekretariat betreut mehr Truppen vor Ort – über 100.000 – (von Mitgliedern beigesteuert) als jedes einzelne Land. Oftmals besteht die Notwendigkeit, mit regionalen Partnern in einer „Koalitionen der Willigen“ aus Gruppen wie der NATO, der Europäischen Union, westafrikanischen Staaten und der Afrikanischen Union zusammenzuarbeiten. Im Laufe der Zeit gehörten Friedensmissionen zu den größten Erfolgen aber auch Misserfolgen der UNO. Zu den Erfolgen gehörten: die Unabhängigkeit Namibias; die Beendigung des Konflikts in El Salvador; Demobilisierung, Frieden und Wiederherstellung Kambodschas; Frieden, Abrüstung und Wahlen in Mosambik; Unabhängigkeit und eine neue Regierung in Osttimor; und die Beendigung des Bürgerkriegs und die Wiederherstellung der Regierung in Sierra Leone. Schreckliche Misserfolge gab es in Somalia, Bosnien, Ruanda und Syrien, wo sich der Sicherheitsrat weigerte, genügend Kräfte zur Kontrolle der Situation zu mobilisieren, und wo Zivilisten zu Tausenden abgeschlachtet wurden.

Es wurde viel geforscht, um besser zu verstehen, warum einige Missionen erfolgreich sind, während andere scheitern. Doyle und Sambanis stellten fest, dass der Erfolg von Friedensabkommen von drei Faktoren abhängt: dem Grad der Feindseligkeit, den nach dem Konflikt verbleibenden lokalen Kapazitäten und dem Umfang der verfügbaren internationalen Hilfe. Optimale Interventionsstrategien müssen die Mittel auf die Ziele abstimmen. Lokale Ursachen, Grad des Konfliktes und Feindseligkeit sowie die Kapazitäten der beteiligten Parteien müssen berücksichtigt werden. Eine Strategie mit diskreten Durchsetzungsmaßnahmen muss so ausgelegt werden, dass sie mit Friedensschaffung (Verhandlungen), Friedenssicherung (Überwachung) und Friedenskonsolidierung(Versöhnung, Wiederaufbau) übereinstimmt. Dieser Balanceakt muss im Rahmen militärischer Ressourcen und ziviler Mittel für den Wiederaufbau von Institutionen angelegt werden (2007: 323–348).

Die UNO selbst hat auch Anstrengungen unternommen, um ihre Friedens- und Sicherheitsaktivitäten zu überprüfen und Verbesserungen zu empfehlen. Eine besonders bemerkenswerte Studie war der Bericht des Gremiums für Friedenseinsätze der Vereinten Nationen, allgemein als Brahimi-Bericht bezeichnet, der im Jahr 2000 als Reaktion auf erhebliche Fehler der UN-Friedenssicherung in den 90er Jahren erstellt wurde. Er forderte „solide Doktrinen“ und „realistische Mandate“ (unter Bezugnahme auf ein ausdrückliches Mandat für den Zivilschutz und die Mittel zu seiner Durchführung), eine verbesserte Verwaltung der Hauptquartiere und einen schnellen Einsatz. Der Sicherheitsrat und der Generalsekretär haben bis auf die letzten Punkte alle erfüllt, und viele Analysten sind sich einig, dass die Fortschritte bei den Friedensbemühungen tatsächlich von dem Bericht beeinflusst wurden.

Wie der Bericht des hochrangigen unabhängigen Gremiums für Friedenseinsätze 2015 deutlich gemacht hat, gibt es jedoch weiterhin Verbesserungsmöglichkeiten. Der Bericht schlägt eine lange Liste von Verbesserungen der Verfahren vor, wie z. B. eine klarere strategische Ausrichtung, eine höhere Geschwindigkeit, verstärkte Partnerschaften, ein gezielteres Eingehen auf Gastländer und die Bekämpfung des sexuellen Missbrauchs, der den Ruf der UN-Friedenssicherung in den letzten Jahren geschädigt hat. Der Bericht erkennt auch an, dass bestimmte politische Realitäten die Fähigkeit der Vereinten Nationen zur Konsolidierung des Friedens einschränken. Dazu gehört, dass weder Regierungen noch regionale Gruppierungen die UNO vollständig mit präventiver Diplomatie betrauen und dass die UNO weiterhin ein relativ kleiner Akteur im Bereich der internationalen Zusammenarbeit ist. Diese Anerkennung ist wichtig, wenn es um die Zukunft der UNO geht, denn sie zeigt eine Situation, die das Gegenteil dessen ist, was sie sein sollte, wenn wir Frieden und Zusammenarbeit stärken wollen. Die staatliche Diplomatie, die sich auf die Maximierung der nationalen Interessen konzentriert, schlägt derzeit die globale Diplomatie – das muss sich ändern, wenn wir eine Renaissance der Vereinten Nationen erreichen wollen.

Wie dieser Abschnitt gezeigt hat, verfügt die UNO über eine ausgefeilte Struktur von Präventions- und Friedensmissionen. Eine Reihe von Tendenzen haben jedoch den Erfolg begrenzt. Erstens haben mächtige Staaten versucht, durchsetzungsfähige Generalsekretäre zu meiden, wodurch die Rolle, die diese in der internationalen Diplomatie spielen können, eingeschränkt wird. Zweitens hängt die Fähigkeit der UNO, Konflikte zu verhindern, vom politischen Willen der Mitgliedsstaaten ab. Leider ist der Sicherheitsrat auf „die sichtbaren, energischen und reaktiven und nicht auf die unsichtbaren, stillen und proaktiven Initiativen ausgerichtet, die für eine Streitbeilegung erforderlich sind" (Mani 2007: 318). Dies betrifft vielleicht die größte Herausforderung bei der Prävention: Erfolgreiche Fälle sind nahezu unsichtbar, und je effektiver sie ist, desto geringer ist die Wahrscheinlichkeit, dass sie Schlagzeilen macht. Ein letzter Punkt ist, dass globale Trends wie steigende wirtschaftliche Ungleichheit, politische Marginalisierung und Demokratiebewegungen dazu neigen, Konflikte hervorzurufen, was die Prävention zu einer beschwerlichen Aufgabe macht.

Der Sicherheitsrat und die Zukunft

Den Sicherheitsrat zu reformieren ist sehr einfach und gleichzeitig unglaublich komplex. Es gibt viele gute Ideen, wie man das Ganze angehen könnte, aber es gibt so viele Akteure mit zu wenig gemeinsamem politischen Willen, so dass nichts getan wird. Es wird gerne behauptet, dass der Sicherheitsrat eine der wichtigsten weltweiten Arenen von Macht und Realpolitik ist. Die Teilnahme bietet Zugang, Wissen, Macht und Einfluss. Kein Wunder, dass es wenig Einigkeit darüber gibt, wer die Akteure sein sollten und welche Verfahren am besten sind. Damit wir etwas klarer sehen können, müssen wir mit einigen Grundprinzipien und einer Reihe von Zielen beginnen, bevor wir uns dann mit verschiedenen Reformvorschlägen befassen.

Die Grundprinzipien, nach denen wir streben sollten, sind Legitimität und Wirksamkeit. Man sagt oft, dass die Macht der sozialen Institutionen hauptsächlich in ihrer Legitimität liegt. David Caron schrieb vor einigen Jahren über die Legitimität des Sicherheitsrates: „Damit eine Institution als legitim angesehen werden kann, muss sie als rechtmäßige Behörde anerkannt werden, die einem bestimmten Standard entspricht und so funktioniert, dass ihre Handlungen und Entscheidungen als rechtlich oder moralisch gerechtfertigt und angemessen angesehen werden". (1993, 552). Die Vereinten Nationen gründen sich auf einen internationalen Vertrag, den alle Mitglieder unterzeichnet haben, so dass mit dieser Gründungsbehörde der Sicherheitsrat als eindeutig rechtmäßig bezeichnet werden kann. Wie wir gesehen haben, hat seine deutlich verbesserte Funktionsweise ihn transparenter und integrativer gemacht. Dennoch ist die Organisation heute viel größer als 1945, so dass der Rat nicht mehr repräsentativ für die derzeitige UN-Mitgliedschaft ist. Außerdem sind viele der Meinung, dass sich der Rat aufgrund seiner zweistufigen Mitgliedschaft, die sich aus dem Veto ergibt, sowie der schlechten Bilanz seiner Entscheidungen nicht mehr an moralisch gerechtfertigte und angemessene Normen hält. Das zweite Prinzip ist die Effektivität. Viele bezweifeln, dass der Sicherheitsrat den Frieden und die Sicherheit in der Welt ordnungsgemäß verwaltet und dass er dies in einer Weise tut, die die Menschenrechte und die nachhaltige Entwicklung schützt. Man fragt sich auch, wie groß ein Rat sein könnte, um effektiv zu arbeiten und Entscheidungen zu treffen.

Im Hinblick auf mögliche Ziele für einen Reformprozess liefert der UN-Experte Andy Knight nützliche Ideen: „Verbesserung der Beteiligungsquote von schlecht vertretenen Gruppen; Verbesserung der geografischen Repräsentation; Verbesserung des demokratischen Charakters durch Beschränkung der Anwendung des Vetorechts auf Kapitel VII-Aktionen und ein Verfahren, das sicherstellt, dass der Rat eine klare Mehrheit der Weltbevölkerung vertritt; Aufrechterhaltung seiner Effizienz durch Begrenzung seines Wachstums; Verbesserung der Transparenz durch Konsultation von Nichtmitgliedern zu Maßnahmen, die sie betreffen, und stärkere Einbeziehung von nicht ständigen Mitgliedern". (2002, 33–4). So haben wir eine Reihe von Zielen, die verschiedene Fragen der Größe, der fairen Repräsentation, der Zusammensetzung, der Legitimität, der Effizienz und des Vetos abdecken.

Bemühungen um eine Reform des Sicherheitsrates gibt es nicht erst seit gestern. Der Unmut über die P5-Mitglieder veranlasste die Generalversammlung, im Jahr 1993 Konsultationen über eine Reformagenda einzuleiten. Sie wurde als „Offene Arbeitsgruppe zur gerechten Vertretung" bezeichnet. Zwei Jahrzehnte später wurde sie auf den Fluren der UNO als „Never-Ending Working Group" bekannt.

Bei einem Treffen 2004 in Baden-Baden, Deutschland, dachte das High Level Panel on Threats, Challenges and Change, sie hätten die ideale Lösung für die Zusammenstellung gefunden. Der Rat würde auf 24 Mitglieder in drei Stufen aufgestockt: Stufe eins würde die derzeitige P5 (USA, Russland, China, Großbritannien und Frankreich) umfassen; Stufe zwei würde sieben oder acht halbpermanente Mitglieder umfassen, die auf regionaler Basis für eine erneuerbare Amtszeit von vier oder fünf Jahren gewählt werden (Brasilien, Deutschland, Indien, Japan und Südafrika könnten dieser Gruppe angehören); die dritte Stufe der nicht ständigen Mitglieder würde wie bisher für eine nicht erneuerbare zweijährige Amtszeit gewählt. Nur die ständigen Mitglieder hätten ein Veto. Mehr Gewicht würde der Mitgliedschaft derjenigen beigemessen, die einen echten Beitrag zu Frieden und Sicherheit leisten. Eine vollständige Überprüfung würde alle 15 Jahre erfolgen. Der Konsens im Panel löste sich auf, als einige forderten, dass alle neuen Mitglieder der Stufe zwei ein Veto erhalten sollten. Der Vorschlag kam nicht einmal in den Abschlussbericht, der zwei untergeordnete Modelle enthielt, die auf besondere Interessen ausgerichtet waren. Der Generalsekretär zuckte am Ende mit den Schultern und sagte, die Mitglieder sollten so abstimmen, wie sie wollten.

Dieses Beispiel wird ausführlich erläutert, weil es die meisten Fragen der Zusammensetzung und des Vetorechts aufgreift. Was die Größe betrifft, so besteht Einigkeit darüber, dass der 15-köpfige Sicherheitsrat um eine repräsentativere Vertretung der Welt erweitert werden sollte. Die Frage ist: Um wie viel? Mehr Großmächte können den aktuellen Interessenkonflikt und das nationale Ansehen nur noch verstärken und Entscheidungen eher schwerer als leichter machen. Dennoch liegen die meisten Vorschläge im Bereich von 20 bis 25 – klein genug für die Diskussion, groß genug, um repräsentativ zu sein. Alle Beträge schlagen ein bis drei weitere nicht permanente, nicht ständige Sitze vor. Derzeit werden die zehn nicht ständigen Sitze für zwei Jahre von der Generalversammlung gewählt, wobei drei nach Afrika, zwei nach Westeuropa und Ozeanien, zwei nach Lateinamerika und in die Karibik, zwei nach Asien und einer nach Osteuropa gehen. Fünf werden jedes Jahr ersetzt und die Wahlkämpfe sind jedes Mal intensiv.

Jetzt wird es kritisch. Wer sollten die neuen semi-permanenten (oder ständigen) Mitglieder des Sicherheitsrates sein und sollten sie ein Veto haben oder nicht? Sicherlich sollten Länder wie Indien, Japan, Brasilien, Südafrika, Indonesien, Nigeria, Deutschland und Pakistan nicht von einer ständigen Mitgliedschaft ausgeschlossen werden? Leider ist es nicht so einfach. Jedes dieser Länder hat Nachbarn, die absolut gegen ihren Aufstieg zu einem ständigen Mitglied sind.

Beim Weltgipfel 2005 haben sich Japan, Deutschland, Indien und Brasilien zur G4 zusammengeschlossen. Sie waren entschlossen, feste Sitze zu bekommen, schienen aber bereit, beim Veto Kompromisse einzugehen. Sie hatten beträchtliche Unterstützung, aber ihre regionalen Rivalen, darunter Südkorea, Italien, Pakistan und Argentinien, schlossen sich sofort mit anderen Ländern wie Kanada, Mexiko, der Türkei und Spanien in der Gruppe „Uniting for Consensus“ zusammen, um vorzuschlagen, dass es 10 neue, nicht ständige Mitglieder mit der Möglichkeit einer Wiederwahl geben sollte, aber keine neuen ständigen Mitglieder. Wir sehen hier einen der Knackpunkte. Anstatt sich wie gemütliche regionale Freunde zu verhalten, sind die meisten Nachbarn uralte traditionelle Feinde, die nicht zusehen wollen, wie sich der andere einen Schritt weiterbewegt. Die afrikanischen Staaten ihrerseits schlugen vor, die Zahl der Mitglieder des Rates von 15 auf 26 zu erhöhen und sechs neue ständige Sitze mit Vetorecht und fünf neue nicht ständige Sitze einzuführen (Afrika erhält zwei Sitze in jeder Kategorie). Zur Zeit repräsentiert die P5 vier Kontinente, aber nicht Afrika.

Schlussendlich ist nicht abzusehen, ob die derzeitigen P5 zustimmen und ihr Veto nicht ausüben würden, selbst wenn man ein funktionsfähiges Modell finden könnte. Außerdem sind all diese Allianzen jetzt ein Jahrzehnt alt und haben vielleicht anderen Absichten Platz gemacht. Dennoch zeigen sie uns die Komplexität der Reform des Sicherheitsrates.

Zehn Jahre machen jedoch einen Unterschied. Die Kommission für Globale Sicherheit, Justiz und Governance hat in ihrem Bericht 2015 einen erfrischend anderen Ansatz bei der Reform des UN-Sicherheitsrates gewählt. Die Kommission machte deutlich, dass die Welt vorangekommen ist, indem sie sich nicht mit der Zusammensetzung des Rates befasste, sondern lediglich erklärte, dass wir seine Zusammensetzung erweitern und die sofortige Wiederwahl nicht ständiger Mitglieder ermöglichen müssen, um die beiden Ziele Effektivität und Akzeptanz zu erreichen.

Wenn wir über die Umgestaltung des Sicherheitsrates nachdenken, sollten wir uns daran erinnern, dass wir, wenn wir Entscheidungen zum Wohle der Welt treffen wollen, etwas brauchen, das wie ein „Exekutivkomitee“ oder ein „Kabinett“ aussieht. Vielleicht sind alle unsere gegenwärtigen Modelle zu sehr mit dem gegenwärtigen Kontext der „nationalstaatlichen internationalen Beziehungen“ verbunden. Für die „Global Governance“ brauchen wir vielleicht ein anderes Modell, das auf eher staatsähnlichen Institutionen mit politischen und demokratischen Grundlagen basiert. Auf jeden Fall können wir uns vorstellen, dass es viel beratendes Denken und vielleicht eine globale Bewegung braucht, um alle Hindernisse zu überwinden, die wir gerade beschrieben haben, und um alle möglichen Reformen voranzutreiben. Auf diese Möglichkeiten werden wir in Kapitel 5 zurückkommen.

> *„Die Zukunft hängt davon ab, was wir in der Gegenwart tun.“* Mahatma Gandhi

Kapitel 3 – Soziale und wirtschaftliche Entwicklung

Verständnis von „Entwicklung"

Das globale Verständnis von Entwicklung hat sich im Laufe der Jahre verändert, ebenso wie die Definitionen. Die Länder sind sich nun einig, dass der beste Weg in die Zukunft die nachhaltige Entwicklung ist, die von den Vereinten Nationen als „Entwicklung" definiert wird, „die Wohlstand und wirtschaftliche Chancen, mehr soziales Wohlergehen und Umweltschutz fördert". Die nachhaltige Entwicklung zielt darauf ab, diese drei Säulen – wirtschaftliche Entwicklung, soziale Entwicklung und Umweltschutz – in ausgewogener Weise zu erreichen. Der Begriff wurde ursprünglich 1987 von der Weltkommission für Umwelt und Entwicklung in unserer gemeinsamen Zukunft geprägt, im so genannten Brundtland-Bericht. Der Bericht definiert nachhaltige Entwicklung als „Entwicklung, die den Bedürfnissen der Gegenwart entspricht, ohne die Fähigkeit künftiger Generationen, ihre eigenen Bedürfnisse zu befriedigen, zu beeinträchtigen". Dreißig Jahre später ist dies nach wie vor die am häufigsten verwendete Definition.

Vieles von dem, was die UNO tut, fällt in die breite Kategorie der „Entwicklung". Dazu gehören Anstrengungen in den Bereichen Armutsbekämpfung, Ernährungssicherheit, Klimawandel, Gleichstellung der Geschlechter, Wohnen, Bildung, Beschäftigung, Infrastruktur, Katastrophenvorsorge, Gesundheit und Notfallhilfe, Wasser und Hygiene, Sicherheit und Kriminalitätsverhütung, gute Regierungsführung und Entwicklung im frühen Kindesalter. Auch die Bereiche Menschenrechte sowie Frieden und Sicherheit (die beiden anderen Säulen der Arbeit der UNO) haben inzwischen wichtige Auswirkungen auf die soziale und wirtschaftliche Entwicklung. Ihre Aufnahme in die globale Entwicklungsagenda für die Zeit nach 2015 (Ziele für nachhaltige Entwicklung) spiegelt diese Zusammenhänge wider.

Dieses Kapitel untersucht, was Entwicklung zu Beginn der UNO, zur Zeit der Dekolonisierung und zur Einführung der weltweit ersten globalen Entwicklungsagenda anlässlich des neuen Jahrtausends bedeutete, sowie, was sie in der gegenwärtigen Ära einer zweiten Reihe globaler Zielen bedeutet. In ihm wird betrachtet, was den Vereinten Nationen bevorsteht und bewertet, wie bereit sie wirklich sind, die anstehende anspruchsvolle Aufgabe zu erfüllen.

Die ersten 50 Jahre

Entwicklung in den Anfangsjahren

Entwicklung gehört zu den drei Grundpfeilern des UN-Systems. In der Charta der Vereinten Nationen heißt es: „Die Vereinten Nationen fördern einen höheren Lebensstandard, Vollbeschäftigung und die Bedingungen für wirtschaftlichen und sozialen Fortschritt und Entwicklung". Doch das Verständnis von Entwicklung war bei der Ausarbeitung der Charta an diesen Moment in der Geschichte gekoppelt, und das Konzept entwickelte sich im Laufe der Jahre stark weiter. Überlegen Sie, wie die Welt im Jahr 1945 aussah. Ursprünglich waren 51 Länder Mitglied der UNO, von denen die überwiegende Mehrheit europäische, lateinamerikanische und nordamerikanische Staaten sowie Staaten des Nahen Ostens waren. Die Vorstellungen von Industrie- und Entwicklungsländern, Nord und Süd, Erster Welt und Dritter Welt existierten damals einfach nicht. Die frühen Entwicklungsbemühungen des internationalen Systems konzentrierten sich auf den Wiederaufbau nach dem Zweiten Weltkrieg. 1948 starteten die USA den Marshall-Plan, eine massive Hilfsinitiative zum Wiederaufbau Westeuropas nach den Zerstörungen des Krieges. Im Rahmen des Plans, der offiziell als Europäisches Konjunkturprogramm bekannt ist, haben die USA, unterstützt durch Begleitprogramme in Kanada und anderen Ländern, über einen Zeitraum von drei Jahren mehr als 12 Milliarden Dollar zur Finanzierung des wirtschaftlichen Aufschwungs in Europa bereitgestellt – einer Region, die relativ gesehen industrialisiert und wirtschaftlich fortgeschritten war. Die rasche Erholung Europas ermöglichte es der internationalen Gemeinschaft, ihre Bemühungen bald auf andere Länder zu konzentrieren.

In den folgenden Jahren verlagerte sich der Schwerpunkt schnell auf Entwicklungsländer, die die Unabhängigkeit von ihren Kolonialmächten erlangten. Zwischen 1956 und 1968 wuchs die Zahl der UN-Mitglieder von 80 auf 126. Fast alle diese zusätzlichen Mitglieder waren afrikanische und asiatische Länder, die von den europäischen Kolonialmächten unabhängig wurden. Diese Periode der schnellen Dekolonisierung, die in den späten 1940er Jahren begann, sich aber in den folgenden zwei Jahrzehnten beschleunigte, wurde durch die Erkenntnis ausgelöst, dass alle Völker das Recht auf Selbstbestimmung haben. 1960 wurde dieses Grundrecht formalisiert, als die UN-Generalversammlung die Erklärung über die Gewährung der Unabhängigkeit der Kolonialländer und -völker verabschiedete, in der es heißt, dass „die Unterwerfung der Völker unter fremde Unterjochung, Herrschaft und Ausbeutung eine Verweigerung der grundlegenden Menschenrechte darstellt, gegen die Charta der Vereinten Nationen verstößt und ein Hindernis für die Förderung des Weltfriedens und der Zusammenarbeit darstellt". Sie forderte, dass in

Gebieten, die noch keine Unabhängigkeit erlangt haben, unverzüglich Maßnahmen ergriffen werden, um die Macht auf das Volk zu übertragen, damit es Unabhängigkeit und Freiheit genießen kann. Es wurde hinzugefügt, dass mangelnde politische, wirtschaftliche, soziale oder bildungspolitische Bereitschaft nicht als Grund für eine Verzögerung der Unabhängigkeit herangezogen werden sollte. So wurden eine Reihe von Staaten mit niedrigem Entwicklungsstand geboren.

Zwei Faktoren trieben die westlichen Länder dazu, mit der Hilfe für diese Entwicklungsländer zu beginnen. Erstens wurde anerkannt, dass der Übergang von einer internationalen Ordnung, die auf Kolonisierung und Imperialismus basiert, zu einer Ordnung des freien Handels und des fairen Umgangs miteinander ein gewisses Maß an Intervention erfordern würde. Mit anderen Worten, wenn die postkolonialen Länder Handelspartner werden sollten, brauchten sie Unterstützung, um die Armut zu verringern und die Produktionskapazität zu erhöhen. Zweitens wollten die westlichen Länder verhindern, dass die Länder der Dritten Welt, die weder der Ersten Welt (entwickelte, kapitalistische Länder) noch der Zweiten Welt (sozialistische Länder des Ostblocks) angehörten, in Richtung Kommunismus driften. Diese Angst war im Jahr 1950 der Ansporn für die Entwicklung des Colombo-Plans für kooperative Wirtschaftsentwicklung in Süd- und Südostasien, der als weltweit erste Initiative der Entwicklungszusammenarbeit angesehen werden kann. Der Plan wurde zur Bekämpfung der Armut in Asien aufgestellt, da man annahm, dass Armut für das Erstarken der kommunistischen politischen Bewegungen in der Region verantwortlich sei.

Ausbau der Entwicklungsaktivitäten

Das Entstehen neuer internationaler Institutionen zur Unterstützung der Entwicklungsbemühungen spiegelte den Wandel im Denken wider. Zum Zeitpunkt ihrer Gründung konzentrierte sich die UNO in erster Linie auf die Wahrung von Frieden und Sicherheit. Tatsächlich tauchten die Worte „Frieden“ und „Sicherheit“ in der UN-Charta 42 bzw. 148 Mal auf, während der Begriff „Entwicklung“ nur einmal erschien. Der Begriff „Umwelt“ fehlte in der Gründungsurkunde völlig (siehe Kasten 9).

Im Jahr 1945 verfügte die UNO nur über eine Handvoll entwicklungspolitischer Organisationen. Der Wirtschafts- und Sozialrat (ECOSOC) wurde gegründet, um die sozialen und wirtschaftlichen Aktivitäten innerhalb des UN-Systems zu koordinieren, während die Internationale Arbeitsorganisation (ILO), die Ernährungs- und Landwirtschaftsorganisation (FAO) und die Organisation der Vereinten Nationen für Bildung, Wissenschaft und Kultur (UNESCO) Sonderorganisationen waren, die unter das Mandat des ECOSOC fallen. Im folgenden Jahr wurde das Kinderhilfswerk der Vereinten Nationen

(UNICEF) gegründet. Da sich die Anliegen jedoch über Sicherheitsfragen hinaus auf die Bereiche Entwicklung, Menschenrechte, humanitäre Hilfe und Umwelt ausdehnten, expandierte das UN-System rasch. In den 1960er und 1970er Jahren gab es eine starke Zunahme neuer UN-Mittel, Programme und Sonderorganisationen in den Bereichen Armut und Hunger, soziale Entwicklung, Gesundheit, Frauen, Umwelt und Wohnen (siehe Abbildung 3). Anstatt die Mandate der bestehenden Agenturen zu erweitern, wurden neue geschaffen.

Kasten 9: Die Umwelt auf die Tagesordnung setzen

Umweltfragen sind ein Beispiel dafür, wie sich die UNO erfolgreich an veränderte Zeiten angepasst hat. Obwohl die Umwelt in der UN-Charta und der ursprünglichen Organisationsstruktur nicht vorkam, wurde sie später effektiv in das bestehende System integriert. Auf der ersten Konferenz der Vereinten Nationen über die menschliche Umwelt, die 1972 in Stockholm stattfand, wurde das Umweltprogramm der Vereinten Nationen (UNEP) als Stimme für die Umwelt im UN-System gegründet. Auf Grund der Berichterstattung des UNEP an die GA und den ECOSOC wurden für den ECOSOC Umweltfragen zu seinem ursprünglichen Mandat in den Bereichen Wirtschaft und Soziales hinzugefügt.

Einige plädieren dafür, dass der Umweltbereich stärker in den Vordergrund gerückt werden und dass der ECOSOC ihn formal stärker anerkennen sollte, indem er sich beispielsweise im Rahmen eines größeren Reformkatalogs in den Wirtschafts-, Sozial- und Umweltrat (ESEC) umbenennt. Es ist unwahrscheinlich, dass der ECOSOC in naher Zukunft einen neuen Namen erhält, aber eine Reform der veralteten Institution im Jahr 2013 gab ihm den Auftrag einen Integrationsgipfel einzuberufen, um die ausgewogene Integration der drei Dimensionen der nachhaltigen Entwicklung (Wirtschaft, Soziales und Umwelt) zu überwachen und zu fördern. So werden Fortschritte erzielt.

In der Zwischenzeit wurden wirtschaftliche Fragen wie Handel, Entwicklungskredite und Geldpolitik an die Institutionen von Bretton Woods – die Weltbank und den Internationalen Währungsfonds (IWF) – sowie an das Allgemeine Zoll- und Handelsabkommen (GATT) delegiert. Die Weltbank und der IWF wurden als Sonderorganisationen der Vereinten Nationen eingerichtet, unter Anerkennung der Tatsache, dass sie unabhängige internationale Organisationen waren. Als solche haben die Organe Beobachterstatus bei der UNO und können – wenn auch ohne Stimmrecht – an der Generalversammlung, dem Sicherheitsrat und dem ECOSOC teilnehmen. Die Welthandelsorganisation (die 1995 das GATT ablöste) hingegen gilt als eine „verwandte Organisation“ im

UN-System, die der Generalversammlung untersteht, aber nicht verpflichtet ist, ihr Bericht zu erstatten und Ad-hoc-Beiträge an die Generalversammlung und den ECOSOC zu leisten. Die Beziehungen zwischen der UNO und den Institutionen von Bretton Woods waren in der Vergangenheit heikel. Viele haben sich dafür eingesetzt, dass die UNO mehr Autorität in wirtschaftlichen Fragen erhält, mit dem Hinweis auf das sogenannte Demokratiedefizit von Weltbank, IWF und WTO, während andere den Status quo unterstützen und behaupten, dass diese Institutionen bei der Erreichung ihrer erklärten Ziele effektiver sind als die UNO.

Abbildung 3: Mitglieder der Entwicklungsgruppe der Vereinten Nationen (ohne regionale Kommissionen und Sekretariatsgremien) nach Jahr der Einrichtung

Programm/Fonds/Sonderorganisationen	Jahr	
Internationale Arbeitsorganisation (ILO)	1919	
Ernährungs- und Landwirtschaftsorganisation (FAO)	1945	
Organisation der Vereinten Nationen für Erziehung, Wissenschaft und Kultur (UNESCO)	1945	
Kinderhilfswerk der Vereinten Nationen (UNICEF)	1946	
Weltgesundheitsorganisation (WHO)	1948	
Weltorganisation für Meteorologie (WMO)	1950	
Hoher Kommissar der Vereinten Nationen für Flüchtlinge (UNHCR)	1951	
Welttourismusorganisation der Vereinten Nationen (UNWTO)	1957	
Welternährungsprogramm (WFP)	1963	UN-Organe, die in den 1960er und 1970er Jahren gegründet wurden, um soziale, wirtschaftliche und ökologische Fragen zu behandeln
Konferenz der Vereinten Nationen für Handel und Entwicklung (UNCTAD)	1964	
Entwicklungsprogramm der Vereinten Nationen (UNDP)	1965	
Bevölkerungsfonds der Vereinten Nationen (UNFPA)	1969	
Umweltprogramm der Vereinten Nationen (UNEP)	1972	
Büro der Vereinten Nationen für Projektdienste (UNOPS)	1973	
Entwicklungsfonds der Vereinten Nationen für Frauen (UNIFEM) (2010 zu einer neuen Organisation, UN Women, fusioniert)	1976	
Internationaler Fonds für landwirtschaftliche Entwicklung (IFAD)	1977	
Programm der Vereinten Nationen für menschliche Siedlungen (UN-HABITAT)	1978	
Organisation der Vereinten Nationen für industrielle Entwicklung (UNIDO)	1985	
Gemeinsames Programm der Vereinten Nationen zu HIV/AIDS (UNAIDS)	1994	
Büro der Vereinten Nationen für Drogen- und Verbrechensbekämpfung (UNODC)	1997	

Das Nord-Süd-Gefälle

Die Politik des Kalten Krieges resultierte in einer politischen Spaltung zwischen dem „Osten" (der Sowjetunion und ihren Verbündeten) und dem „Westen" (Nordamerika, Westeuropa, Japan, Australien und Neuseeland). Mit der Dekolonisierung wurden die Entwicklungsländer zahlreicher als die entwickelten Länder, und die Machtdynamik innerhalb der Vereinten Nationen änderte sich, als postkoloniale Länder darauf drängten, dass auch ihre Stimmen gehört werden müssen. Wie wir in der Beschreibung der Generalversammlung gesehen haben, hat sich in den 1950er Jahren eine Gruppe von neu unabhängigen Ländern zusammengeschlossen, um gegen die beiden Supermächte – die Vereinigten Staaten und die Sowjetunion – vorzugehen. Diese Länder bildeten 1961 die Bewegung der Blockfreien Staaten (NAM), die heute oft als „Global South" bezeichnet wird, und viele der gleichen Länder organisierten sich ebenfalls in der „Group of 77", um ihren wirtschaftlichen und sozialen Fragen auf der Weltbühne Gehör zu verschaffen. Trotz des Zusammenbruchs der Aufteilung in Ost und West nach dem Ende des Kalten Krieges, ganz zu schweigen von der verschwimmenden Nord-Süd-Differenz, die sich aus der Globalisierung ergibt – bestehen sowohl die NAM als auch die G77 weiter fort.

Wie Thomas Weiss bereits aufgezeigt hat (2011), werden die „verschiedenen konstruierten Rollen auf der internationalen Bühne des globalen Theaters von Schauspielern der beiden großen Truppen Nord und Süd" gespielt. Dieses Theater, so Weiss, sei wenig hilfreich, um universelle Normen zu schaffen und die menschliche Sicherheit zu gewährleisten. Obwohl es einige Ausnahmen gibt, haben die Länder im Allgemeinen künstliche Rollen übernommen, die darauf basieren, auf welcher Seite sie stehen, und nicht darauf, wie sie bei bestimmten Themen betroffen sind. Stattdessen sollten politische Debatten themenbezogene und interessenbezogene Allianzen und Koalitionen widerspiegeln.

Millenniumsentwicklungsziele

Das Jahr 2000 war ein Meilenstein für die Entwicklungszusammenarbeit. Zum ersten Mal in der Geschichte haben sich die Staaten auf einen klar definierten Zielkatalog für die soziale und wirtschaftliche Entwicklung geeinigt. Die Millenniumsentwicklungsziele, auch als MDGs bezeichnet, waren acht einprägsame, zeitlich festgelegte, fokussierte und messbare Ziele, für die sich Menschen weltweit gemeinsam einsetzen konnten (siehe Abbildung 4). Sie wurden Ende der 90er Jahre verfasst und traten durch die Millenniumserklärung in Kraft, die von der UN-Generalversammlung am 8. September 2000 verabschiedet wurde. Sie waren bewusst ehrgeizig angelegt, mit Zielen wie der „Halbierung der extremen Armut“ und der „Bereitstellung einer allgemeinen Grundschulbildung“ bis 2015.

Abbildung 4: Millenniumsentwicklungsziele*

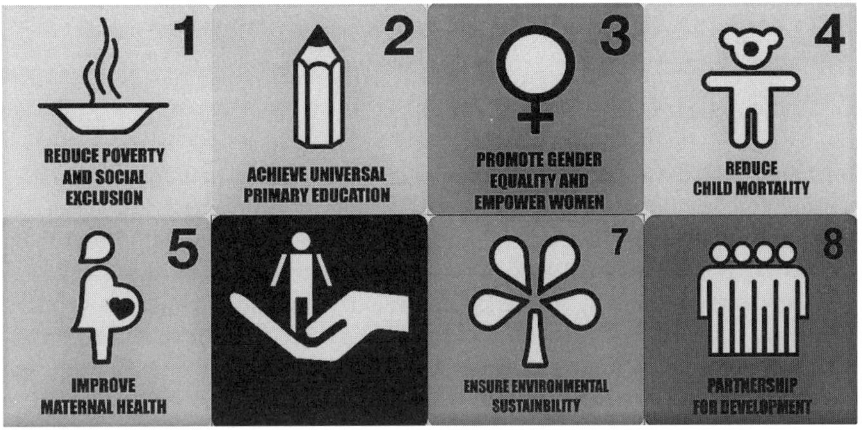

Quelle: Vereinte Nationen

Die MDGs wurden für ihre Einfachheit gelobt. Schüler in Nigeria, Laos und Deutschland konnten sie sich merken und aufsagen. Sie machten auch auf früher vernachlässigte Probleme aufmerksam, wie beispielsweise das Ziel 5 zur Verbesserung der Gesundheit der Mütter. Fürsprecher für die Müttergesundheit hatten lange Zeit für eine stärkere Aufmerksamkeit für das Thema gekämpft, und dass es nun gleichberechtigt neben Themen wie Armut und Hunger, ökologische Nachhaltigkeit und Grundschuldbildung stand, war ein wichtiger Schritt in Richtung größerer öffentlicher Wahrnehmung. Es wurde aber auch kritisiert, dass die MDGs ohne ausreichende Beratung mit zentralen Akteuren wie UN-Mitgliedsstaaten, zivilgesellschaftlichen Organisationen, NGOs, Think Tanks und Wissenschaftlern entwickelt wurden. Stattdessen wurden sie von einer Expertengruppe in einem „Keller des UN-Hauptquartiers“ erstellt. Es ist wahrscheinlich, dass dieser Mangel an Mitwirkung bei der

* 1 Bekämpfung von extremer Armut und Hunger
2 Primärschulbildung für alle
3 Gleichstellung der Geschlechter und Stärkung der Frauen
4 Senkung der Kindersterblichkeit
5 Verbesserung der Gesundheitsversorgung der Mütter
6 Bekämpfung von HIV/AIDS, Malaria und anderen schweren Krankheiten
7 Ökologische Nachhaltigkeit
8 Globale Partnerschaft für Entwicklung

Gestaltung der Ziele dazu führte, dass sich die Entwicklungsländer wenig verantwortlich für die Umsetzung fühlten.

Aufrechnung der Ergebnisse

> *„In den 13 Jahren seit der Jahrtausendwende wurde die Armut so schnell wie nie zuvor reduziert.“* 2013 UN Report, A New Global Partnership: Eradicate Poverty and Transform Economies Through Sustainable Development

Im Jahr 2015 stellte sich für alle die Frage: Wie erfolgreich waren die Länder beim Erreichen dieser Ziele? Die beeindruckendsten Erfolge wurden bei der Bekämpfung der extremen Armut erzielt. Das Ziel, den Anteil der Menschen, die bis 2015 von weniger als 1,25 $ pro Tag leben (mit einem Ausgangswert von 1990), zu halbieren, wurde 2010 erreicht, fünf Jahre früher als geplant. Dies war jedoch nicht in allen Ländern, Regionen oder Bevölkerungsgruppen der Fall, sondern nur auf aggregierter oder globaler Ebene. In Südasien sank der Anteil der Menschen in extremer Armut um 41 Prozent, während er in Staaten südlich der Sahara nur um 14 Prozent zurückging. In China, wo der Anteil von 60 Prozent im Jahr 1990 auf 12 Prozent im Jahr 2010 sank, wurden unterdessen enorme Fortschritte erzielt. Kritiker wiesen darauf hin, dass Chinas rasante wirtschaftliche Entwicklung, die mit dem Zeitplan für die Erreichung der MDGs zusammenfiel, aber auf völlig andere Faktoren zurückzuführen war, das Gesamtbild verzerrt und die Aufmerksamkeit von Ländern abgelenkt hat, die weniger gut abgeschnitten haben.

Bei zahlreichen anderen Zielen wie der Steigerung der Einschulung von Grundschülern und dem verbesserten Zugang zu sauberem Wasser wurden bedeutende Erfolge erzielt – auch wenn die ehrgeizigen Ziele nicht immer vollständig erreicht wurden. Die Abschlussbilanz der MDGs hat gezeigt, dass trotz bahnbrechender Erfolge noch immer Millionen von Menschen abgehängt werden, insbesondere die ärmsten und am stärksten gefährdeten Bevölkerungsgruppen. Sie wies auf den Klimawandel und die Umweltzerstörung als Faktoren hin, die die erzielten Fortschritte untergraben, und erklärte, dass Konflikte nach wie vor die größte Bedrohung für die menschliche Entwicklung darstellen.

Ziele für nachhaltigen Entwicklung

Eine veränderte Welt

Lange bevor das Jahr 2015 näher rückte, blickte die internationale Gemeinschaft schon auf eine Entwicklungsagenda für die Zeit nach 2015. Die Idee für eine neue Reihe von Zielen, die die MDGs ersetzen sollten, wurde von Kolumbien und Guatemala auf dem Rio+20-Gipfel 2012, dem größten Gipfel in der Geschichte der Vereinten Nationen, offiziell vorgelegt. Ein dreijähriger Prozess, der Millionen von Menschen durch Dialoge, thematische Beratungen und nationale Umfragen einband, gipfelte in den 17 Zielen für nachhaltige Entwicklung (SDGs), auch bekannt als die Globalen Ziele, die von den Staaten auf dem UN-Gipfel für nachhaltige Entwicklung im September 2015 einstimmig angenommen wurden (siehe Abbildung 5).

Der Beratungsprozess für die Zeit nach 2015, der zur Entwicklung der SDGs führte, sollte viele der Defizite der MDGs beheben und sich gleichzeitig an eine neue Ära anpassen. Als 2013 mit den Beratungen begonnen wurde, war die Welt komplexer geworden und der Diskurs über Entwicklung hatte sich drastisch verändert. Die MDGs fühlten sich veraltet an.

Abbildung 5: Ziele für nachhaltige Entwicklung

Quelle: Vereinte Nationen

Zum einen waren die MDGs für die Entwicklungsländer bestimmt, und die Finanzierung sollte durch die entwickelten Ländern über ihre offiziellen Hilfsbeiträge, die so genannte Official Development Assistance (ODA), erfolgen. Doch als die Beteiligten über die SDGs diskutierten, war klar, dass die traditionellen Nord-Süd-Grenzen verschwimmen. Süd-Süd-Kooperationen wurde wesentlich normaler und die wirtschaftliche und politische Macht begann sich von den entwickelten Ländern in Richtung Schwellenländer zu verlagern, insbesondere in die BRICS-Länder (Brasilien, Russland, Indien, China und Südafrika). Es wurde auch deutlich, dass jedes Land, nicht nur die Länder des Globalen Südens, Spielräume für Verbesserungen hat.

Unterdessen wurde die Entwicklungsfinanzierung immer komplexer und die ODA nicht mehr als die einzige Finanzierungsquelle zur Erreichung der Ziele angesehen. Eine Reihe anderer Finanzierungsquellen wie inländische Ressourcen (Steuern), Investitionen und Überweisungen aus dem Ausland gewannen an Bedeutung und übertrafen in einigen Fällen die traditionellen Beihilfen. Da zum Beispiel Wanderarbeitnehmer auf der Suche nach wirtschaftlichen Möglichkeiten ins Ausland gingen, konnten die Gelder, die ausländische Arbeitnehmer an eine Person, in der Regel ein Familienmitglied, in ihrem Heimatland überweisen, in ihrem Umfang als einer der größten Finanzströme mit der internationalen Hilfe für die Entwicklungsländer konkurrieren. Im Jahr 2000 beliefen sich die privaten Überweisungen an Entwicklungsländer auf insgesamt 120 Milliarden US-Dollar (OECD 2006), während sie bis 2018 auf 689 Milliarden US-Dollar angewachsen waren (Weltbank 2019). Die öffentliche Entwicklungshilfe (ODA) stieg im gleichen Zeitraum deutlich langsamer an, von 73 Milliarden Dollar auf 143 Milliarden Dollar (Compare Your Country).

Auch die Welt selbst war weniger staatszentriert. Nichtstaatliche Akteure wie der Privatsektor und die Zivilgesellschaft spielten eine zentralere Rolle bei der Förderung der globalen Zusammenarbeit und Entwicklung. Auch subnationale Regierungen (z. B. Provinzen, Gemeinden) waren viel stärker beteiligt.

Zu guter Letzt hat sich die globale Verteilung der Armut in den letzten Jahrzehnten verändert. Im Jahr 2000 wurde Armut vor allem als ein Problem für Länder mit niedrigem Einkommen betrachtet, wobei der größte Teil der Armen der Welt in diesen Ländern lebte. Im Jahr 1990 gab es 1,6 Milliarden arme Menschen in Ländern mit niedrigem Einkommen, was 95 Prozent der Armen der Welt entsprach. Doch im Jahr 2012, als die SDGs entwickelt wurden, hatten viele dieser Länder mit niedrigem Einkommen einen mittleren Einkommensstatus erreicht, und die Zahl der Armen in Ländern mit niedrigem Einkommen war auf 0,3 Milliarden gesunken (FUNDS 2016). So wurde geltend gemacht, dass Ungleichheit und Umverteilung in allen Ländern stärker berücksichtigt werden müssen. Die SDGs spiegelten dies wider, indem sie ein Ziel beinhalteten, das dem Abbau von Ungleichheiten gewidmet war.

Zu den weiteren Themen, die von den SDGs, nicht aber von den MDGs angesprochen werden, gehören gute Regierungsführung, die Achtung der Menschenrechte, der Klimawandel sowie Frieden und Sicherheit als grundlegende

Elemente der Entwicklung. Diese Ergänzungen spiegeln vor allem die sich abzeichnenden Herausforderungen und die Entwicklung des Denkens über Entwicklungsfragen wider. So ist beispielsweise der Klimawandel eine globale Bedrohung, die erst nach den MDGs allgemein anerkannt wurde. Dasselbe gilt für die Zusammenhänge zwischen den Resultaten von Entwicklung und friedlichen und gerechten Gesellschaften. Der andere Grund für manche Ergänzungen war der Druck von Interessengruppen, Schlüsselthemen einzubeziehen, die von den MDGs vernachlässigt wurden (z. B. Sekundar-/Postsekundarbildung, Regierungsführung und Energie).

Mehr Stimmen am Tisch

Im Gegensatz zum Prozess zur Festlegung der MDGs favorisierte die Planung für die Entwicklung nach 2015 einen partizipativen, konsensbasierten Ansatz, der jahrelange Beratungen mit Zehnmillionen von Menschen beinhaltete. Die Beratungen bestanden aus drei getrennten Erhebungsformen. Erstens haben UN-Länder-Teams in Abstimmung mit anderen wichtigen Interessengruppen 88 nationale Befragungen in den Ländern, in denen die UNO Hilfe leistet, durchgeführt. Zweitens arbeiteten die UN-Agenturen mit den nationalen Regierungen und anderen Interessengruppen zusammen, um 11 thematische Befragungen durchzuführen. Beide Kanäle nutzten zahlreiche Methoden der Öffentlichkeitsarbeit, darunter persönliche Treffen, Online-Mechanismen und Haus-zu-Haus-Umfragen. Schließlich wurde die Meinung der Öffentlichkeit über die MYWorld-Umfrage online eingeholt. Die Umfrage forderte die Bürger auf, aus einer Liste von 16 Themen sechs auszuwählen, die für sie und ihre Familien am wichtigsten sind (z. B. erschwingliche und nahrhafte Lebensmittel, bessere Transportmittel und Straßen, politische Freiheiten). Diese Umfrage hatte im März 2017 über 9,7 Millionen Stimmen.

Laut Amina Mohammed, Sonderberaterin des UN-Generalsekretärs für die Planung der Entwicklung nach 2015, waren etwa 70 Prozent der Befragten unter 30 Jahre alt und mindestens 8 Millionen wurden über Soziale Medien kontaktiert.

In Bezug auf den Prozess erklärt Mohammed: „[Die Entwicklung der MDGs] geschah nur durch einen Haufen Technokraten, die an einem Tisch saßen, um eine Reihe von Zielen auf der Grundlage dessen zu formulieren, was die UN-Organisationen im Laufe der Jahre getan hatten. Es gab keinen Versuch, transformativ zu sein. Für mich war der SDG-Prozess eines der intellektuell, politisch und technisch anspruchsvollsten Vorhaben, an denen ich je gearbeitet habe.“

Eine Zusammenfassung der Unterschiede zwischen den SDGs und den MDGs ist in Abbildung 6 dargestellt.

Abbildung 6: Wesentliche Unterschiede zwischen den MDGs und den SDGs

	MDGs	SDGs
Zeitrahmen	2000-2015	2015-2030
Umfang	8 Zielvorgaben 18 Ziele 61 Indikatoren	17 Zielvorgaben 169 Ziele 230 Indikatoren
Ziel	Nur Entwicklungs-Länder	Weltweit
Prozess	UN-geführt mit wenig Input von externen Interessengruppen oder der Öffentlichkeit	Beratende, partizipative, konkrete Rolle für Organisationen der Zivilgesellschaft

Trotz des integrativen und beratenden Ansatzes bei ihrer Entwicklung blieben die SDGs nicht von Kritik verschont. Nach der Ankündigung der neuen Ziele waren viele mit ihrem breiten Spektrum nicht einverstanden und nannten die 17 Ziele und 169 Indikatoren „schwindelerregend“ und „mehr als nutzlos“. Der Ökonom William Easterly suggerierte, SDG stehe für „sinnlos, deformiert, gedankenverloren“. Viele gaben zu bedenken, dass sie zu ehrgeizig und unrealistisch seien, während es gleichzeitig an Präzision und Klarheit mangele, um sie messbar zu machen. Dass beide Formen der Wahrnehmung gleichzeitig auftreten, sollte nicht überraschen – der Kompromiss zwischen der Anzahl der an den Verhandlungen beteiligten Parteien und dem Nutzen des Ergebnisses ist eine viel zitierte Herausforderung in internationalen Beziehungen. Der Kompromiss zwischen Prozess und Produkt wird im gesamten UN-System sichtbar. Am deutlichsten wird dies beim Vergleich des Sicherheitsrates und der Generalversammlung: Ersterer ist bekannt dafür, dass er ein exklusiver Club von Mitgliedstaaten ist, aber eine effektivere Entscheidungsfindung zeigt und weniger verwässerte Produkte erzeugt, während Letztere für eine größere Beteiligung, aber auch für eine Unfähigkeit steht, sinnvolle Ergebnisse zu erzielen.

Finanzierung der Ziele

Ein berechtigter Grund zur Sorge sind die hohen Kosten für das Erreichen der hochgesteckten Ziele in Verbindung mit einem Mangel an ausreichender Finanzierung. Es wird geschätzt, dass das Erreichen der Ziele über einen Zeitraum von 15 Jahren 2–3 Billionen Dollar pro Jahr kosten würde, was etwa 4 Prozent des Welt-BIP entspricht. Untersuchungen von Development Finance International weisen darauf hin, dass Länder mit niedrigem und mittlerem Einkommen die SDGs finanzieren könnten, wenn drei wichtige Quellen öffentlicher Finanzen aufgetan würden: die Verdoppelung der Steuereinnahmen der Entwicklungsländer, die Verdoppelung der Hilfsströme aus den entwickelten Ländern und die Einwerbung von 500 Milliarden Dollar pro Jahr aus innovativen Finanzierungen (z. B. durch die Einführung von Steuern oder Abgaben auf CO2-Emissionen und/oder Finanztransaktionen und die Zuweisung dieser neuen Mittel zur Erreichung der SDGs) (UNRISD 2015).

Derzeit ist keine dieser Finanzierungsquellen wahrscheinlich. Eine Verdoppelung der Steuereinnahmen der Entwicklungsländer würde eine Erhöhung im Rahmen von 10 Prozent des BIP erfordern (ebd.). Eine Verdoppelung der Hilfsströme würde dazu führen, dass die Mitglieder des OECD-Entwicklungshilfeausschusses (DAC) – die wichtigsten Geberländer der Welt – ihre Zusage einhalten müssten, 0,7 Prozent ihres nationalen Einkommens für Entwicklungshilfe auszugeben, obwohl sie dieses Ziel seit der Vereinbarung von 1970 nie erreicht haben. Im Jahr 2014 betrug der Durchschnitt der DAC-Mitglieder 0,03 Prozent, wobei nur 5 von 29 Ländern das Ziel erreichten oder übertrafen (Dänemark, Luxemburg, Norwegen, Schweden und das Vereinigte Königreich) (OECD). Ideen für innovative Finanzierungsansätze, wie z. B. eine globale Finanztransaktionssteuer, aus der Einnahmen zur Erreichung von Entwicklungszielen fließen würden, werden seit Jahren vorgeschlagen, müssen aber noch umgesetzt werden. Es gibt zusätzlich den Joint SDG-Fonds, einen Treuhandfonds mit mehreren Partnern, der den SDG-Fonds und dem MDP-Fonds ähnelt, die es vorher gab., Es handelt sich um einen offiziellen Finanzierungsmechanismus zur Unterstützung der Agenda nach 2015. Derzeit beträgt das Gesamtbudget des Fonds ca. 250 Millionen Dollar für drei Jahre (Joint SDG Fund Website).

In Wirklichkeit kann man sich nicht allein auf öffentliche Mittel verlassen, um den Finanzierungsbedarf der SDGs zu decken. Mischfinanzierungen, ein Konzept, das darauf abzielt, öffentliches und privates Kapital zur Finanzierung von Entwicklungszielen zu kombinieren, ist zur neuen Norm geworden. Die Mobilisierung von privatem Kapital für entwicklungsbezogene Zwecke wie Bildung, Gesundheit, grüne Technologien oder Mikrofinanzierung in Entwicklungs- oder Schwellenländern ist ein vielversprechender, aber noch in der Entwicklung befindlicher Ansatz zur Ergänzung traditioneller Finanzierungsquellen. Häufig als Impact-Investitionen oder Social-Impact-Investitionen bezeichnet, wird das Kapital typischerweise von Finanzinstituten, Wertpapierfirmen, Stiftungen, vermögenden Privatpersonen, Pensionsfonds sowie Privat- oder Kleinanlegern bereitgestellt. Die finanzielle Rendite der Investition reicht von unter dem Marktwert („impact first“) bis zum Marktzins („finance first“).

Blick in die Zukunft

Die neue Entwicklungsagenda ist nun festgelegt worden und die Umsetzung ist bereits voll im Gange. Die Aufmerksamkeit hat sich darauf verlagert, wie die nationalen Regierungen und andere Interessengruppen die Fortschritte bei der Erreichung der Ziele messen und wie sie über diese Fortschritte berichten werden. Der Überprüfungsprozess ist mehrstufig und komplex. Das Hochrangige Politische Forum für Nachhaltige Entwicklung, das jährlich unter der Schirmherrschaft des ECOSOC zusammentritt, ist die zentrale Plattform für die Weiterverfolgung und Überprüfung der SDGs. Die Staaten erstellen miteinander Berichte auf regionaler Ebene und die Regionen berichten auf globaler Ebene. Jedes Jahr konzentriert sich das Hochrangige Politische Forum auf ein anderes Gesamtthema und richtet den Fokus auf einige der 17 Ziele. Die Mitgliedstaaten werden ermutigt, Freiwillige Nationale Berichte über Erfolge und Herausforderungen im Zusammenhang mit der Umsetzung der Agenda zu erstellen. Alle vier Jahre gibt das UN-Sekretariat einen globalen Bericht über nachhaltige Entwicklung heraus, der die allgemeinen Trends abdeckt, und die Staatschefs treffen sich, um die Fortschritte zu besprechen. (Der erste Bericht erschien im Jahr 2019.)

Die nationalen Regierungen sind daher damit beschäftigt, die SDGs in ihre nationalen Entwicklungspläne, -strategien und -budgets aufzunehmen und zu überlegen, wie sie das Bewusstsein schärfen und Maßnahmen bei verschiedenen Akteuren anstoßen können. Sie sind nicht die einzigen, die an die Arbeit gehen. Die Beratungen zu den SDGs machten den starken Wunsch anderer Akteure deutlich, nicht nur bei der Gestaltung der Ziele, sondern auch bei der zukünftigen Umsetzung einbezogen zu werden. Welche Rolle werden die Vereinten Nationen in dieser nächsten Phase spielen und welche Rollen werden Zivilgesellschaft, Unternehmen und andere wichtige Interessengruppen übernehmen? Ist das UN-Entwicklungssystem geeignet, die aktuellen globalen Herausforderungen in Partnerschaft mit anderen Sektoren anzugehen? Wie kann es verbessert werden?

Partnerschaft in einer neuen Ära der Entwicklungszusammenarbeit

Das traditionelle Verständnis von „Entwicklung“, eine einfache Charakterisierung von Beziehungen zwischen entwickelten und sich entwickelnden, Geber bzw. Empfänger-Ländern, das in den 1960er Jahren entstanden war, weicht einer neuen Ära der Universalität und globalen Partnerschaften. Der weltweite Charakter der SDGs macht deutlich, dass die größten Herausforderungen unserer Zeit nicht die Probleme der Länder im Süden der Welt, sondern die globalen Probleme sind. Ein Beispiel ist die Einbeziehung von Klimaschutzmaßnahmen in die Ziele. Es hat sich gezeigt, dass westliche, industrialisierte Länder die Hauptverantwortlichen für den Klimawandel sind, während die schädlichen Auswirkungen überproportional die Entwicklungsländer getroffen haben, die wenig dazu beigetragen haben. Die Ziele erkennen auch an, dass die Industrieländer angesichts ihres im Vergleich zu ärmeren Staaten hohen Verbrauchs eine besondere Verpflichtung haben, einen nachhaltigen

Konsum und eine nachhaltige Produktion zu gewährleisten. Ein weiteres Beispiel ist die Verringerung der Einkommensungleichheit innerhalb der Länder. Das Ausmaß der Ungleichheit in den Vereinigten Staaten – einem Vorzeigeland nach Indikatoren für die Gesundheit von Müttern, Bildung, Prävention und Bekämpfung von Krankheiten, extremer Armut und Hunger usw. – übertrifft das vieler Entwicklungsländer. Auch wenn Südafrika ein viel höheres Bruttonationaleinkommen (BNE) hat als die meisten afrikanischen Länder, ist es eines der Länder mit der höchsten Ungleichheit in Afrika und sogar in der Welt.

Neben dem Verständnis dafür, dass die aktuellen Herausforderungen über die Entwicklungsländer hinausgehen, besteht die allgemeine Einsicht, dass diese breiteren, komplexeren Probleme neue, innovative Ansätze sowie eine verstärkte Zusammenarbeit zwischen den Sektoren erfordern. Alte Denkweisen zusammen mit einer Abhängigkeit von Entwicklungshilfe reichen nicht mehr aus. „Nachhaltige Lösungen für globale Probleme liegen nicht mehr allein in den Händen der Regierungen. Die Vereinten Nationen des 21. Jahrhunderts müssen in Netzwerken und Koalitionen denken." (UNSG 2013).

Die Rolle der sektorübergreifenden Partnerschaften bei den Sonderinitiativen des UN-Generalsekretärs Ban Ki-moon während seiner Amtszeit zeigt das Engagement der Vereinten Nationen für diese Zusammenarbeit:

- Die im Jahr 2015 ins Leben gerufene **Climate Resilience Initiative** zielt darauf ab, die Klimabeständigkeit der am stärksten gefährdeten Länder und Menschen der Welt zu stärken, indem sie „Organisationen des Privatsektors, Regierungen, UN-Einrichtungen, Forschungseinrichtungen und andere Interessengruppen zusammenbringt, um transformative Lösungen auszubauen". (UN 2015).
- Die **Global Education First Initiative,** die im Jahr 2012 ins Leben gerufen wurde: „eine Partnerschaft, die sich aus einer Reihe von Akteuren und Institutionen zusammensetzt, darunter Regierungen, UN-Einrichtungen und multilaterale Organisationen, Organisationen der Zivilgesellschaft und der Privatwirtschaft." (UNESCO GEFI).
- **Every Woman Every Child,** eingeführt 2010: „eine beispiellose globale Bewegung, die internationale und nationale Maßnahmen von Regierungen, multilateralen Organisationen, dem Privatsektor und der Zivilgesellschaft anstößt und intensiviert, um die großen gesundheitlichen Herausforderungen anzugehen, mit denen Frauen, Kinder und Jugendliche auf der ganzen Welt konfrontiert sind". (Every Woman Every Child Website).
- **Global Pulse,** das 2009 eingeführt wurde: „Global Pulse arbeitet mit Experten von UN-Einrichtungen, Regierungen, Hochschulen und dem Privatsektor zusammen, um Ansätze für die Anwendung digitaler Echt-

zeitdaten auf die Entwicklungsherausforderungen des 21. Jahrhunderts zu erforschen, zu entwickeln und zu etablieren." (Global Pulse Website).

Die Analyse zweier zusammenhängender UN-Dokumente, The Future We Want (das Ergebnisdokument der Rio+20-Konferenz 2012, auf der die Idee für SDGs offiziell vorgelegt wurde) und We the Peoples (der Bericht über die MDGs, der vor dem Millenniumsgipfel 2000 veröffentlicht wurde), zeigt, dass die Betonung von Partnerschaften relativ neu ist. In dem 2012 veröffentlichten Bericht wurde das Konzept der Partnerschaften dreimal häufiger erwähnt als im Bericht 2000. Der Begriff Stakeholder wurde im Bericht 2012 26 Mal verwendet, im etwas längeren Bericht aus dem Jahr 2000 nur einmal. Ein weiteres Schlüsseldokument, der Synthesebericht 2014 des UN-Generalsekretärs Der Weg zur Würde bis 2030 beinhaltet Partnerschaften als eines von sechs „wesentlichen Elementen für die Umsetzung der SDGs". In diesem Bericht werden Partnerschaften doppelt so oft erwähnt wie im Bericht The Future We Want, der nur zwei Jahre zuvor veröffentlicht wurde (Volt 2015).

Der ECOSOC hat seit 2008, als er mit der Einberufung eines jährlichen Partnerschaftsforums begann, den Schwerpunkt verstärkt auf die Nutzung von Partnerschaften zur Unterstützung der internationalen Entwicklungsagenda gelegt, indem er Regierungen und Interessengruppen, insbesondere aus Wirtschaft und Stiftungen, zusammenbringt, um Möglichkeiten der Beteiligung und Zusammenarbeit zur Erreichung der Entwicklungsziele zu diskutieren. Auf dem Forum 2016 betonte ECOSOC-Präsident Oh Joon, dass Regierungen, das UN-System, die Zivilgesellschaft, der Privatsektor, die Philanthropen und die Wissenschaft traditionelle Kommunikationsbarrieren für häufigere und bessere sektorübergreifende Entscheidungen und Lösungen aufbrechen müssen (ECOSOC 2016).

Rolle des Privatsektors

> *„Soziale und ökologische Ziele in den Mittelpunkt der Geschäftstätigkeit zu stellen, ist der einzige Weg, eine gerechte und nachhaltige Wirtschaft für das 21. Jahrhundert zu gewährleisten."* Professor Muhammad Yunus (British Council and SEUK 2015)

Der private Sektor ist ein entscheidendes Element im Konzept der Entwicklungspartnerschaften des 21. Jahrhunderts. Die Wirtschaft ist nicht nur eine potentielle Kapitalquelle zur Finanzierung der internationalen Entwicklungsagenda, die an sich schon von großer Bedeutung ist, sondern bringt auch Fachwissen, Innovation, Stärke und Effizienz mit. Unternehmen und Konzerne, die sich auf die Bereitstellung von Technologien, Produkten und Dienstleistungen für die Armen konzentrieren, können enorme Auswirkungen auf die Armutsbekämpfung haben. Denken Sie an ein Unternehmen, das preiswerte medizinische Versorgung oder erschwingliche Wasserfilter für diejenigen am unteren Ende der Pyramide herstellt. Oder Mikrofinanzinstitutionen wie die Grameen Bank oder BRAC, die Mikrokredite für Arme anbieten, die keinen Zugang zu traditionellen Finanzdienstleistungen haben und aus Mangel an Sicherheiten keinen Anspruch auf einen Bankkredit haben. Sogar wachsende Unternehmen wie Lucky Iron Fish, ein Sozialunternehmen, das daran arbeitet, den Eisenmangel in Kambodscha und auf der ganze Welt durch einen wiederverwendbaren Eisenfisch zu reduzieren, der während des Kochens in jeden Topf gegeben werden kann. Der Einfallsreichtum und der Antrieb einer neuen Klasse von Sozialunternehmern, die versuchen, komplexe soziale Herausforderungen durch marktwirtschaftliches Handeln zu lösen, verändert die Art und Weise, wie wir mit sozialen Fragen umgehen.

Tatsächlich gibt es ein Spektrum von Akteuren des privaten Sektors, die die Ziele der UNO unterstützen können. Es reicht von gewinnorientierten Sozialunternehmen über sozial verantwortliche Unternehmen, über Unternehmen, die sich für Corporate Social Responsibility (CSR) engagieren, bis hin zu rein gewinnorientierten Unternehmen. Wenn die Anreize aufeinander abgestimmt sind, gibt es ein enormes Potential für Unternehmen, dazu beizutragen, die Bedürfnisse der UNO zu erfüllen und gleichzeitig ihre eigenen Ziele der sozialen Verantwortung zu erreichen. Der UN Global Compact, eine freiwillige Initiative, die auf einer Verpflichtung der Unternehmensführer zu einer nachhaltigen und sozial verantwortlichen Politik basiert, will den boomenden CSR-Trend nutzen. Er wurde als die weltweit größte freiwillige Initiative zur Nachhaltigkeit von Unternehmen bezeichnet und umfasste im April 2016 über 8.400 Unternehmen aus 162 Ländern. Dies spiegelt die Erkenntnis wider, dass globaler Handel, Investitionen und Geschäftstätigkeit starke Faktoren für wirtschaftliche Transformation und sozialen Wandel sein können. Man muss nur die 134,8 Milliarden Dollar an ODA im Jahr 2013 mit dem weltweiten Handel mit Waren und Dienstleistungen im Wert von 23 Billionen Dollar im Jahr 2014 vergleichen, um das Potential eines stärker sozial orientierten Privatsektors zu sehen (British Council und SEUK 2015). Wenn die wirtschaftliche Globalisierung für die internationale Entwicklung genutzt würde, wäre das Ergebnis eine Transformation.

Selbst Unternehmen, die nicht vom Wunsch nach sozialem Wandel getrieben werden, haben einen Platz am Tisch. Öffentlich-private Partnerschaften waren bisher unerlässlich für Entwicklungsprojekte, insbesondere in den Bereichen öffentliche Infrastruktur, Verkehr und Informationstechnologie (z. B. Internetzugang). In letzter Zeit hat sich das Interesse auf andere Bereiche wie erschwinglichen oder sozialen Wohnungsbau, Wasser und Bildung ausgeweitet.

Die neue Aufmerksamkeit, die den Chancen im Zusammenhang mit der Beteiligung des Privatsektors an den Entwicklungsergebnissen gewidmet wird, hat zu Bedenken hinsichtlich der damit verbundenen Risiken geführt. Viele haben auf die Notwendigkeit hingewiesen, Transparenz und Rechenschaftspflicht zu gewährleisten, was inzwischen in fast jeder UN-Rede anerkannt wird, in der das Potential von Partnerschaften des Privatsektors hervorgehoben wird. Verantwortlichkeit ist ein Thema, da Unternehmen oft einen Anreiz haben, Informationen vertraulich zu behandeln, um Wettbewerbsvorteile zu schützen. Darüber hinaus sind Unternehmen ihren Aktionären gegenüber rechenschaftspflichtig und tragen eine treuhänderische Verantwortung für die Gewinnmaximierung. Die Einbeziehung aller relevanten Interessengruppen ist nicht selbstverständlich. Trotz der Tatsache, dass die Vereinten Nationen öffentlich-private Partnerschaften als Mittel zur Verbesserung der Einbeziehung verschiedener Akteure einrichten, gibt es Anhaltspunkte dafür, dass die Arbeiten in diesem Bereich noch nicht abgeschlossen sind. Mehrere Studien haben gezeigt, dass solche Partnerschaften keine integrative Beteiligung erreicht haben, insbesondere nicht bei bestimmten Gruppen wie Landwirten, Arbeitnehmern und Gewerkschaften, indigenen Völkern, Frauen, Jugendlichen oder Kindern. Wenn Geschäftsinteressen vor dem Interesse der UNO an der Weiterentwicklung der international vereinbarten Entwicklungsagenda stehen, besteht die Gefahr, dass die UNO ihre Legitimität und Glaubwürdigkeit in den Augen der Menschen verliert.

Letztendlich sind für den Erfolg dieser Partnerschaften eine angemessene Überprüfung von Sorgfaltspflichten, klare Partnerschaftsgrundsätze und -richtlinien sowie Überwachungs- und Bewertungsmechanismen erforderlich, um sicherzustellen, dass die erwarteten Ergebnisse erreicht werden.

Rolle der Zivilgesellschaft

Angesichts all der Verheißungen, den Privatsektor als eine Kraft für das Gute zu nutzen, wurde die Zivilgesellschaft ausgegrenzt und ihr Beitrag unterbewertet. Dass Unternehmen relativ neue Akteure in diesem Bereich sind, ist teilweise für den Hype verantwortlich. Darüber hinaus sind die von ihnen angebotenen Finanzmittel zu einer Zeit willkommen, in der die Industrieländer vor einer Rezession stehen und ihre ODA-Budgets entsprechend kürzen. Dennoch war die Zivilgesellschaft, die sich vor allem aus NGOs, aber auch aus sozialen Bewegungen und Netzwerken zusammensetzt, in den letzten Jahrzehnten entscheidend für die Weiterentwicklung der UN-Entwicklungsagenda.

Auf der Gründungskonferenz der Vereinten Nationen im Jahr 1945 in San Francisco schlossen sich rund 1.500 Teilnehmer von NGOs den 5.000 Regierungsdelegierten, Medienvertretern und anderen anwesenden Beamten und Mitarbeitern an. Die Beteiligung von NGOs an UN-Weltkonferenzen und -Gipfeln ist seitdem dramatisch gestiegen. Über 17.000 NGO-Teilnehmer nahmen 1992 am Erdgipfel in Rio teil, und 2012 bei Rio+20 erreichte die Zahl mehr als 40.000. Gleichzeitig ist die Zahl der NGOs, die einen Beraterstatus beim ECOSOC haben, von 41 im Jahr 1946 auf heute 4.189 gestiegen, was sowohl die wachsende Zahl der NGOs weltweit als auch den größeren Einfluss, den sie auf die UN-Entwicklungspolitik ausüben, widerspiegelt.

NGOs und zivilgesellschaftliche Organisationen sind in einzigartiger Weise in der Lage, Regierungen und die Vereinten Nationen bei der Erreichung von sozialer und wirtschaftlicher Entwicklung, Gleichstellung der Geschlechter, ökologischer Nachhaltigkeit und Menschenrechten zu unterstützen, da sie in der Regel die gleichen Visionen und Ideale teilen. Sie erzielen ihre Wirkung durch Wissen, Fachkenntnisse, Lobbyarbeit, Interessenvertretung, Forschung, Prioritätensetzung, Medienarbeit und Monitoring. Es ist ihnen gelungen, das öffentliche Bewusstsein für Themen zu schärfen, die öffentliche Meinung zu prägen, die Normsetzung zu beeinflussen, internationale Beratungen und Verhandlungen zu beeinflussen und die Staaten und die Wirtschaft zu mehr Verantwortung zu drängen. Während der Klimaverhandlungen in Paris im Jahr 2015 waren zivilgesellschaftliche Bewegungen und selbstorganisierende Netzwerke entscheidend dafür, die Staaten zu Maßnahmen gegen den Klimawandel zu bewegen. Ihr immenser Beitrag zur Schaffung der SDGs trug dazu bei, einen integrativen Entscheidungsprozess sowie Ziele zu gewährleisten, die letztlich die dringendsten Bedürfnisse der Welt widerspiegeln.

Durch Kampagnen und politischen Druck spielten NGO-Koalitionen eine zentrale Rolle bei der Verabschiedung internationaler Verbote von Landminen, der Beendigung der Apartheid, der Errichtung des Internationalen Strafgerichtshofs und vielen anderen Errungenschaften. Mit der Fähigkeit des Internets, globale Unterstützer schnell zu einem Thema oder Anliegen zu mobilisieren, konnten NGOs, die neue Technologien effektiv nutzen, die Öffentlichkeit wie nie zuvor erreichen. Avaaz, das weltweit größte Netzwerk von Online-Aktivisten, hat über 60 Millionen Mitglieder. Das 2007 eingeführte Modell der Internet-Organisation motiviert Bürger auf der ganzen Welt, durch die Unterzeichnung von Petitionen, der Finanzierung von Medienkampagnen und direktem Lobbying sowie durch die Organisation von „offline"-Protesten und Veranstaltungen, bei drängenden globalen, regionalen und nationalen Themen aktiv zu werden.

Obwohl es moderne Technik Organisationen der Zivilgesellschaft ermöglicht, einen beispiellosen Einfluss zu erreichen, haben NGOs ihre Wirkung auch durch Partnerschaften oder Koalitionen mit anderen NGOs verstärkt. In globalen Entscheidungsprozessen werden solche Koalitionen bevorzugt, da ihre Teilnahme als Repräsentation von Zustimmung und Konsens zu bestimmten Themen gilt. Doch dieser Druck, mit einer Stimme zu sprechen, stellt eine Herausforderung für die NGOs dar, die so unterschiedlich sind wie die Probleme, für die sie geschaffen wurden, und die Ansichten der Wähler, denen sie eine Stimme geben. Dies gilt insbesondere für NGOs aus dem Süden, die in der Regel weniger etabliert und mächtig sind als die nördlichen NGOs. Konsens zu erzielen und andere an Bord zu holen, war für nördliche NGOs in der Vergangenheit einfacher als für südliche, was bedeuten kann, dass Stimmen aus dem Norden eher zu hören sind (Browne und Weiss 2014: 200). Dies ist problematisch, da die NGOs im Süden durchaus andere Prioritäten und Interessen haben.

Die Führungskräfte der Vereinten Nationen verkünden seit Jahrzehnten, dass NGOs und die Zivilgesellschaft für den menschlichen Fortschritt von entscheidender Bedeutung sind. Der ehemalige Generalsekretär Boutros Boutros-Ghali nannte die NGOs „einen unverzichtbaren Teil der Legitimität" der Vereinten Nationen. Ebenso bezeichnete Kofi Annan NGOs als „das Gewissen der Menschheit" und Ban Ki-moon sagte, dass „die Zivilgesellschaft noch nie so wichtig oder notwendig war" (UNSG 2013). Doch trotz dieser Erklärungen ist die Beteiligung der Zivilgesellschaft an der globalen Regierungsführung bei den Vereinten Nationen nicht so stark wie sie sein könnte, und NGOs werden allzu oft als Belästigung empfunden. Das folgende Kapitel über die Menschenrechte beschäftigt sich eingehender mit dieser Herausforderung, da die NGOs im derzeitigen Menschenrechtsrat weniger Einfluss haben als in seiner Vorgängerin, der Menschenrechtskommission. Die Feindseligkeit gegenüber NGOs innerhalb der Mauern der UN spiegelt das angespannte Verhältnis zwischen der Zivilgesellschaft und den nationalen Regierungen wider. In vielen Ländern – von denen im globalen Süden bis zum Norden, von autoritären Regimen bis hin zu entwickelten Demokratien – werden NGOs zunehmend von Regierungen ins Visier genommen. Die Türkei ist nur ein Beispiel: Ihre Regierung hat nach dem gescheiterten Putschversuch im Juli 2016 Hunderte von NGOs verboten, und internationale Hilfsorganisationen, die syrischen Flüchtlingen in der Türkei helfen, erleben Feindseligkeit und Vertreibung (Sanchez 2017).

Es wurden eine Reihe von Reformen vorgeschlagen, um die Beteiligung der Zivilgesellschaft und ihren Einfluss auf die UN-Prozesse zu stärken. Zu den wichtigsten Empfehlungen gehören: die Schaffung dauerhafter, integrativerer Strukturen und Mechanismen für die Beteiligung der Zivilgesellschaft an der institutionellen Entscheidungsfindung; die Bereitstellung von mehr Mitteln für die Beziehungen zu zivilgesellschaftlichen Organisationen; die Pflege positiver Einstellungen zur Zivilgesellschaft; und die Stärkung der Fähigkeit der Vereinten Nationen, sich durch bessere Personalentscheidungen, Ausbildung und Beratung intensiver mit der Zivilgesellschaft zu befassen. Darüber hinaus sollten die Vereinten Nationen die Beteiligung unterrepräsentierter NGO aktiv fördern, wobei ein besonderer Schwerpunkt auf der Stärkung von NGOs aus dem globalen Süden liegen sollte, die möglicherweise Schwierigkeiten haben, genauso viel internationale Aufmerksamkeit zu erregen wie die nördlichen NGOs.

In Zukunft werden die Zivilgesellschaft und die NGOs von wesentlicher Bedeutung für wirksame globale Entwicklungspartnerschaften sein. Die Staaten begreifen, dass ihr Erfolg ohne die Unterstützung der Zivilgesellschaft begrenzt bleiben wird, während die Wirtschaft mit ihrer Verantwortung zu kämpfen hat. Die Zivilgesellschaft kann nicht von globalen Akteuren an den Rand gedrängt werden, die nach neuen Lösungen suchen, um die dringendsten Herausforderungen der Welt zu bewältigen. Ihr Platz am Tisch kann zu einem effektiveren globalen Regierungshandeln beitragen, indem sie die Vielfalt von Ansichten und Interessen gewährleistet.

Innovation und Technologie

Die digitale Revolution und die Verbreitung von Mobiltelefonen haben die internationalen Entwicklungsbemühungen massiv verändert. Das Internet und die sozialen Medien haben die schnelle Mobilisierung von Menschen und Ressourcen auf eine beispiellose Weise gefördert. Neue Technologien und neue Anwendungen bestehender Technologien haben in den Entwicklungsländern in verschiedenen Bereichen wie Banken, Bildung, Gesundheit und Landwirtschaft erhebliche Verbesserungen ermöglicht. Der Zugang zu dieser Technologie ist noch nicht weltweit vorhanden, aber die Akzeptanz nimmt exponentiell zu.

Innovation für die Entwicklung ist der neueste Trend. Während der Fokus hier auf dem Potential von Instrumenten wie Social Media, Mobiltelefonen, Crowdsourcing, Big Data und Open Data liegt, ist das eigentliche Konzept viel breiter aufgestellt. Es bezieht sich darauf, die Dinge anders zu handhaben, mit dem Schwerpunkt, bessere Ergebnisse durch evidenzbasierte Entscheidungsfindung, durch Experimente, um festzustellen, was funktioniert, durch Skalierung erfolgreicher Modelle und durch die Anwendung eines menschenzentrierten Designansatzes zu erzielen.

Mobilisierung der Zivilgesellschaft

Ein Ergebnis der Verbreitung des Internets in Industrie- und Entwicklungsländern ist eine neue Form des bürgerschaftlichen Engagements. Selbstorganisierende Netzwerke und soziale Online-Bewegungen haben es geschafft, bisher unvorstellbare Menschenmengen zu mobilisieren, um Anliegen zu unterstützen, Regierungen und Unternehmen unter Druck zu setzen, Ressourcen bereitzustellen und Maßnahmen zu koordinieren. Social Media haben maßgeblich dazu beigetragen, dass Wandel und Entwicklung nicht länger von staatlichen Institutionen und Foren getragen werden, sondern ein Modell erschaffen, das auf der Führung durch die Zivilgesellschaft und andere nichtstaatliche Akteure basiert. Im Vorfeld der UN-Klimakonferenz 2015 in Paris (COP21) äußerten Einzelpersonen und Gruppen der Zivilgesellschaft ihre Unzufriedenheit über die Unfähigkeit der Staaten, Maßnahmen gegen den Klimawandel zu ergreifen. Sechs Monate vor der Konferenz hatten sich über 20 Millionen Menschen dem Climate Reality Project und anderen selbstorganisierenden Netzwerken angeschlossen, die sich für Maßnahmen gegen den Klimawandel einsetzen (Tapscott 2014). Letztendlich einigten sich die Staaten auf ein weitaus ehrgeizigeres Abkommen als je zuvor, um ein gewisses Maß an Vertrauen in die Handlungsfähigkeit der Staaten wiederherzustellen, obwohl der erhebliche Druck der Zivilgesellschaft zweifellos ein entscheidender Faktor für den Erfolg der COP21 war.

Fundraising

Vertreter von sozialen und ökologischen Anliegen haben das Internet für sein Fundraising-Potential genutzt. Ein besonders eindrucksvolles Beispiel war die Ice Bucket Challenge der ALS Association, die Menschen herausforderte, Videos zu veröffentlichen, in denen sie Eiswasser über sich gießen, und andere dazu bewegten, dasselbe zu tun. Sie ging im Juli und August 2014 viral, und in weniger als drei Wochen sammelte die ALS Association – eine gemeinnützige Gesundheitsorganisation, von der nur wenige vor der Challenge gehört hatten – 15,6 Millionen Dollar ein. Der Wert des globalen Crowfunding-Markts, an dem soziale Initiativen einen immer größeren Anteil haben, wurde im Jahr 2018 auf 10,2 Milliarden Dollar geschätzt, und es wird erwartet, dass er bis 2025 auf 28,8 Milliarden wachsen wird (Market Research 2019).

Auch Online-Plattformen für Mikrokredite haben in den letzten Jahren an Dynamik gewonnen. Kiva, die bekannteste Plattform, hat dank der Unterstützung von beinahe 2 Millionen Geber weltweit fast 1,5 Milliarden Dollar an 3.5 Millionen Darlehensnehmer verliehen.

Sektoren: Banken, Handel, Katastrophenschutz, Bildung

Moderne Technologie hat einen enormen Einfluss auf die Banken- und Handelswelt, indem sie die Transaktionskosten gesenkt und die Teilnahme marginalisierter Bevölkerungsgruppen am Welthandel erleichtert hat. Kenias mobiles Geldtransferprogramm M-Pesa ermöglicht es Menschen, Mikrokredite zurückzuzahlen, Rechnungen zu bezahlen und Überweisungen an Familienmitglieder mit dem Handy nach Hause zu schicken, was Zeit und Geld spart.

Der bargeldlose Charakter der elektronischen Überweisung trägt auch dazu bei, Diebstähle zu reduzieren. M-Pesa, das im Jahr 2007 gegründet wurde, hatte gegen Ende 2016 rund 30 Millionen aktive Nutzer in Kenia und neun weiteren Ländern (Monks 2017). Ostafrika gilt heute als einer der weltweit führenden Anbieter im Bereich Telefonbanking. Inzwischen hat das Wachstum des E-Handels Hindernisse für Unternehmer beseitigt, die sie davon abhielten, an den globalen Märkten teilzunehmen und ihre Waren oder Dienstleistungen an Unternehmen und Verbraucher auf der ganzen Welt zu verkaufen.

Im Bereich des Katastrophenschutzes haben direkt von vielen Menschen vor Ort erhobene Daten und GIS-Kartierungen die Fähigkeit, rechtzeitig und effektiv auf Naturkatastrophen und andere Krisen zu reagieren, drastisch verbessert. Nach dem verheerenden Erdbeben in Nepal in Jahr 2015 entwickelten die Kathmandu Living Labs die Krisenkarte QuakeMap, um die Hilfsmaßnahmen besser auf die Bedürfnisse der betroffenen Menschen und Gemeinschaften abzustimmen. In ähnlicher Weise veröffentlicht HaitiData raumbezogene Karten von Haiti, die eine Fülle von Informationen und Daten enthalten, um politische Entscheidungsträger beim Wiederaufbau nach dem Erdbeben zu unterstützen. Diese Technologien finden auch in anderen Bereichen Anwendung, wie z. B. bei der Anpassung an den Klimawandel und der Minderung seiner Folgen.

Online-Lernen und massive offene Online-Kurse, die als MOOCs bezeichnet werden, sind Innovationen, die die Hochschulbildung revolutionieren und neue Möglichkeiten schaffen. MOOCs traten erstmals 2008 in Erscheinung, erlangten aber 2012 weltweite Aufmerksamkeit und Lob (zusammen mit einigen Kritikpunkten). Mehrere führende US-Universitäten, darunter die Stanford University, Princeton, MIT und die University of Berkeley, führten damals MOOCs ein, und hoffnungsvolle Beobachter stellten sich eine große Anzahl von Studenten in Entwicklungsländern vor, die so von der höchsten Qualität der Ausbildung profitieren würden. Der Hype war nicht völlig übertrieben; die Einschreibungen begannen sich vom Westen auf den Rest der Welt auszudehnen, Schwellenländer wie Indien und Brasilien erlebten den Aufschwung einheimischer MOOCs, und die Hochschulbildung ist in der Tat für alle zugänglicher und erschwinglicher geworden. Die Ausbreitung von MOOCs in den Entwicklungsländern stößt zwar auf besondere Herausforderungen, nämlich dass vielen das für ihre Nutzung erforderliche Grundniveau an Bildung und Alphabetisierung fehlt und dass die Vorteile der persönlichen Interaktion mit Professoren verloren gehen, dennoch ist das Potential groß.

Es gibt zahlreiche andere Sektoren, wie das Gesundheitswesen und die Landwirtschaft, in denen die Informations- und Kommunikationstechnologie (IKT) den Status quo verändert hat. Im Hinblick auf die Fortschritte bei den SDGs wird die effektive Nutzung neuer Technologien von entscheidender

Bedeutung sein. Wie in diesem Kapitel untersucht wurde, war die Öffentlichkeitsarbeit in den sozialen Medien entscheidend dafür, dass die SDGs die verschiedenen Stimmen aus der ganzen Welt widerspiegeln. In Zukunft wird die Datenerfassung über Mobiltelefone und Crowdsourcing von wesentlicher Bedeutung sein, um die Erfolge und Fortschritte bei der Erreichung der Ziele zu überwachen.

Ein wesentlicher Vorbehalt gegen das große Versprechen, das der technologische Fortschritt zur Beschleunigung des globalen Wandels mit sich bringt, besteht darin, dass die Infrastruktur der Informations- und Kommunikationstechnologie in vielen Teilen der Welt, insbesondere in ländlichen Gemeinden, noch fehlt. Während der Zugang zu moderner Technologie in den einzelnen Ländern und je nach Bevölkerungsstruktur sehr unterschiedlich ist, ist die digitale Kluft zwischen Industrie- und Entwicklungsländern besonders groß. Ein weiteres Risiko kann als „dunkle Seite der IKT" bezeichnet werden, wenn neue Technologien und Social Media-Plattformen genutzt werden, um globale Bedrohungen wie Terrorismus, Menschenhandel und Cyberkriminalität zu verbreiten. In den letzten Jahren haben wir leider festgestellt, dass IKT ebenso einfach eingesetzt werden können, um den sozialen und wirtschaftlichen Fortschritt umzukehren wie um ihn zu beschleunigen.

Welche Rolle spielt die UNO?

Die veränderte Entwicklungslandschaft hat bereits begonnen, Druck auf das UN-Entwicklungssystem auszuüben. Angesichts einer Vielzahl neuer Akteure, einer Verschiebung des Armutsbildes und eines reduzierten Anteils der Entwicklungshilfe, der über die UNO geleitet wird (nur 16 Prozent der ODA für die am wenigsten entwickelten Länder kamen 2012 von den Vereinten Nationen, gegenüber 25 Prozent im Jahr 1990), muss die UNO prüfen, was ihre Rolle bei der zukünftigen Entwicklung sein wird. Insgesamt scheint ihre Funktion im Bereich Entwicklung im Vergleich zu anderen UN-Funktionen wie Frieden und Sicherheit, Menschenrechte und humanitäre Hilfe an relativer Bedeutung zu verlieren. Da zahlreiche zuvor einkommensschwache Länder den Status eines Landes mit mittlerem Einkommen erreicht haben, verfügen die Länder über größere Kapazitäten, um ihre eigenen Herausforderungen zu lösen, und technische Hilfe wird bis auf die am wenigsten entwickelten Länder und der fragilen Staaten weniger benötigt. Dennoch wird eine andere Art der Unterstützung angestrebt.

Die größte Stärke der UNO liegt in ihrer Fähigkeit, verschiedene Interessengruppen zusammenzubringen und globale Standards und Normen zu setzen. Es gelang ihr, ein breites Spektrum von Akteuren zu konsultieren, um eine Entwicklungsagenda für die Zeit nach 2015 von und für die „Menschen" aufzustellen. Die nächste Herausforderung wird deren Umsetzung sein. Angesichts der zentralen Bedeutung von Partnerschaften mit vielfältigen Interessengruppen für den Plan der Vereinten Nationen zur Umsetzung der SDGs müssen die Vereinten Nationen sicherstellen, dass die Bemühungen der verschiedenen Entwicklungsakteure mit den Zielen der internationalen Entwicklungsagenda in Einklang stehen. Als primäres Organ für die Koordination der nachhaltigen Entwicklung sollte der ECOSOC eine führende Rolle bei der Festlegung globaler Normen übernehmen. Er könnte damit beginnen, die Grundsätze und Leitlinien für derartige Partnerschaften festzulegen. Um eine Annäherung zwischen den Interessen der Vereinten Nationen und der Wirtschaft zu gewährleisten, könnte sie auch Unternehmen, die Partnerschaften mit den Vereinten Nationen eingehen, auffordern, sich auf die Einhaltung der Prinzipien des Global Compact der Vereinten Nationen zu verpflichten.

Die Maßnahmen müssen auf den richtigen Absichten beruhen, aber sie müssen auch koordiniert werden. Generalsekretär Antonio Guterres hat Reformen für das UN Entwicklungssystem eingeführt, die die Koordination verbessern sollen. Sie bestehen aus der Einrichtung von Länderteams, die von Koordinatoren vor Ort auf Länderebene geführt werden (mit insgesamt 130 Stellen, von denen im Oktober 2020 92 besetzt worden sind). Eine weitere Idee, die allerdings noch nicht geprüft wurde, besteht darin, UN-Organisationen und -Programme als Task-Manager für jede SDG zuzuweisen. Für jedes Ziel könnte dann eine Metapartnerschaft geschaffen werden, die die Beiträge der verschiedenen Parteien zu den Zielen überwacht und Berichte an die zuständigen Task-Manager sendet (Dodds 2015: 13). Von der UNO wird auch eine Leitungsfunktion bei der Betreuung der Überwachung und Überprüfung der SDG erwartet, die auf nationaler, regionaler und globaler Ebene stattfinden wird.

Ist die UNO vorbereitet?

Es steht außer Frage, dass die anstehende Aufgabe eine gewaltige ist. In der Zeit nach den Zielen von 2015 wird von den Vereinten Nationen erwartet, dass sie bei der Umsetzung der umfassenden und ehrgeizigen neuen Entwicklungsagenda führend sind, Multi-Stakeholder-Partnerschaften verwalten, sich an eine sich rasch entwickelnde Entwicklungslandschaft anpassen, neue Technologie und Innovation berücksichtigen und Fortschritte messen und bewerten.

Doch das UN-Entwicklungssystem (das sich auf die über 30 Organisationen im UN-System bezieht, die beauftragt sind, in Bereichen im Zusammenhang mit der sozioökonomischen Entwicklung zu arbeiten) kämpft darum, relevant zu bleiben. Das System ist fragmentiert und existiert in abgeschotteten Gruppierungen, es gibt erhebliche Überschneidungen in der Arbeit von Organisationen mit ähnlichen Mandaten, Software und Geschäftspraktiken sind so zahlreich wie Organisationen, und der Wettbewerb um begrenzte Ressourcen ist groß. Darüber hinaus ist der ECOSOC, das Koordinierungsgremium, dafür bekannt, dass er ineffektiv und schwerfällig ist.

Unterdessen werden die Weltbank, eine Sonderorganisation der Vereinten Nationen, und regionale Entwicklungsbanken (z. B. die Afrikanische Entwicklungsbank, die Asiatische Entwicklungsbank), die nicht Teil des UN-Systems sind, sondern eng mit ihm zusammenarbeiten, von vielen Experten als die wahren Führer in der Entwicklung angesehen, die überlegene Forschung und Politik leisten und effizienter arbeiten. Das UN-Entwicklungssystem droht von anderen Akteuren an den Rand gedrängt zu werden, wenn es die dringend notwendige Reform weiter hinauszögert.

Antonio Guterres (wie auch sein Vorgänger Ban Ki-moon) wies mehrfach auf die Mängel des UN-Entwicklungssystems hin und forderte ein rasches Handeln. Die Erkenntnis, dass das UN-Entwicklungssystem Reformen erfordert, um effizienter und effektiver arbeiten zu können, ist nicht neu. Es wurden zahlreiche Reformversuche unternommen, darunter Bemühungen zur Straffung des gesamten Systems, zur Koordinierung der Arbeit mehrerer UN-Programme in einem bestimmten Land und zur Verbesserung der Funktionsweise des ECOSOC. Die vier wichtigsten Reforminitiativen waren die Kapazitätsstudie von 1969, mit der die Fragmentierung des Entwicklungssystems angegangen werden sollte, die Initiative von Kofi Annan zur Koordinierung im Jahr 1997, das Hochrangige Gremium für systemweite Kohärenz der Vereinten Nationen im Jahr 2006 sowie die jüngsten Reformen, die unter Guterres eingeführt wurden und unter anderem die Koordinatoren vor Ort beinhalten. Es ist vermutlich zu früh, den Einfluss der jüngsten Reformen einzuschätzen, doch die Ergebnisse früherer Anstrengungen waren bislang eher bescheiden, und die Beobachter betonen nach wie vor die dringende Notwendigkeit ehrgeizigerer Reformen wie der Schaffung von UN Women (siehe Kasten 10).

Straffung des UN-Entwicklungssystems und „Delivering as One"

In den Anfängen der UNO wurde ihre Entwicklungsarbeit von einigen wenigen Sonderorganisationen durchgeführt. In den 1960er und 1970er Jahren gab es eine starke Zunahme von Organisationen im UN-Entwicklungssystem, das heute 30 Organisationen sowie Forschungs- und Ausbildungseinrichtungen umfasst. Diese Organisationen haben ihren Hauptsitz in 16 Ländern und verfügen über mehr als 1000 Außenstellen auf der ganzen Welt. Das System ist extrem komplex geworden und es gibt viele Fälle von Ineffizienz. Zu den Herausforderungen, die mit der Vielzahl der Akteure im System verbunden sind, gehören doppelte Arbeit bei der Politikberatung und der Erbringung von Dienstleistungen vor Ort, mangelnde Kohärenz und Konsistenz im gesamten UN-System sowie der Wettbewerb um Mittel zwischen den UN-Organisationen. So weist beispielsweise das Future UN Development System, auch FUNDS Project genannt, eine NGO, die sich der Beschleunigung des Wandels im UN-Entwicklungssystem widmet, darauf hin, dass es 16 UN-Organisationen gibt, die Wasser- und Umweltprojekte durchführen.

Die Notwendigkeit eines robusteren Gesamtansatzes ist seit Jahren bekannt. Im Jahr 2006 startete Generalsekretär Kofi Annan die ehrgeizige Initiative Delivering as One, die auf Empfehlungen des Hochrangigen Gremiums des Generalsekretärs der Vereinten Nationen für systemweite Kohärenz erfolgte, einer Gruppe, die nach Möglichkeiten zur Stärkung und Modernisierung des UN-Systems gesucht hatte. Ziel war es, dass das UN-System auf Länderebene „als Einheit liefert". In den meisten Entwicklungsländern sind zahlreiche UN-Entwicklungsorganisationen vertreten (z. B. UNDP, UNICEF, FAO, WFP), jede mit ihrem eigenen Büro, Budget, Programm und so weiter. Durch den „Delivering as One"-Ansatz versuchte jedes Land, die Erbringung von Dienstleistungen zu verbessern und als EIN UN-Team zusammenzuarbeiten, das auf EINEM Programm, EINEM Leiter, EINEM Budget und EINEM Büro basiert (die vier übergreifenden Prinzipien, die vom Hochrangigen Gremium festgelegt wurden). Es wurde angenommen, dass ein solcher einheitlicher Ansatz für die Durchführung von Projekten Fälle von Doppelarbeit, Fragmentierung und Wettbewerb um Finanzmittel verringern und gleichzeitig die Kapazität für strategische Ansätze verbessern würde (Vereinte Nationen 2012: 8).

Kasten 10: UN Women

Im Juli 2010 beschloss die Generalversammlung, UN Women, eine UN-Einrichtung für Geschlechtergleichstellung und die Stärkung von Frauen, zu gründen, indem sie vier bestehende Einrichtungen zusammenlegte, die sich Frauen widmen: das Büro des Sonderberaters für Gleichstellungsfragen und die Förderung von Frauen, die Abteilung für die Förderung von Frauen des Sekretariats, den UN-Entwicklungsfonds für Frauen (UNIFEM) und das Internationale Forschungs- und Ausbildungsinstitut für die Förderung von Frauen.

Mit diesem seltenen Schritt der Zusammenführung von Einheiten mit überlappenden Mandaten haben die Vereinten Nationen gezeigt, dass Lösungen für ein zunehmend fragmentiertes und unkoordiniertes System möglich sind.

Bei seinem Start sprangen die Regierungen von acht Ländern auf den Zug auf und engagierten sich freiwillig als Vorreiter: Albanien, Kap Verde, Mosambik, Pakistan, Ruanda, Tansania, Uruguay und Vietnam. Diese Vorreiterländer wurden ermutigt, auf der Grundlage der vier „Ones" neue Ansätze für die Zusammenarbeit zu entwickeln und zu erproben. Während der Implementierung wurden zwei zusätzliche Konzepte – One Voice und One Fund – hinzugefügt. Die Pilotphase endete mit einer unabhängigen Bewertung der Erfolge in allen sechs Ländern im Jahr 2012. Die Schlussfolgerungen waren durchmischt. Die positivste Erkenntnis war eine starke Zunahme der nationalen Eigenverantwortung und Führung, wobei die UN-Programmplanung in den Vorreiterländern von ihren eigenen Bedürfnissen und Prioritäten bestimmt wurde. Die größten Probleme bestanden darin, Effizienzsteigerungen und niedrigere Transaktionskosten zu erzielen, vor allem aufgrund der anhaltenden Überschneidung von Aufgaben und der Inkompatibilität von Berichtsanforderungen und Vorschriften der Organisationen. Dieses Scheitern offenbarte die Grenzen für Experimente, mit denen die Vorreiterländer konfrontiert waren, und verwies auf die Notwendigkeit systemischer Veränderungen auf der Ebene der Hauptsitze.

Bis 2016 haben 52 Länder offiziell den Delivering as One-Ansatz übernommen. Die meisten sind Länder mit niedrigem und mittlerem Einkommen, dazu kommt eine Handvoll von Ländern mit hohem und mittlerem Einkommen. Bislang gab es nur wenig Fortschritt, und die UNO hat bei der Beschleunigung des Prozesses zur Erreichung eines einheitlichen Ansatzes auf Länderebene keine Führungsrolle übernommen. Diese Sichtweise spiegelte sich in den Ergebnissen einer von FUNDS durchgeführten Umfrage aus dem Jahr 2014 wider, in der über 3.200 Personen aus allen Sektoren, die regelmäßig mit den Vereinten Nationen zusammenarbeiten, befragt wurden, welche Änderungen im UN-Entwicklungssystem bis 2025 umgesetzt werden sollten. Viele Teilnehmer wünschten sich Änderungen, die mit der „Delivering as One"-Agenda vereinbar sind, wobei sich die häufigsten Vorschläge auf weniger Organisationen, ein Ein-Länder-Programm, ein einziger Leiter des UN-Entwicklungssystems und einzelne Ländervertreter für das System bezogen.

Verbesserung der Geschäftspraktiken

Das UN-System ist groß und unhandlich, geschweige denn bekanntermaßen ineffizient. Die von den Experten in der oben genannten FUNDS-Umfrage 2014 identifizierten wichtigsten Reformideen betrafen in der Tat Technologie, Verwaltung und Informationsmanagement. Über 90 Prozent der Befragten stimmten grundsätzlich oder sogar sehr stark Vorschlägen zur Kostensenkung und Effizienzsteigerung durch den verstärkten Einsatz von Technologien, durch die Entwicklung eines einziges UN-Portals für alle UN-Forschungsarbeiten und Publikationen; sowie durch die Nutzung einer gemeinsamen, systemweiten Technologieplattform für die Verwaltung zu.

Derzeit verwendet praktisch jede UN-Organisation und -Agentur ihre eigene Software für die unternehmerische Planung von Ressourcen, um ihre Geschäftsaktivitäten, ihre Dienstleistungserbringung, ihren Technologieeinsatz und ihr Personalwesen zu verwalten. Die Harmonisierung der Geschäftspraktiken im gesamten System und die Einführung einer einzigen Plattform für die gesamte Verwaltung würden die Kosten erheblich senken und die Wahrscheinlichkeit erhöhen, dass die Ausführung von Projekten über ein einziges Büro auf Länderebene erfolgt (was bei der Vielzahl von Plattformen weiterhin unwahrscheinlich ist).

Fokussierung auf Stärken und Prioritäten

Es besteht kein Zweifel daran, dass einige Organisationen und Agenturen innerhalb des UN-Entwicklungssystems bei der Erreichung ihres erklärten Ziels weitaus erfolgreicher sind als andere. Daher ignorieren alle Klagen über die Effizienz des UN-Entwicklungssystems als Ganzes die Unterschiede zwischen den einzelnen Organisationen und Sektoren. So sind beispielsweise Gesundheit, Bildung und Gender die Bereiche, in denen das UN-Entwicklungssystem als herausragend angesehen wird. Ebenso gelten die Organisationen WHO, UNICEF, UNAIDS, WFP und UNDP als am effektivsten. Es sei jedoch darauf hingewiesen, dass die UN zwar allgemein als führend im Gesundheitswesen angesehen wird, dass ihr Ruf für die Erzielung langfristiger Effekte jedoch stärker ist als für die Bekämpfung von Pandemien (siehe Kasten 11). Die Bereiche, in denen die UNO als am wenigsten relevant angesehen wird, sind Verbrechensvorbeugung, Drogenbekämpfung und Finanzstabilität (FUNDS 2014). Bei der Entscheidung, wofür Energie und Ressourcen bereitgestellt werden sollen, sollte sich die UNO auf Bereiche konzentrieren, in denen sie einen relativen Vorteil hat.

Kasten 11: Globale Gesundheitskrisen – Maßnahmen zur Bekämpfung von Ebola und Covid-19

Die Reaktionen der UNO auf den Ebola-Ausbruch in Westafrika in den Jahren 2014–16 sowie auf die Coronavirus- (oder Covid-19-) Pandemie in den Jahren 2019–20 gaben Anlass zu breiter Kritik.

In den zwei Jahren des Ebola-Ausbruchs verursachte die unkontrollierbare Ausbreitung des tödlichen Virus mehr als 11.300 Todesfälle, die meisten davon in Liberia, Sierra Leone und Guinea. Die Weltgesundheitsorganisation wurde weithin für ihre späte und unzureichende Reaktion kritisiert. Ein unabhängiges Gremium, das einberufen wurde, um die Reaktion der WHO auf die Epidemie zu bewerten, sah in der Kultur und Politik der Agentur die Ursache ihrer schlechten Reaktion und forderte eine Transformation der Organisationskultur der WHO und ihrer Art der Umsetzung von Projekten sowie Veränderungen seitens der Mitgliedstaaten (WHO 2015).

Ein wesentliches Ergebnis des Berichts war, dass die WHO eine „technische, normative Kultur besitzt, die nicht daran gewöhnt ist, sich mit solchen groß angelegten, langfristigen und länderübergreifenden Notfallreaktionen auseinanderzusetzen, die gleichzeitig stattfinden". Da es keine Kultur der schnellen Entscheidungsfindung gibt, neigt die WHO dazu, „in Notfällen eher reaktiv als vorbeugend zu handeln". Dies trug dazu bei, dass die WHO die Feststellung eines gesundheitsbezogenen Krisenfalls unnötig verzögerte. Ein weiterer Faktor für die Verzögerung war, dass sie die nationalen Regierungen der betroffenen Länder nicht verärgern wollte, die das Ausmaß des Ausbruchs zunächst aus Angst vor wirtschaftlichen und handelspolitischen Auswirkungen verleugneten. Nachdem sie das Ausmaß der Krise erkannt hatte, stellte der Mangel an Mitteln für die Notfallhilfe eine zusätzliche, echte Herausforderung dar. Derzeit machen die im Haushalt veranschlagten Beiträge weniger als 25Prozent des Budgets des Zweijahresprogramms der WHO aus, der Rest stammt aus freiwilligen Mitteln von Spendern. Während die Geber einen beträchtlichen Betrag für Notfälle bereitstellen, verfügt die WHO über keine Kernfonds für die Notfallhilfe (die Haushaltslinie für Ausbrüche und Krisenreaktionen).

Als einige Jahre später die Coronavirus-Pandemie nahezu jeden Winkel des Globus erreichte und noch nie dagewesene Zerstörungen anrichtete, erhielt die WHO aus teilweise ähnlichen Gründen erneut viel Aufmerksamkeit. Schon früh wurde sie für eine zu große Nähe zu China kritisiert, unter anderem dafür, dass sie zu wenig Informationen und fehlerhafte Daten von der chinesischen Regierung erhielt, die darauf bedacht war, ihr Image zu schützen. Es ist nicht ganz klar, welche Alternativen sich angeboten hätten, denn ein Verlust des guten Willens und des Vertrauens zur Kooperation von Seiten der chinesischen Regierung hätte die Möglichkeiten der WHO für eine Reaktion stark eingeschränkt. Im April 2020 erklärte der amerikanische Präsident Trump, dass er die Finanzierung für die WHO einstellen würde, mit der Behauptung sie hätte beim Management der Verbreitung des Virus versagt und sie vertuscht. Die späte Verkündung einer Pandemie wurde ebenfalls kritisiert. Wieder einmal hat die interne Kultur der WHO, ihre Abhängigkeit von den Regierungen einzelner Länder, sowie ihre unzureichende finanzielle Ausstattung einen Erfolg ihrer Maßnahmen verhindert.

Die Ausstattung der WHO mit ausreichend Mitteln, und die Durchführung von weiteren Reformen, die ihre fortwährenden Herausforderungen angehen, sind absolut notwendig, um ihre Wirksamkeit bei der Bewältigung künftiger Pandemien zu erhöhen und ihre Leitungskompetenz für das gesamtn globale Gesundheitssystem zu verbessern.

Neben der Zuweisung von Ressourcen auf der Grundlage relativer Stärken sollten die Vereinten Nationen auch kritisch prüfen, wie ihre derzeitigen Programme und Mittel mit der Agenda für nachhaltige Entwicklung von 2030 übereinstimmen, und gegebenenfalls Anpassungen vornehmen. Auf der Tagesordnung stehen eine Reihe von Prioritäten, bei denen es den Vereinten Nationen derzeit an Fachwissen mangelt und sie nicht genügend Ressourcen zugewiesen haben, wie z. B. Städtebau und nachhaltige Städte, Zustand der Meere und saubere Energie. Neue UN-Programme müssen möglicherweise eingerichtet werden, während andere kombiniert oder ganz abgeschafft werden sollten.

ECOSOC-Reform

Wie wir im ersten Kapitel gesehen haben, ist der ECOSOC das wichtigste Organ für Koordination, Überprüfung der Politik, Dialog und Empfehlungen zu wirtschaftlichen, sozialen und ökologischen Fragen. Der 1946 durch die UN-Charta gegründete ECOSOC koordiniert die Arbeit vieler UN-Organisationen und -Gremien und fungiert als Forum zur Erörterung der Fragen, die unter sein umfassendes Mandat fallen. Die Zusammensetzung des Rates hat sich im Laufe der Jahre von 18 im Jahr 1946 auf derzeitig 54 Staaten ausgedehnt, die von der Generalversammlung jeweils für sich überlappende dreijährige Amtszeiten gewählt werden.

Der ECOSOC hat mehr als genug Kritik erhalten. Prominente Diplomaten, Politiker und Wissenschaftler haben ihn als eine schwache und irrelevante Institution bezeichnet. Verschiedene Gründe dafür wurden genannt, darunter: eine zu weitreichende Agenda, die sich mit der der Generalversammlung überschneidet; ein Mangel an Autorität oder „Zähnen“; eine Geringschätzung von Resultaten und Ergebnissen; und eine viel zu hohe Arbeitsbelastung, weil zu viele Gremien Berichte schicken. Kritiker weisen darauf hin, dass der ECOSOC weniger bürokratisch, handlungsorientierter und politisch relevanter sein muss.

Während viele sich über seine Ineffektivität und seine begrenzte Fähigkeit, Autorität auszuüben, beschweren, gibt es wenig Einigkeit darüber, was er dagegen tun soll. Einige Experten haben sogar den Standpunkt vertreten, dass die Mitgliedschaft zu groß ist und reduziert werden sollte, während andere eine leicht erweiterte Mitgliedschaft gefordert haben. Einige sind der Meinung, dass bestimmte kleine Optimierungen große Wirkung würden, andere wiederum sprechen für eine Generalüberholung der Institution aus. Ambitionierte Vorschläge malen sich den ECOSOC als ein mächtigeres Organ aus, das in der Lage ist, verbindliche Entscheidungen zu treffen und nicht nur Empfehlungen abzugeben. Viele Beobachter unterstützen die Idee, den Status des ECOSOC auf den des Sicherheitsrates zu heben, der trotz seiner Schwierigkeiten in den Bereichen von Repräsentation und Fairness als Modell für seine Entscheidungsbefugnis hervorgehoben wird. Eine globale Koordinierung der Wirtschaftspolitik ist ebenfalls in vielen Reformvorschlägen enthalten. Im Bereich der sozioökonomischen Entwicklung ist die „institutionelle Arbeitsteilung“ so gestaltet, dass die UNO bei Frieden und sozialen Anliegen führend ist, der IWF bei Finanzen und makroökonomischer Steuerung, die Weltbank bei Entwicklungsdarlehen und die WTO beim Handel. Einige Befürworter eines gestärkten ECOSOC haben vorgeschlagen, dass die Bretton-Woods-Institutionen und die WTO demokratischer gestaltet, in das System der Vereinten Nationen reintegriert und der allgemeinen politischen Koordination des ECOSOC unterworfen werden sollen.

Unter Druck hat der ECOSOC versucht, sich selbst durch mehrere Reformen im Laufe der Jahre neue Kraft zu geben. Anfang der 90er Jahre gab es mehrere Optimierungen, darunter der Ersatz der halbjährlichen Sitzungen durch eine substantiellere jährliche Sitzung mit drei Segmenten: einem hochrangigen Segment, einem Koordinierungssegment und einem operativen Segment. Die Mitgliedstaaten begannen, hochrangige Beamte zur Teilnahme zu entsenden, was ein erneutes Interesse an der Arbeit des ECOSOC widerspiegelt. Im Jahr 2006 verabschiedete die Generalversammlung eine weitere Resolution (61/16) zur Stärkung des ECOSOC. Sie beauftragte den ECOSOC, die bei der Umsetzung der Ergebnisse der von UN-Konferenzen und -Gipfeltreffen erzielten Fortschritte zu überprüfen, einschließlich der MDGs. Außerdem wurde dem Rat eine größere Rolle bei der Beobachtung von Trends und Fortschritten in der internationalen Entwicklungszusammenarbeit und beim Angebot von politischen Leitlinien und Optionen zugewiesen, um seine Effektivität zu verbessern.

Im Jahr 2013 hat der ECOSOC erneut Reformen durchgeführt, diesmal mit dem Ziel, ihn zu einem stärker themenorientierten Gremium zu machen, das in der Lage ist, die Umsetzung der Entwicklungsagenda von 2030 zu überwachen. Unter anderem wurde der Rat beauftragt, eine stärkere Führung und Orientierung bei den inhaltlichen Prioritäten zu gewährleisten, indem er ein eigenes Segment zur Integration der wirtschaftlichen, sozialen und ökologischen Dimension der nachhaltigen Entwicklung einberuft. In diesem Sinne veranstaltete der ECOSOC seit 2008 ein jährliches Partnerschaftsforum, um zu untersuchen, wie sektorübergreifende Partnerschaften die globale Entwicklung vorantreiben können, sowie seit 2012 ein jährliches Jugendforum, um das Jugendengagement und die Einbeziehung von Schlüsselprioritäten für Jugendliche bei der Ausarbeitung und Umsetzung der Entwicklungsagenda zu fördern.

Im Vergleich zu den meisten Reformvorschlägen von Experten sind diese Anpassungen relativ geringfügig und werden zu eher schrittweisen als zu transformativen Veränderungen führen. Dennoch zeigen die Reformbemühungen die Bereitschaft der UNO, auf Kritik zu reagieren. Das Fehlen eines breiten Konsenses über grundlegende Veränderungen zeigt jedoch, wie komplex die Themen sind.

Ist eine Reform möglich?

Es besteht allgemein ein gewisser Optimismus in Bezug auf das Ansehen der UNO. Im Jahr 2015 betrachteten 86 Prozent der Regierungen der Programmländer sie als einen relevanteren Partner als zwei Jahre zuvor (Sekretariat der Vereinten Nationen 2015). Und so schwierig die Reform auch sein mag, viele glauben auch daran, dass sie möglich ist. In der FONDS-Umfrage 2014 unter Personen aus dem Privatsektor, UN-Organisationen oder -Agenturen, nationalen Regierungen/öffentlichem Sektor, Hochschulen oder NGOs, die mit der Arbeit der Vereinten Nationen vertraut sind, gaben mehr als drei Viertel an, dass sie der Meinung sind, dass das UN-Entwicklungssystem zu wesentlichen Reformen in der Lage oder stark in der Lage ist. Dies ist angesichts des Drucks auf die UNO, die ehrgeizige Entwicklungsagenda 2030 umzusetzen, ermutigend. Der ECOSOC und alle im Entwicklungsbereich tätigen UN-Einheiten haben noch viel zu tun, um zu beweisen, dass sie für diese Aufgabe gerüstet sind.

Kapitel 4 – Förderung und Schutz der Menschenrechte

Menschenrechte: eine der großen Ideen der UNO, die zu viele Länder nicht respektieren

Das fundamentale Paradoxon

Der Schutz und die Förderung der Menschenrechte gehören zu den umstrittensten Themen bei den Vereinten Nationen. In einer Welt, in der Staaten (im Gegensatz zu anderen Regierungsebenen oder nichtstaatlichen Akteuren) die zentrale Steuerbefugnis haben, sind sie es, die die Rechte ihrer Bürger schützen müssen. Doch es sind ebenfalls die Staaten, die diese Rechte am häufigsten verletzen. Versuchen der internationalen Gemeinschaft, in einem bestimmten Land einzugreifen, um die Rechte von Einzelpersonen oder Gruppen zu schützen, wird oft mit dem Vorwurf eines Eingriffs in den Grundsatz der Souveränität und Nicht-Einmischung begegnet. Tatsächlich bleibt die Prävalenz der staatlichen Souveränität als Leitnorm in den internationalen Beziehungen das größte Hindernis für die Verwirklichung der universellen Menschenrechte.

Die Menschenrechte sollen universelle Rechtsgarantien sein, die Einzelpersonen und Gruppen vor Handlungen schützen, die die Grundfreiheiten und die Menschenwürde beeinträchtigen. Sie gelten als allen Menschen innewohnend, unabhängig von unserer Nationalität, unserem Wohnort, unserem Geschlecht, unserer nationalen oder ethnischen Herkunft, unserer Hautfarbe, Religion, Sprache oder einem anderen Status. Die Menschenrechte zeichnen sich dadurch aus, dass sie universell, international anerkannt, rechtlich geschützt, gleichberechtigt und diskriminierungsfrei, unveräußerlich, interdependent und unteilbar sind (siehe Kasten 12).

Die Menschenrechte stehen in der UN-Charta im Vordergrund. Die Charta beginnt mit einer Reihe von Verpflichtungen: Rettung nachfolgender Generationen vor der Geißel des Krieges, Einhaltung des Völkerrechts, Förderung des sozialen Fortschritts und „Bekräftigung des Glaubens an die grundlegenden Menschenrechte, an die Würde und den Wert der menschlichen Person, an die Gleichberechtigung von Männern und Frauen sowie an die Gleichberechtigung der großen und kleinen Nationen“. Dieses starke Bekenntnis zu den Menschenrechten und der Würde jedes Einzelnen entstand nach dem verheerenden Verlust von Dutzenden von Millionen Menschenleben und Missbrauch während des Zweiten Weltkriegs.

Aber die Vorstellung, dass Einzelpersonen Grundrechte haben, bestand schon vor der UN-Charta und sogar vor den frühen Bemühungen um internationale Zusammenarbeit . Die britische Bill of Rights, die 1689 verabschiedet wurde, die US Bill of Rights, die 1791 in Kraft trat, und die französische Erklärung der Menschen- und Bürgerrechte, die kurz nach der Revolution und Gründung der ersten Französischen Republik 1789 verabschiedet wurde, sind erste Beispiele für den Schutz der Menschenrechte. Historiker setzen die Ursprünge der Menschenrechte noch viel früher an, nämlich mit der Erstellung des Kyros-Zylinders im Jahr 539 v. Chr. Die in nationalen Gesetzen und Erklärungen dargelegten Rechte bezogen sich auf bürgerliche und politische Rechte und Freiheiten und nicht auf das, was wir heute als wirtschaftliche, soziale und kulturelle Rechte bezeichnen.

Kasten 12: Schlüsselmerkmale der Menschenrechte

Universell – Das Prinzip der Universalität ist zum Eckpfeiler der internationalen Menschenrechtsgesetzgebung geworden. Es wurde in zahlreichen Menschenrechtskonventionen, Erklärungen und Resolutionen hervorgehoben, beginnend mit der Allgemeinen Erklärung der Menschenrechte 1948. Alle Staaten haben mindestens einen der wichtigsten Menschenrechtsverträge ratifiziert und 80 Prozent der Staaten haben vier oder mehr ratifiziert.

Voneinander abhängig und unabdingbar – Die Menschenrechte lassen sich in bürgerliche und politische Rechte, wirtschaftliche, soziale und kulturelle Rechte sowie kollektive Rechte unterteilen. Bestimmte Rechte dürfen nicht zugunsten anderer Rechte geopfert werden, da alle diese Rechte voneinander abhängig, unteilbar und miteinander verbunden sind.

Unveräußerlich – Rechte dürfen nicht weggenommen werden, es sei denn, es handelt sich um besondere, gesetzlich festgelegte Situationen und nur zum Zwecke der Anerkennung und Achtung der Rechte anderer und zur Erfüllung von gerechten Anforderungen des allgemeinen Wohlstands, der Moral und der öffentlichen Ordnung in einer demokratischen Gesellschaft.

Gleichberechtigt und nichtdiskriminierend – Dieser Grundsatz, der in allen wichtigen Menschenrechtsverträgen enthalten ist, verbietet Diskriminierung aufgrund von Geschlecht, Rasse, Nationalität, Wohnort, nationaler oder ethnischer Herkunft, Hautfarbe, Religion, Sprache oder einem anderen Status.

Internationale Menschenrechtsnormen

Eine Reihe von Menschenrechtsverträgen, -konventionen und -erklärungen, die seit 1945 verabschiedet wurden, haben den inhärenten Menschenrechten Rechtsform verliehen. Zusammen tragen diese zu einem starken Gefüge internationaler Menschenrechtsnormen bei. Die bedeutendste bisher war die Allgemeine Erklärung der Menschenrechte, die von der Generalversammlung am 10. Dezember 1948 verabschiedet wurde (welcher inzwischen zum Tag der Menschenrechte erklärt wurde). Es war der erste internationale Versuch, die grundlegenden Menschenrechte für alle Menschen ausdrücklich festzulegen, da die UN-Charta die Menschenrechte nicht definiert hat. Die erfassten Rechte können in verschiedene Kategorien eingeteilt werden: bürgerliche, politische, wirtschaftliche, soziale und kulturelle Rechte (siehe Kasten 13). Die Erklärung gilt heute als die Festlegung der Grundnormen der Menschenrechte, die wir einzeln und gemeinsam respektieren und schützen sollten.

1966 wurden der Internationale Pakt über bürgerliche und politische Rechte (zusammen mit seinen beiden Fakultativprotokollen) und der Internationale Pakt über wirtschaftliche, soziale und kulturelle Rechte von der Generalversammlung angenommen, obwohl sie erst zehn Jahre später, 1976, in Kraft traten. Die beiden Pakte wurden zwar schon 1956 vorgelegt, aber aufgrund von Meinungsverschiedenheiten über Definitionen, Umfang und Bedeutung sowie Bedenken über mögliche Einschränkungen der staatlichen Souveränität dauerte es zehn Jahre, bis sie offiziell angenommen wurden. Noch heute haben nicht alle Staaten diese Verträge ratifiziert, einschließlich der Großmächte – China ist nicht Vertragspartei des ersten, während die USA sich immer noch weigern, Vertragspartei des zweiten zu werden. Die beiden Pakte bilden zusammen mit der Allgemeinen Erklärung der Menschenrechte die Internationale Menschenrechtscharta. Durch den Beitritt zu diesen und anderen internationalen Verträgen sind die Staaten grundsätzlich rechtlich verpflichtet, die Menschenrechte zu achten, zu schützen und zu fördern. Das bedeutet, dass Staaten nicht in die Ausübung der Menschenrechte eingreifen dürfen, sie müssen Einzelpersonen und Gruppen vor Missbrauch schützen und aktiv Maßnahmen ergreifen, um die Wahrnehmung der Grundrechte möglich zu machen.

Es gibt insgesamt neun zentrale internationale Menschenrechtsinstrumente. Dazu gehören die beiden oben genannten Pakte und weitere sieben Konventionen über Rassendiskriminierung, Diskriminierung von Frauen, die Rechte des Kindes, die Rechte von Menschen mit Behinderungen, die Rechte von Gastarbeitern, Schutz vor Verschwindenlassen und Folter. Neben der Internationalen Menschenrechtscharta und den grundlegenden Menschenrechtsverträgen hat die Generalversammlung über 100 weitere internationale Verträge und Erklärungen angenommen, die sich mit einer Vielzahl von Themen wie indigene Völker, Ehe, Sklaverei und Kriegsverbrechen befassen. Auf regionaler und nationaler Ebene gibt es eine Reihe weiterer Menschenrechtsinstrumente, die der Ergänzung internationaler Normen dienen. Auf regionaler Ebene werden Verträge und andere Instrumente verabschiedet, um den Menschenrechtsbelangen einer bestimmten Region Rechnung zu tragen und besonderen Schutz zu bieten. So wurde beispielsweise die Afrikanische Charta der Menschenrechte und der Rechte der Völker stark von der Allgemeinen Erklärung der Menschenrechte und internationalen Verträgen inspiriert, zeigt aber auch die afrikanische Auffassung von „Rechten“ und die Betonung der Verantwortung des Einzelnen. Auf nationaler Ebene verpflichtet sich eine Regierung, wenn sie internationale Menschenrechtsverträge ratifiziert, nationale Gesetze zu entwickeln, die mit ihren vertraglichen Verpflichtungen und Aufgaben vereinbar sind. In der Regel tun Staaten dies, indem sie Verfassungen und andere Gesetze verabschieden, die die Menschenrechte formal schützen.

Kasten 13: Kategorien von Menschenrechten

Bürgerrechte – Sowohl bürgerliche als auch politische Rechte schützen die Freiheit des Einzelnen vor Verletzungen durch Regierungen, sozialen Organisationen und Privatpersonen. Zu den bürgerlichen Rechten gehören Leben, Freiheit und Sicherheit, Privatsphäre, Schutz vor Diskriminierung und Gedanken-, Meinungs-, Religions-, Presse-, Versammlungs- und Bewegungsfreiheit.

Politische Rechte – Recht des Einzelnen auf Teilnahme an Politik und Zivilgesellschaft wie Vereinigungsfreiheit, Versammlungs- und Stimmrecht. Zu den politischen Rechten gehört auch die verfahrensrechtliche Fairness im Recht, einschließlich des Rechts auf ein faires und ordnungsgemäßes Verfahren sowie auf Rechtsbehelfe.

Soziale, wirtschaftliche und kulturelle Rechte – Rechte auf angemessene Nahrung, angemessene Wohnung, Bildung, Gesundheit, soziale Sicherheit, Wasser und sanitäre Einrichtungen, Arbeit, Genuss der eigenen Kultur, Religionsausübung und Sprachgebrauch.

Widersprüchliche Interpretationen

Trotz universeller Menschenrechtsnormen, die in Schlüsselverträgen sowie in der Allgemeinen Erklärung der Menschenrechte ausgearbeitet wurden, bleibt eine einheitliche und konsistente Auslegung dieser Rechte ein fernes Ziel.

Traditionell gibt es eine Nord-Süd-Gefälle bei der Bedeutung, die verschiedenen Gruppen von Menschenrechten beigemessen wird. Westliche, demokratische Länder haben lange Zeit die Bedeutung der bürgerlichen und politischen Rechte betont, die sich mit der Freiheit und der Beteiligung am zivilen und politischen Leben befassen. Diese werden manchmal als „negative" Rechte bezeichnet, da der Staat auf alle Handlungen verzichten muss, die die Rechte und Freiheiten des Einzelnen beeinträchtigen würden. Umgekehrt haben viele Länder des globalen Südens mehr auf soziale, wirtschaftliche und kulturelle Rechte gedrängt, die als „positive" Rechte gelten, da sie vom Staat oder einer anderen öffentlichen Behörde verlangen, positive Schritte zu unternehmen, um den Zugang zu grundlegenden Gütern wie Nahrung, Unterkunft und Bildung sicherzustellen. Da negative Rechte an erster Stelle standen, werden sie „erste Generation" genannt, während positive Rechte, die danach folgten, als „zweite Generation" bezeichnet werden. Später entstand eine dritte Generation, die sich eher auf kollektive oder Gruppenrechte als auf individuelle Rechte konzentriert. Das Recht auf Selbstbestimmung und der Schutz von Personengruppen, wie beispielsweise indigenen Völkern, sind Beispiele für diese „solidarischen" Rechte. In vielen Ländern, insbesondere in Afrika und Asien, spiegelt die Bevorzugung der kollektiven Rechte vor den individuellen Rechten Ideologien und Werte wider, die historisch gesehen den Einzelnen nicht als die zentrale Einheit betrachten.

Staaten nehmen oft eine Abwägung zwischen diesen verschiedenen Menschenrechten vor, mit dem Argument, dass bestimmte Rechte sofort verfolgt werden müssen, während andere auf der Strecke bleiben können, bis der Zeitpunkt stimmt. Die Entwicklungsländer haben argumentiert, dass das Recht auf Entwicklung Vorrang vor anderen Menschenrechten haben sollte, und dass sie in der Lage sein sollten, bestimmte Menschenrechte, nämlich politische Rechte, beim Aufholen gegenüber dem Westen zu vernachlässigen. Dies steht jedoch natürlich im Widerspruch zum Kernprinzip der Menschenrechte, der Interdependenz. Unter Betonung der Unteilbarkeit aller Menschenrechte erklärte der frühere UN-Hochkommissar für Menschenrechte, Sebastián Piñera: „Wenn Staaten sich aussuchen, welche Rechte sie wahren wollen, wird die gesamte Struktur untergraben". (UN OHCHR 2016).

Kulturelle Relativisten stellen seit langem den Begriff der Universalität in Frage und behaupten, dass er ein Mittel für den Westen ist, um seine Werte und Normen anderen Ländern aufzuzwingen. Während es ein starkes Argument für den kulturellen Relativismus und den Nutzen der Berücksichtigung kontextueller Faktoren gibt, haben Relativisten beobachten müssen, dass ihr Anliegen von denjenigen aufgegriffen wurde, die versuchen, Menschenrechtsverletzungen zu rechtfertigen. Die neueste Variante davon ist die Betonung der Bedeutung von „traditionellen Werten" durch viele Länder. Im Jahr 2012 verabschiedete der UN-Menschenrechtsrat eine Resolution zur „Förderung der Menschenrechte und Grundfreiheiten durch ein besseres Verständnis der traditionellen Werte der Menschheit". Obwohl sich dies gut oder vielleicht sogar produktiv anhört, werden Bräuche und Traditionen oft als Rechtfertigung von Menschenrechtsverletzern angeführt. Man denke nur an die Praktiken der Kinder- und Zwangsheirat, der weiblichen Genitalverstümmelung, der so genannten „Ehrenmorde" und der Vergewaltigung in der Ehe, die in vielen Ländern bis heute bestehen. Oder die unzähligen lesbischen, schwulen, bisexuellen und transgender (LGBT) Menschen weltweit, denen die gleichen Rechte verweigert werden, die andere in der Gesellschaft genießen. Traditionen waren nicht immer freundlich zu jedem, und in vielen Fällen haben sie tatsächlich die Rechte der Menschen beeinträchtigt.

Die Resolution von 2012, der zwei weitere in den Jahren 2009 und 2011 vorausgegangen waren, in denen eine vertiefte Untersuchung traditioneller Werte gefordert wurde, schafft einen gefährlichen Präzedenzfall, indem sie eine Handhabe ermöglicht, mit der Länder Diskriminierung, schädliche Praktiken und andere Rechtsverletzungen rechtfertigen können. Unter der Führung Russlands bekam sie die Unterstützung einer Reihe bekannter Menschenrechtsverletzer wie China, Libyen und Uganda. Währenddessen waren diejenigen, die dagegen stimmten, meist westliche Länder mit relativ guter Menschenrechtsbilanz. Der ehemalige Generalsekretär Ban Ki-moon hat sich mehrfach gegen diese Entwicklung ausgesprochen. Auf der Internationalen Konferenz über Menschenrechte, sexuelle Orientierung und Geschlechteridentität 2013 sagte er: „Ich respektiere Kultur, Tradition und Religion – aber sie können niemals die Verweigerung von Grundrechten rechtfertigen". (Vereinte Nationen 2013).

Diese unterschiedlichen Perspektiven zeigen, dass wir trotz eines angeblich universellen Verständnisses der Menschenrechte in der Praxis eine kontinuierliche Debatte und Verhandlung darüber erleben, wie Grundrechte verteidigt werden.

Die enormen Kosten von Verstößen

Trotz eines soliden rechtlichen und normativen Rahmens für die Menschenrechte gibt es täglich zahlreiche Fälle von Menschenrechtsverletzungen auf der ganzen Welt. Einzelpersonen und Gruppen werden Grundrechte verweigert, auf die sie Anspruch haben, oft von Staaten, die die Menschenrechtsverträge unterzeichnet und/oder ratifiziert haben.

Die derzeitige Situation in Syrien ist besonders entsetzlich. Die Regierung hat wahllos Luftangriffe durchgeführt, bei denen sie Märkte, Schulen, Krankenhäuser und Kliniken bombardiert und Tausende von Zivilisten getötet hat (UNHRC 2017). Sie hat Menschen willkürlich festgenommen, darunter viele Aktivisten, Menschenrechtsverteidiger, Journalisten und Mitarbeiter humanitärer Organisationen. Anfang 2017 deckte Amnesty International die geheime

Kampagne der syrischen Regierung für Massenerhängungen und Vernichtung auf, bei der bis zu 13.000 Menschen, die meisten Zivilisten, von denen angenommen wurde, dass sie Regierungsgegner waren, zwischen 2011 und 2015 im Gefängnis von Saydnaya gehängt wurden (Amnesty International 2017). Die syrische Regierung gilt als verantwortlich für die Tötung Dutzender Zivilisten bei zahlreichen chemischen Angriffen gegen die eigene Bevölkerung, einschließlich derjenigen im August 2013 und April 2017, die internationale Aufmerksamkeit und Verurteilung erregten. Es überrascht nicht, dass Syrien sich weiterhin weigert, den Vereinten Nationen Zugang zu gewähren.

Dies ist kein Einzelfall. Wenn die UNO versucht, mutmaßliche Missbräuche zu untersuchen, sind Staaten oft unkooperativ und beklagen Eingriffe in die Souveränität. In seinen Eröffnungsbemerkungen auf der Tagung des Menschenrechtsrates im September 2016 äußerte der UN-Hochkommissar für Menschenrechte, Zeid Ra'ah Al Hussein, große Besorgnis über die Versuche von Ländern, die Menschenrechtsprüfung zu blockieren. Er erklärte, dass „Überwachungsmaßnahmen und Lobbyarbeit, die dazu dienen sollen, die Menschen in Ihren Ländern besser zu schützen, als eine Art Verletzung des Grundsatzes der staatlichen Souveränität – oder sogar der UN-Charta – angefochten werden", und fügte hinzu, dass glaubwürdige Erklärungen des Amtes des Hohen Kommissars für Menschenrechte oft von Ländern als „verzerrt", „unverantwortlich", „irreführend" oder auf „falschen" Prämissen beruhend abgetan werden. Eine Reihe von Ländern wurden direkt benannt, die verhindern, dass die Vereinten Nationen unabhängige und unparteiische Ermittlungen auf Grund von Missbrauchsvorwürfen durchführen, darunter Syrien, Venezuela, die Türkei, Äthiopien, Mosambik, Gambia, Indien, China, Nepal, Iran und die Vereinigten Staaten.

Leider korreliert diese mangelnde Bereitschaft vieler Staaten zur Zusammenarbeit mit UN-Menschenrechtsbeobachtern mit einer großen Zahl von Menschenrechtsverletzungen weltweit. Einige Beispiele für Menschenrechtsfragen in der heutigen Welt sind in Kasten 14 aufgeführt.

Es wäre falsch anzunehmen, dass Menschenrechtsverletzungen nur in nicht-westlichen Ländern vorkommen, insbesondere in undemokratischen Regimen. Das Beispiel der Vereinigten Staaten für die Anwendung von Folter an Gefangenen zeigt, dass es in westlichen, liberalen Demokratien durchaus zu Missbräuchen kommen kann. Nach den Anschlägen vom 11. September 2001 und der zunehmenden Besorgnis über die Bedrohung durch den Terrorismus wandten die Vereinigten Staaten Verhörmethoden von „Stress und Zwang" bei Gefangenen in Afghanistan und in Guantánamo Bay, Kuba, an und setzten Häftlinge im Irak Folter und grausamer Behandlung aus. Der Bericht des Senats der Vereinigten Staaten über das 2014 veröffentlichte CIA-Programm für Inhaftierung und Befragung kam zu dem Schluss, dass „das Programm dem

Ansehen der Vereinigten Staaten in der Öffentlichkeit sowie der langjährigen globalen Führung der Vereinigten Staaten in den Bereichen Menschenrechte im Allgemeinen und Verhütung von Folter im Besonderen unermesslichen Schaden zugefügt hat". (Senat-Auswahlausschuss für Nachrichtendienste, 16). Das Universal Periodic Review 2015 über die Menschenrechtsbilanz der USA deutete ebenfalls auf ein enormes Verbesserungspotential hin.

Kasten 14: Ausgewählte Beispiele für aktuelle Menschenrechtsfragen

Rechte von Lesben, Schwulen, Bisexuellen und Transgender-Personen (LGBT) – Es gibt über 70 Länder auf der ganzen Welt (hauptsächlich in Afrika und Asien), die Gesetze gegen Homosexualität haben, eine klare Verletzung der grundlegenden Menschenrechte. Eine Reihe von ihnen verabschiedet oder versucht, noch drakonischere Gesetze zu verabschieden. Im Jahr 2013 wurde in Uganda ein Anti-Homosexualitätsgesetz verabschiedet, das die Kriminalisierung gleichgeschlechtlicher Beziehungen bis hin zu lebenslanger Haft ausweitete (das ursprüngliche Gesetz sah die Todesstrafe vor). Indonesien, wo Homosexualität nicht illegal ist, sorgte Anfang 2016 nach einer Reihe von Angriffen auf Mitglieder der LGBT-Gemeinschaft, auch durch prominente Persönlichkeiten, für internationale Schlagzeilen.

Religionsfreiheit – Leider sind religiöse Minderheiten oft Opfer von Gewalttaten. Die muslimische Minderheit in dem hauptsächlich buddhistischen Burma sowie hinduistische und christliche Minderheiten im überwiegend muslimischen Pakistan sind nur einige Beispiele aus einer langen Reihe von Fällen, in denen Einzelpersonen und Gruppen aufgrund ihrer Religion angegriffen wurden. In Saudi-Arabien wird die Konvertierung vom Islam zu einer anderen Religion mit dem Tode bestraft, und die Regierung gewährt keine rechtliche Anerkennung oder Schutz der Religionsfreiheit.

Rede- und Pressefreiheit – Zu viele Länder verweigern noch heute den Menschen grundlegende Meinungsfreiheit. Sicherheits- und Nachrichtendienste im Iran haben Journalisten, Blogger und Social-Media-Aktivisten verhaftet, die zu schweren Strafen verurteilt wurden. Die chinesische Regierung zensiert bekanntermaßen alle Formen von Medien, Kommunikation und Bildung, einschließlich Internet, Fernsehen, Film, Literatur und Videospiele. Russland hat in letzter Zeit auch einen schlechteren Ruf erlangt, weil es seine Schikanen und Verfolgungen von Kritikern und Aktivisten verstärkt hat.

Anwendung von Folter, Misshandlung von Häftlingen und Verschwindenlassen – Die Haftanstalten der Vereinigten Staaten in Guantánamo Bay in Kuba wurden wegen Menschenrechtsverletzungen, einschließlich der Anwendung von

Folter, unter Beschuss genommen. Im Rahmen ihrer Bemühungen zur Bekämpfung der organisierten Kriminalität waren die mexikanischen Sicherheitskräfte an unzähligen Verstößen beteiligt, darunter außergerichtlichen Hinrichtungen, erzwungenes Verschwindenlassen und Folter. Neben zahlreichen anderen Missbräuchen haben ägyptische Beamte in den letzten Jahren Folter begangen, Personen verschwinden lassen, und Misshandlungen von Häftlingen haben zu vielen Todesfällen geführt.

Die Bilanz der Vereinten Nationen bei der Wahrung der Menschenrechte

Die Organisationsstruktur der Organe, Ämter, Agenturen, Vertragsorgane und Ausschüsse der Vereinten Nationen, die dafür zuständig sind, dass die Staaten die Menschenrechtsnormen anwenden, ist komplex und schwindelerregend. Obwohl die Liste nicht vollständig ist, sind einige der wichtigsten: der Sicherheitsrat, die Generalversammlung, der Menschenrechtsrat, das Büro des Hochkommissars für Menschenrechte, der Internationale Gerichtshof, der Internationale Strafgerichtshof, Internationale Sonderstrafgerichtshöfe, Vertragsgremien sowie verschiedene Ausschüsse zu spezifischen Themen wie die Rechte des Kindes, Folter und Diskriminierung von Frauen.

Eine Bewertung der Gesamtauswirkungen der Menschenrechtsarbeit der Vereinten Nationen zeigt, dass sie bei der Förderung und Entwicklung der Menschenrechte besonders wirksam ist, aber diese Rechte nicht angemessen schützt, wenn Länder sich entscheiden, ihren Verpflichtungen nicht nachzukommen. Dies ergibt sich aus der Abhängigkeit von politischen und diplomatischen Prozessen als Mittel zur Erreichung ihrer Ziele. Ein solcher Ansatz funktioniert bei der Bereitstellung von Ressourcen und technischer Hilfe für Länder, was von Natur aus nicht konfrontativ ist, birgt aber erhebliche Herausforderungen, wenn es darum geht, Einzelpersonen vor Missbrauch zu schützen (Freedman 2015: 54). Politisierung ist ein prägendes Merkmal der gesamten Menschenrechtsmaschinerie, das ihren Erfolg seit Jahrzehnten behindert. Selektivität und Voreingenommenheit sind weit verbreitet, und nationale Interessen siegen immer wieder über prinzipientreues Handeln. Die Diplomatie wirkt durch Dialog und Zusammenarbeit, die selten zu Ergebnissen führen, wenn schwere Menschenrechtsverletzungen stattgefunden haben. Ein völliger Mangel an Durchsetzungsmechanismen in den UN-Menschenrechtsorganisationen hat das Problem verschärft. Im Gegensatz zu nationalen Gesetzen sind internationale Gesetze oft nicht durchsetzbar. Die internationale Gemeinschaft kann durch Instrumente wie Sanktionen oder militärische Invasionen

Druck auf unkooperative Staaten ausüben, aber abgesehen von diesen extremen Maßnahmen und schlichtem diplomatischen Druck können souveräne Staaten nicht gezwungen werden, etwas zu tun.

Der folgende Abschnitt untersucht das komplexe System der Menschenrechtsorganisationen bei den Vereinten Nationen, einschließlich ihrer Stärken und Schwächen und betrachtet danach Reformvorschläge. Er konzentriert sich auf die Gremien, die sich ausschließlich mit den Themen Menschenrechte und humanitäre Angelegenheiten befassen, wobei anzumerken ist, dass sich ein Großteil der Arbeit der Generalversammlung und des Sicherheitsrates auf Menschenrechtsfragen konzentriert. Durch die Festlegung von Standards und die Verabschiedung von Resolutionen zur Verurteilung oder Aufklärung von Menschenrechtsverletzungen spielt die Generalversammlung bei der Förderung der Menschenrechte meist eine indirekte Rolle. Der Sicherheitsrat spielt eine zentralere Rolle und hat die Befugnis, eine verbindliche „Entscheidung" darüber zu treffen, dass eine Situation eine Bedrohung oder Verletzung des internationalen Friedens und der Sicherheit darstellt. Gelegentlich hat er dies bei besonders schweren Menschenrechtsverletzungen getan. Wir berichten nicht im Detail darüber, wie diese beiden UN-Organe die Menschenrechte verteidigt haben oder nicht verteidigt haben. Es genügt zu sagen, dass sie von einigen der gleichen Herausforderungen betroffen sind, wie die wichtigsten Menschenrechtsorganisationen der UNO, die wir im Folgenden untersuchen, nämlich dem Primat von Macht und Politik. Unterdessen sind Innovationen im Bereich der Menschenrechte entstanden, wie die Norm „Verantwortung zum Schutz" und der Internationale Strafgerichtshof, um der Souveränität, die nach wie vor sowohl die Generalversammlung als auch den Sicherheitsrat dominiert, Grenzen zu setzen.

Von der Menschenrechtskommission zum Menschenrechtsrat

Als der Menschenrechtsrat 2006 die Menschenrechtskommission ablöste, hofften Beobachter, dass er nicht unter den gleichen Mängeln leiden würde wie seine erfolglose Vorgängerin. Die im Jahr 1946 als wichtigster Mechanismus und Forum der Vereinten Nationen für die Förderung und den Schutz der Menschenrechte gegründete Kommission blickt auf eine 70-jährige Geschichte zurück, die von einigen ersten Erfolgen und zahlreichen Herausforderungen geprägt war. In den ersten 20 Jahren hat sie den zuvor in diesem Kapitel beschriebenen internationalen Rechtsrahmen erfolgreich etabliert. Sie war auch für die vielen Konventionen verantwortlich, die im Laufe der Jahre verabschiedet wurden.

Nachdem es ihr gelungen war, Normen und Standards festzulegen, die Staaten befolgen sollten, richtete sie Ende der 1960er Jahre ihr Augenmerk auf die Überwachung und Umsetzung der Menschenrechte. Das bedeutete, über die bloße Ausarbeitung von Verträgen hinauszugehen und Verstöße zu untersuchen, zu melden und zu verurteilen. Dieser neue Fokus wurde schnell politisch und die Staaten sahen darin einen Verstoß gegen das Prinzip der Souveränität. Er machte bald den inhärenten Widerspruch zwischen dem politischen Charakter der Kommission (sie war schließlich ein Gremium aus Mitgliedstaaten, das ihre eigenen nationalen Interessen vertrat) und ihrem Auftrag, für den grundsätzlichen Schutz der Menschenrechte einzutreten, sichtbar.

Ein Hauptkritikpunkt an der Kommission war, dass ihre Mitglieder bekannte Menschenrechtsverletzer waren. Das völlige Fehlen von Mitgliedschaftskriterien über die geografische Zusammensetzung hinaus bedeutete, dass das Gremium nicht nur keine Mitglieder auf der Grundlage einer beispielhaften Menschenrechtsbilanz auswählte, sondern auch keine Staaten mit entsetzlicher Vorgeschichte ausschloss. Zum Zeitpunkt des Zusammenbruchs der Kommission war der Sudan trotz des Völkermords in Darfur Mitglied, ebenso wie Simbabwe, das während die Regierung Mugabe Zwangsräumungen und Zerstörungen durchführte, die 700.000 Menschen obdachlos machten und eine „humanitäre Krise von immensen Ausmaßen" verursachten (Hoge 2005). Dies war seit Jahren ein Problem, das sich jedoch Anfang der 2000er Jahre verschärfte. Der Tropfen, der das Fass zum Überlaufen brachte und schließlich zum Untergang des geplagten Menschenrechtsorgans führte, war im Jahr 2003 die Wahl von Muammar Gaddafi, dem libyschen Führer, den viele als Diktator und Tyrannen bezeichneten, zum Vorsitzenden der Kommission. Im Laufe der Zeit wurde deutlich, dass Menschenrechtsverletzer tatsächlich eine Mitgliedschaft in der Kommission anstrebten, um sich vor näherer Betrachtung zu schützen. Und da es weniger wahrscheinlich ist, dass Verletzer andere Verletzer verurteilen, bedrohte ihre Anwesenheit die Glaubwürdigkeit des Organs umso mehr.

Der politische Charakter der Kommission führte zu einem ausgeprägten Regionalismus und gruppenblockierenden Maßnahmen. Regionale Bündnisse, die besonders sichtbar waren, waren die G77, die Bewegung der Blockfreien Staaten und die Organisation der Islamischen Zusammenarbeit. Die Mitglieder wurden von regionalen Verbündeten häufig ermutigt, gegen Resolutionen über schwere Verstöße zu stimmen, um andere Gruppenmitglieder zu schützen. In einem eklatanten Zeichen der Verachtung gegenüber der Bush-Administration wählte der muslimisch-afrikanische Block 2001 die Vereinigten Staaten aus der Kommission ab, während Länder wie Sudan und Pakistan als Mitglieder hineingewählt wurden (Freedman 2011: 35). In vielen Fällen wogen regionale Allianzen und Freundschaften stärker als Fehlverhalten, weil die Mitgliedschaft durch Stimmen aus den Regionen der Welt entschieden wurde.

Länderspezifische Resolutionen waren der Hauptmechanismus zur Bekämpfung von Menschenrechtsverletzungen in Ländern. Sie wurden zu hochpolitischen Waffen, die von den Staaten eingesetzt wurden, um Verbündete vor prüfenden Blicken zu schützen und Gegnern unverhältnismäßig zu schaden. Die Vereinigten Staaten konzentrierten sich häufig auf Menschenrechtsverletzungen in Kuba, schwiegen aber zu schwerwiegenderen Verletzungen in verbündeten Staaten wie Guatemala und El Salvador. Während des Kalten Krieges nutzte die Sowjetunion die Menschenrechte ebenfalls als politisches Instrument, als sie Rechtsverletzungen in Chile unter Pinochet (einem Verbündeten der USA) kritisierte und dabei die gravierende Menschenrechtssituation in kommunistischen Staaten ignorierte (Weiss et al. 2014: 211). Zu oft zeigten die Handlungen der Staaten politische Motivationen und offensichtliche Doppelmoral.

Die Kommission wurde schließlich aufgelöst und durch den Menschenrechtsrat ersetzt, nachdem der ehemalige Generalsekretär Kofi Annan in einem Bericht von 2005 eine entsprechende Empfehlung ausgesprochen hatte. Man nahm an, dass die Herausforderungen durch die Politisierung und Selektivität so groß waren, dass eine vollständige Überarbeitung die einzige Option für Reformen war. Aber die anschließenden Diskussionen darüber, wie ein effektiveres Menschenrechtsorgan aussehen würde, erwiesen sich als schwieriger und entzweiender als erwartet. Erstens gab es keinen Konsens über die optimale Größe des Rates. Annan schlug vor, die Mitgliedschaft auf 15 zu begrenzen, während andere eine weltweite Mitgliedschaft wollten. Es gab auch keine Einigung darüber, welche Beitrittskriterien gegebenenfalls festgelegt werden sollten. Viele Entwicklungsländer und nicht-demokratische Nationen sahen die Menschenrechte bereits als ein Instrument des Westens an, das gegen sie eingesetzt wurde, so dass die Idee, Verletzer und undemokratische Staaten auszuschließen, nur dazu geführt hätte, diese Ansicht zu stärken. Und die Schaffung eines exklusiven Clubs gleichgesinnter westlicher Länder hätte wahrscheinlich zu einer weiteren Polarisierung zwischen den beiden Gruppen geführt. Angesichts der Unterschiede im Verständnis der Staaten von Menschenrechten, die bereits früher in diesem Kapitel untersucht wurden, wäre es zudem nahezu unmöglich gewesen, sich auf eine gemeinsame Definition einer „tolerierbaren“ Menschenrechtsbilanz zu einigen. Um den Vorrang der Menschenrechte vor der Politik zu fördern, wurde die Idee diskutiert, Menschenrechtsexperten und nicht Regierungsvertreter im Rat zu haben. Viele Staaten waren jedoch nicht bereit, Macht abzugeben und zu erlauben, dass das neue Gremium eher ein Expertenrat als ein politischer Rat wurde.

Letztendlich unterscheidet sich der neu gegründete Menschenrechtsrat nach reiflicher Überlegung in Architektur, Funktion und Zusammensetzung nicht wesentlich von der ineffektiven Kommission: Er hat 47 statt 53 Mitglieder, es werden keine Mitgliedschaftskriterien verwendet, und die Vertreter sind Regierungsbeamte, die sich vor allem mit nationalen Interessen befassen. Er war nicht identisch mit der Kommission und führte einige neue Funktionen ein, die wir im Folgenden untersuchen werden, aber er konnte den Kern des Problems nicht lösen. Daher ist es nicht verwunderlich, dass der Rat hinter den Erwartungen zurückgeblieben ist.

Der Rat hat keinen guten Start hingelegt. 2006, im ersten Jahr, wurden China, Russland, Ägypten, Kuba und andere Länder zu „Champions" gewählt. Die USA beschlossen, nicht einmal zu kandidieren, sondern Beobachter zu sein, um gegen die Unfähigkeit der UNO zu protestieren, die Mängel der Kommission zu beheben, insbesondere die Mitgliedschaft von Menschenrechtsverletzern. Nach zwei Jahren zog sie sich ganz zurück (obwohl die USA unter Obama diese Entscheidung der Bush-Regierung rückgängig machten, 2009 kandidierten und einen Sitz bekamen). Politik war allgegenwärtig. In der ersten Sitzung wurde Israel neunmal verurteilt, aber kein anderes Land. In den ersten vier Jahren des Rates konzentrierte man sich in sechs der zwölf Sondersitzungen, die die Mitglieder abgehalten haben, auf Israel. Im gleichen Zeitraum waren die Menschenrechtssituationen in Myanmar, Darfur, der Demokratischen Republik Kongo und Sri Lanka Gegenstand jeweils einer einzigen Sitzung. Es besteht kein Zweifel daran, dass der Rat die starken Vorurteile der Kommission gegenüber Israel beibehalten hat. Und während sich die späteren Sitzungen auf Syrien und andere Länder konzentrierten, ist es noch zu früh, um eine dauerhafte Veränderung zu verkünden.

Bei den Wahlen zum Menschenrechtsrat im Jahr 2019 wurden mehrere Länder mit weniger rühmlichen Menschenrechtsbilanzen als Mitglieder gewählt oder wiedergewählt, darunter Bahrain, Kamerun, Eritrea, Libyen, Mauretanien, die Philippinen, Somalia und Venezuela . Dies verweist auf die anhaltende Notwendigkeit der Etablierung einiger Mindestkriterien für die Mitgliedschaft, die über die derzeitige freiwillige Zusage, dass das Land die internationalen Menschenrechtsstandards einhalten wird, und die Auflistung seiner Maßnahmen zur Förderung und zum Schutz der Menschenrechte hinausgehen. In Ermangelung strenger Richtlinien kann die internationale Gemeinschaft in einigen Fällen selbst entscheiden, dass ein Land einen Sitz im Rat nicht verdient. Wir haben dies im Oktober 2016 erlebt, als der Antrag Russlands auf Wiederwahl abgelehnt wurde. Dies ist aber nur möglich, wenn eine Regionalgruppe mehr Kandidaten vorschlägt als Sitze verfügbar sind, wie es in Osteuropa der Fall war, wo Russland, Kroatien und Ungarn um zwei Sitze konkurrierten. Eine solche Konkurrenz gab es für Saudi-Arabien im Jahr 2016 nicht, ein Land, das in den 18 Monaten vor der Abstimmung wahllos Zivilisten im Jemen bombardiert hatte. Da die Asien-Gruppe nur vier Kandidaten – Saudi-Arabien, China, Irak und Japan – für ihre vier Sitze vorgeschlagen hatte, war es keine Überraschung, als sie alle gewannen. Trotz des vorher festgelegten Ergebnisses behauptete Abdullah bin Yahya Al-Moallami, der saudische Botschafter bei den Vereinten Nationen, dass „die Wiederwahl Saudi-Arabiens das Vertrauen der internationalen Gemeinschaft in die Vorreiterrolle und Führungsrolle des Königreichs im Menschenrechtsrat widerspiegelt". (Saudi Presseagentur 2016). Dieses Möglichkeit, einen Wettbewerbsprozess zu umgehen, muss angegangen werden, damit der Rat seine Glaubwürdigkeit wahren kann.

Der Rat hat neben all der Kritik einige Erfolge erzielt. Nicht anders als die Kommission liegen seine größten Stärken darin, internationale Standards und Normen festzulegen, das Bewusstsein für Menschenrechtsfragen zu schärfen und Akteure in globalen Foren zusammenzubringen. Er hat bei der Berücksichtigung der Menschenrechtssituation in bestimmten Ländern besser abgeschnitten als seine Vorgängerin, insbesondere durch den aus dem Reformprozess hervorgegangenen Mechanismus des Universal Periodic Review. Jedes Jahr wird die Menschenrechtssituation in 42 Ländern überprüft, d. h., jedes Land kommt alle viereinhalb Jahre an die Reihe. Der Prozess verpflichtet die Länder, einen 20-seitigen Bericht über ihre Bemühungen zur Verbesserung der Menschenrechte und zur Bewältigung aller Herausforderungen, die sich aus der Wahrnehmung dieser Rechte ergeben, vorzulegen. Um die Voreingenommenheit von Ländern zu verringern, werden neben dem „nationalen Bericht" zwei zusätzliche Berichte vorgelegt. Der erste enthält die Ansichten von Sonderverfahren (d. h. unabhängigen Menschenrechtsexperten), Menschenrechtsvertragsorganen und anderen UN-Einrichtungen, während der zweite Informationen von NGOs und nationalen Menschenrechtsinstitutionen enthält. Es werden Diskussionen geführt und ein Ergebnisdokument mit Empfehlungen für die Staaten erstellt. Nach der Annahme wird von den Staaten erwartet, dass sie bestätigen, welche Empfehlungen sie annehmen. Es ist ziemlich selten, dass Staaten Empfehlungen ablehnen, die Akzeptanzrate liegt bei 70–90 Prozent (Ramcharan 2011). Ob die Länder die Empfehlungen umsetzen, bleibt abzuwarten, aber es ist ermutigend, dass der Universal Periodic Review von den Staaten recht gut aufgenommen wurde. Sein universeller Charakter hat dazu geführt, dass alle Länder gleich behandelt werden, während die Hervorhebung des Dialogs an Stelle von Benennung und Beschämung den Eindruck reduziert hat, als Zielscheibe zu dienen oder vorgeführt zu werden.

Die Diagnose eines Problems kann unendlich viel einfacher sein als die Entwicklung einer guten Lösung. Dennoch mangelt es nicht an Vorschlägen zur Verbesserung der problembehafteten Menschenrechtsorganisation. Eine Reihe von praktikablen Ideen werden im letzten Kapitel beschrieben. Aber die Reform des Menschenrechtsrates wird sicherlich nicht einfach sein, vor allem, wenn man den Reformprozess der Menschenrechtskommission als Vorlage sieht.

Der Generalsekretär und der Hochkommissar für Menschenrechte

Nicht alle Teile des UN-Menschenrechtsapparats sind so politisch wie der Sicherheitsrat, die Generalversammlung und der Menschenrechtsrat. Das entgegengesetzte Extrem sind die auf dem UN-Vertrag basierenden Organe, die am wenigsten politisiert, voreingenommen und selektiv sind. Diese Organe bestehen aus Experten und nicht aus Regierungsbeamten und sind nicht für Staaten zuständig, die nicht Vertragspartei der entsprechenden Verträge sind. Sie dienen der Überwachung der Umsetzung von Schlüsselkonventionen und -protokollen. Es gibt zehn solcher Gremien, darunter den Menschenrechtsausschuss (Überwachung der bürgerlichen und politischen Rechte), den Ausschuss für wirtschaftliche, soziale und kulturelle Rechte, den Ausschuss zur Beseitigung der Diskriminierung der Frau und den Ausschuss gegen Folter. Irgendwo in der Mitte befinden sich der Generalsekretär und der Hohe Kommissar für Menschenrechte. Beide Rollen erfordern ein ausgewogenes Verhältnis von unparteiischer Menschenrechtsvertretung und politischer Sensibilität. Das Versäumnis, sich für einen prinzipientreuen Menschenrechtsschutz einzusetzen, würde zu Kritik von Menschenrechts-NGOs und Kommentatoren führen, während eine Vernachlässigung der Politik zu einem Verlust der Unterstützung der Mitgliedsstaaten führen würde.

Es gab enorme Unterschiede im Grad der Offenheit der ehemaligen Generalsekretäre. Typischerweise haben die führenden Diplomaten der Welt den Fortschritt bei Frieden und Sicherheit gegenüber den Menschenrechten in den Vordergrund gestellt, vermutlich um das Risiko einer Kränkung von Staaten zu verringern, indem sie sie als Menschenrechtsverletzer bezeichnen. Kofi Annan, ein lautstarker Menschenrechtsverteidiger, war eine bemerkenswerte Ausnahme. Er nutzte seine Position als Instrument, um Staaten dazu zu bringen, sich besser zu verhalten, obwohl er dies vorsichtig tat. Sein Nachfolger Ban Kimoon sprach von einigen schwerwiegenden Verstößen, vermied Konfrontationen aber meistens und verschob normalerweise öffentliche Äußerungen, bis Großmächte Stellung bezogen hatten (Weiss et al. 2014: 204). Der amtierende Generalsekretär Antonio Guterres hat seinerseits ebenfalls zu Menschenrechtsverletzungen geschwiegen und neigt offenbar eher zu stiller Diplomatie als öffentlichen Auftritten.

Die Arbeit des Hohen Kommissars für Menschenrechte ist besonders anspruchsvoll. Die Generalversammlung schuf den Posten im Jahr 1993 nach einer erfolgreichen Lobbykampagne mehrerer Akteure, darunter viele NGOs, des Carter Presidential Centre und der US-Regierung (ebd.: 207). Anfang desselben Jahres hatte auch die Wiener UN-Menschenrechtskonferenz empfohlen, ihn einzurichten. Im Gegensatz zu dem Generalsekretär, der mit mehreren Prioritäten jongliert und sich dafür entscheiden kann, die Menschenrechte nicht zu einem vorrangigen Anliegen zu machen, genießt der Hohe Kommissar keinen solchen Luxus. Anderen auf die Zehen zu treten steht effektiv in der Stellenbeschreibung für diesen wichtigen Menschenrechtsposten. Dies wirft ein Licht darauf, warum so viele, die die Position übernommen haben, scharf kritisiert wurden, bis hin zum erzwungenen Rücktritt. Das war das Schicksal der ehemaligen irischen Präsidentin Mary Robinson, die von Generalsekretär Annan zum Hohen Kommissar für Menschenrechte ernannt wurde. Nachdem Robinson viel öffentliche Aufmerksamkeit auf Menschenrechtsverletzungen in China und Israel gelenkt hatte, entzogen ihr die USA, die enge Beziehungen zu diesen Staaten hatten und stille Diplomatie der öffentlichen Verurteilung vorzogen, die Unterstützung und drängten sie im Jahr 2002 zurückzutreten. Louise Arbour, die 2004 das Amt übernahm, wurde von Washington ebenfalls nach einiger Zeit abgelehnt, während ihre Nachfolgerin Navanethem (Navi) Pillay viele Regierungen verärgerte, indem sie Verletzungen von LGBT-Personen betonte und sich auf spezifische Missbräuche in Ruanda, Sri Lanka und Syrien konzentrierte (ebd.: 208–9). Während seiner Amtszeit als Hoher Kommissar in den Jahren 2014–2018 verurteilte Prinz Zeid Ra'ad Al Hussein von Jordanien Menschenrechtsverletzungen in vielen Staaten, inklusive derer der Regierung Trumps in den Vereinigten Staaten, was zu vielen Zusammenstößen mit Washington geführt hat und zu Hussein‘s Entscheidung beitrug, nicht für eine zweite Amtszeit zu kandidieren.

Umgang mit den schwersten Verstößen: Der Internationale Strafgerichtshof und Ad-hoc-Tribunale

Verbrechen gegen die Menschlichkeit, Kriegsverbrechen und Völkermord stellen die abscheulichsten Menschenrechtsverletzungen dar. Was diese „internationalen Verbrechen“ von anderen Menschenrechtsverletzungen unterscheidet, ist, dass es sich um umfassende oder systematische Angriffe handelt, die bewusst gegen eine Zivilbevölkerung verübt werden. Verbrechen gegen die Menschlichkeit können Mord, Vernichtung, Versklavung, Deportation, Folter, Apartheid, Inhaftierung, Verschwindenlassen und andere Straftaten umfassen, wenn sie in großem Umfang gegen eine überwiegend zivile Bevölkerung verübt werden. Im Gegensatz zu Kriegsverbrechen können sie entweder in einer Zeit des Friedens oder des Krieges stattfinden. Wie der Name schon sagt, können Kriegsverbrechen nur während eines Konflikts auftreten und sind Verletzungen des humanitären Völkerrechts oder des Gesetzes über bewaffnete Konflikte. Viele der Straftaten ähneln denen, die als Verbrechen gegen die Menschlichkeit eingestuft werden, obwohl sie auch Bereiche wie Geiseln und Kriegsgefangene umfassen. Völkermord liegt vor, wenn ein vorsätzlicher Angriff durchgeführt wird, um eine nationale, ethnische, rassische oder religiöse Gruppe zu zerstören (United States Institute of Peace).

Internationale Strafgerichte wurden eingerichtet, um Personen zu verfolgen, die mit der Begehung dieser schweren Verbrechen gegen das Völkerstrafrecht verstoßen. Die Prozesse in Tokio und Nürnberg waren die ersten Tribunale, die geschaffen wurden, um diejenigen zu verfolgen und zu bestrafen, die sich internationaler Verbrechen schuldig gemacht haben. Nach dem Zweiten Weltkrieg war die Welt entsetzt über die Gräueltaten, die stattgefunden hatten. Militärkommandanten und politische Führer in Nazi-Deutschland wurden wegen Verbrechen gegen die Menschlichkeit, Kriegsverbrechen und Völkermord verurteilt. Da es damals kein internationales Strafrecht gab, wurde es praktisch „erfunden" und „rückwirkend angewendet", um sicherzustellen, dass die begangenen Verbrechen nicht ungestraft blieben (Freedman 2015: 29). Das internationale Strafrecht wurde später kodifiziert und in das internationale, regionale und nationale Recht übernommen. Nach Kriegen und Massenmorden wurden seither eine Reihe von internationalen Strafgerichten und Sondergerichten eingerichtet, um den Opfern Gerechtigkeit widerfahren zu lassen und andere davon abzuhalten, solche Verbrechen zu begehen. Kriminelle wurden wegen Völkermordes und Verbrechen gegen die Menschlichkeit durch Tribunale in Ruanda und dem ehemaligen Jugoslawien verfolgt, während Sondergerichte in Sierra Leone, Libanon, Kambodscha und Osttimor sich mit den schweren Verstößen in diesen Ländern befassten.

Der Ad-hoc-Charakter dieser Tribunale und Gerichte war schließlich der Anstoß für die Schaffung eines ständigen Gerichtshofs, des Internationalen Strafgerichtshofs (ICC). Der ICC mit Sitz in Den Haag, Niederlande, ist der erste ständige, vertraglich geregelte Gerichtshof seiner Art, der Klagen gegen Einzelpersonen verhandelt (der Internationale Gerichtshof ist auch ein ständiger, vertraglich geregelter internationaler Gerichtshof, behandelt aber nur Streitigkeiten zwischen Staaten). Er arbeitet mit den Vereinten Nationen zusammen und bleibt dabei formal unabhängig von diesen. Der ICC entstand durch das im Jahr 1998 verabschiedete Römische Statut, nahm aber erst nach Inkrafttreten des Statuts im Jahr 2002 seine Arbeit offiziell auf. Er hat 18 Richter, die von den Vertragsstaaten für eine auf neun Jahre befristete Amtszeit gewählt werden, darunter keine zwei aus demselben Land.

Der ICC hat keine weltweite Zuständigkeit für die Untersuchung einer Situation, die ihm auffällt; vielmehr beschließen die Staaten, durch die Unterzeichnung und Ratifizierung des Römischen Statuts an die Regeln des Gerichtshofs gebunden zu sein. Für Länder, die Vertragsparteien des Römischen Statuts sind, darf er nur dann auf Sachverhalte aufmerksam gemacht werden, wenn die nationalen Gerichte nicht bereit oder nicht in der Lage sind, Personen zu verfolgen. Damit sollte der Gerichtshof die bestehenden nationalen Justizsysteme ergänzen. Verbrechen in Nichtvertragsstaaten, die außerhalb der Zuständigkeit des Gerichtshofs verbleiben, können weiterhin untersucht werden, wenn sie vom Sicherheitsrat an den ICC verwiesen werden. Ähnlich wie bei den Gerichtshöfen und Sondergerichten, die vor dem ICC bestanden haben, ist ein Hauptziel des ICC die Abschreckung – sie soll die Führer davon abhalten, zu glauben, dass sie mit abscheulichen Verbrechen davonkommen können.

Seit seiner ersten Sitzung im Jahr 2003 hat der ICC zwölf Untersuchungen eingeleitet und 44 Personen öffentlich angeklagt, darunter den ugandischen Rebellenführer Joseph Kony, den sudanesischen Präsidenten Omar al-Bashir und den libyschen Führer Muammar Gaddafi. Das erste Urteil wurde 2012 gefällt, als Thomas Lubanga, kongolesischer Rebellenführer, wegen Kriegsverbrechen im Zusammenhang mit Kindersoldaten verurteilt wurde. Mehrere andere wurden seitdem für schuldig befunden. Abgesehen von den Untersuchungen in Georgien und Bangladesh/Myanmar, die in den letzten Jahren eröffnet wurden, wurde jeder Fall in Afrika untersucht, und alle 44 Angeklagten waren Afrikaner. Dies führte insbesondere bei den afrikanischen Ländern zu der Wahrnehmung, dass das Gericht gegen sie voreingenommen ist. Im Oktober 2016 gaben drei afrikanische Länder – Burundi, Gambia und Südafrika – bekannt, dass sie sich aus dem ICC zurückziehen werden und damit die ersten Länder sind, die dies tun (Gambia ist dem Gerichthof einige Monate später wieder beigetreten). Viele Beobachter befürchteten, einen Massenexodus der afrikanischen Länder. Obwohl es viele Androhungen für einen Rückzug gab und die Afrikanische Union Anfang 2017 einen derartigen Massenexodus befürwortete, haben wir dies bislang nicht beobachtet. Stattdessen gab es klaren Widerstand gegen einen Massenexodus und viele afrikanische Staaten haben ihre Unterstützung für den Gerichtshof bekräftigt.

Ob der ICC gegen Afrika voreingenommen ist, war Gegenstand vieler Debatten. Die Herausforderung bei einer solchen Behauptung besteht darin, dass viele der untersuchten Fälle von afrikanischen Regierungen selbst an ihn verwiesen wurden – 34 von ihnen sind Mitglieder des ICC. Die Lage im Sudan und in Libyen, den Ländern, die nicht Mitglied des ICC sind, wurde vom Sicherheitsrat zur Sprache gebracht. Wenn also dem Gerichtshof vorgeworfen wird, Afrika zu diskriminieren, weil es Situationen in anderen Ländern nicht untersucht hat, dann ist das eine Kritik, die eigentlich an den Sicherheitsrat gerichtet werden sollte. Der erste ICC-Ankläger hat für Aufregung gesorgt, als er eigenverantwortlich beschloss, die Gewalt nach den Wahlen in Kenia zu untersuchen, was die kenianische Regierung, die gegen die Entscheidung Einspruch erhoben hatte, effektiv herausforderte. Dieser Fall war jedoch eher die Ausnahme als die Regel. Die Wahl eines afrikanischen Staatsanwalts, Fatou Bensouda aus Gambia, im Jahr 2011 als Ersatz für den argentinischen Luis Moreno Ocampo trug dazu bei, die Wahrnehmung einer antiafrikanischen Einstellung zu einem gewissen Grad zu bekämpfen. Und wenn man sich die laufenden Voruntersuchungen ansieht, finden viele in Ländern außerhalb Afrikas statt, darunter in Afghanistan, Kolumbien, Irak/UK, Palästina und der Ukraine.

Seit ihrer Gründung hat die dringend benötigte Menschenrechtsinstitution mit den Folgen davon zu kämpfen, dass den Staaten die Wahl gelassen wird, ob sie sich für den ICC entscheiden oder nicht, was viele nicht getan haben. Bevor ein Land seinen Rückzug angekündigt hatte, waren 124 Staaten Vertragsparteien des ICC. Wenn ein Staat beschließt, sich nicht an die Regeln des Gerichtshofs zu halten, können seine Bürger Verhaftung und Strafverfolgung vermeiden, indem sie einfach in ihrem Land bleiben oder nicht in ein Land einreisen, das ihm angehört. Die USA, denen vorgeworfen wurde, im Jahr 2003 Kriegsverbrechen in einem irakischen Gefängnis begangen zu haben, haben sich nicht um eine Mitgliedschaft im Gerichtshof bemüht (und da die USA über ein Vetorecht verfügen, wird der Sicherheitsrat diesen Fall nicht an den ICC verweisen). Ebenso wenig wie der Sudan, wo der ICC Haftbefehle gegen diejenigen erlassen hat, die angeblich für den Völkermord in Darfur verantwortlich sind, einschließlich des sudanesischen Präsidenten Omar al-Bashir. Da das Land nicht Mitglied des ICC ist, können die Personen nur verhaftet werden, wenn sie in ein anderes Land einreisen. Selbst dann muss sich der ICC auf dieses Land verlassen, um Verhaftungen vorzunehmen, da er selbst keine Personen verhaften kann. Als Bashir jedoch 2015 zu einem Gipfel nach Südafrika flog, weigerte sich die südafrikanische Regierung, ihn zu verhaften. Der Streit eskalierte politisch und führte schließlich zur Entscheidung Südafrikas, den ICC zu verlassen, was eine Überraschung war, da es in seinen Anfängen ein ausgesprochener Unterstützer des Gerichtshofs gewesen war. Diese Abfolge von Ereignissen diente als Erinnerung daran, dass selbst wenn Staaten einer internationalen Organisation beitreten und sich verpflichten, an deren Regeln gebunden zu sein, sie nur ermutigt, nicht aber gezwungen werden können, ihre Verpflichtungen zu erfüllen.

Neben den USA haben mehrere andere einflussreiche Länder beschlossen, sich nicht anzuschließen, darunter Großmächte wie Russland und China. Russland hatte das Statut des ICC unterzeichnet, aber nicht ratifiziert, und zog im November 2016, einen Tag nachdem das Gericht die russische Annketierung der Krim als Besetzung eingestuft hatte, seine Unterschrift offiziell zurück. Obwohl bedeutsam, war der Schritt rein symbolisch, da Russland von Anfang an nicht der Zuständigkeit des Gerichtshofs unterlag. Das Zusammenspiel aus Großmächten, die sich gegen den Beitritt entscheiden, und vielleicht noch schlimmer, die Serie der jüngsten Abgänge vom Gerichtshof haben dem Organ als einer Einrichtung, das seine Legitimität aus der Bereitschaft der Mitglieder bezieht, an seine Zuständigkeit gebunden zu sein, einen echten Schaden zugefügt.

Als der ICC gegründet wurde, herrschte bei NGOs und UN-Beamten die Hoffnung, dass er die staatliche Souveränität und die internationale Politik effektiv in Frage stellen und die Menschenrechte an die erste Stelle setzen würde. Human Rights Watch rief damals aus: „Der Internationale Strafgerichtshof ist potentiell die wichtigste Menschenrechtsinstitution, die in 50 Jahren geschaffen wurde. Es wird das Gericht sein, an dem die Saddams, Pol Pots und Pinochets der Zukunft zur Rechenschaft gezogen werden." (Human Rights Watch 2002). Leider haben wir stattdessen erlebt, dass sich staatliche Macht und Politik gegen Versuche zur Verfolgung der schlimmsten Menschenrechtsverletzer durchgesetzt haben, auch wenn völkerrechtliche Mechanismen zur Rechtsdurchsetzung bestehen. Bis dies geklärt ist, wird der ICC eine fehlerhafte Institution bleiben.

Verantwortung für den Schutz und die menschliche Sicherheit

Die Norm Responsibility to Protect, kurz R2P, war eine ähnlich vielversprechende Innovation im Bereich des Schutzes der Menschenrechte. Wie der ICC wurde sie Anfang der 2000er Jahre entwickelt, um die Prinzipien der Nicht-Einmischung und Souveränität angesichts von Massengrausamkeiten zu überwinden. Die Idee hinter R2P war einfach. Souveränität ist keine Einbahnstraße, die von Führungskräften ungestraft genutzt werden kann. Zu dem Recht eines Staates auf souveräne Unabhängigkeit kommt die Pflicht und Verantwortung hinzu, seine Bürger vor schweren Verletzungen zu schützen. Erweist sich ein Staat als unfähig oder nicht willens, oder ist der Staat selbst der Täter, so muss sich der Grundsatz der Nichteinmischung der internationalen Schutzverantwortung geschlagen geben. R2P entstand als Alternative zur heiß diskutierten „humanitären Intervention". In den 90er Jahren zeigten zwei verheerende Ereignisse – der Völkermord in Ruanda und die während des Kosovo-Krieges begangenen Kriegsverbrechen – die tödlichen Folgen der Tatsache, dass der UN-Sicherheitsrat keine Interventionen zum Schutz der Zivilbevölkerung genehmigt hatte. Die Staaten sahen ein, dass das umstrittene „Recht auf Intervention", das sich auf die zwingende militärische Intervention konzentrierte, durch eine differenziertere „Schutzverantwortung" ersetzt werden musste, die die Militäraktion als letztmögliche Maßnahme darstellte und die Prävention der Intervention vorzog.

Die R2P-Norm wurde erstmals im Bericht 2001 der International Commission on Intervention and State Sovereignty (ICISS), The Responsibility to Protect, formuliert, der von Kanada für die UN finanziert wurde. Der Bericht skizziert drei spezifische Verantwortlichkeiten der internationalen Gemeinschaft: Prävention, Reaktion und Wiederaufbau. Die staatliche Souveränität wurde als Bedingung für die Erfüllung bestimmter Verpflichtungen und nicht als absolutes Recht konzipiert, und der Begriff der „menschlichen Sicherheit" wurde über die staatliche Sicherheit gestellt. Glücklicherweise unterschied sich das Schicksal des Berichts von dem vieler anderer Berichte des internationalen Ausschusses, die weitgehend ungelesen bleiben. Stattdessen wurde die Norm weithin anerkannt und gewann schnell an Bedeutung. Sie wurde auf dem UN-Weltgipfel 2005 gebilligt und in den Bericht von Kofi Annan *In larger Freedom* aufgenommen.

Die Frage der Sicherstellung der „richtigen Absicht" wurde von Anfang an erkannt. Der ICISS-Bericht stellte es als Vorsorgeprinzip fest und erklärte: „Der Hauptzweck der Intervention, gleich aus welchem anderen Grund, muss darin bestehen, das menschliche Leiden zu stoppen oder zu verhindern". In dem Bericht werden ferner spezifische Kriterien vorgeschlagen, die erfüllt sein müssen, um eine Intervention zu rechtfertigen, die jedoch vom Sicherheitsrat nie angenommen wurden. So stellen R2P-Kritiker oft die ungleiche Anwendung des Prinzips fest und verweisen auf Fälle, in denen große Mächte R2P als Vorwand benutzt haben, um einzugreifen, wenn es in ihrem Interesse war, während sie gravierende Situationen ignorierten, in denen sie wenig oder gar nichts zu gewinnen hatten. Häufig genannte Beispiele für einen Missbrauch der Norm sind: die USA und Großbritannien im Irak im Jahr 2003, wo R2P eine post-hoc Rechtfertigung für den Krieg war, nachdem ursprüngliche Behauptungen über Al-Qaida-Verbindungen und Massenvernichtungswaffen zunichte gemacht worden waren; Russland in Georgien im Jahr 2008, was eher von imperialen Zielen inspiriert war, als dem Schutz der Menschenrechte; und Frankreichs Intervention in Birma im Jahr 2008, als ein Hurrikan das Land traf und die lokale Regierung langsam reagierte (Weiss et al. 2014: 29).

Die jüngsten Ereignisse im Nahen Osten haben erneut bestätigt, dass die Entscheidung zum Schutz und zur Unterstützung schutzbedürftiger Personen letztlich auf politischem Willen und militärischer Kapazität beruht. Im Jahr 2011 genehmigte der Sicherheitsrat rasch eine militärische Intervention in Libyen, um die Bevölkerung vor den anhaltenden Gräueltaten zu schützen. In Syrien, wo die moralische Rechtfertigung für eine Intervention mindestens so stark war wie damals in Libyen (viele würden argumentieren, dass sie tatsächlich stärker war), hat er dies völlig unterlassen. Eine Vielzahl von Faktoren erklären die Handlungsunfähigkeit in Syrien: Die militärische Herausforderung war größer, die potentiellen Kosten der Anwendung von Zwang wurden als höher angesehen als die möglichen Erfolge, und die Geopolitik unterschied sich stark von Libyen, da sowohl Russland als auch China ihr Vetorecht ausübten, um Aktionen zu verhindern und ihre allgemeine Ablehnung einer ausländischen Intervention zum Ausdruck zu bringen (Weiss 2014b).

Die Intervention in Libyen wurde zunächst als erfolgreiche Instanz der R2P-Anwendung gelobt. Wie in Kapitel 1 erläutert, entstand ein Problem, als die USA, das Vereinigte Königreich und Frankreich über das vom Sicherheitsrat vereinbarte Mandat des begrenzten Zivilschutzes hinausgingen, um einen Regimewechsel einzuleiten. Dieser Schritt hat insbesondere die BRICS-Staaten (Brasilien, Russland, Indien, China und Südafrika) verunsichert und dazu beigetragen, dass die Staaten nicht bereit waren, bald darauf auf die syrische Krise zu reagieren. Sie veranlasste Brasilien auch, den Vorschlag „Responsibility while Protecting" (RwP) vorzulegen, in dem betont wird, dass militärische Maßnahmen nur als absolut letztes Mittel durchgeführt werden dürfen und dass die Umsetzung einer genauen Überwachung und regelmäßigen Überprüfung unterzogen werden sollte (Evans 2015).

Edward Luck, der erste Sonderberater der Vereinten Nationen für die Verantwortung des Schutzes (2008-12), bekräftigte diese Bedenken während seiner Betrachtung der ersten zehn Jahre von R2P. Trotz der breiten Akzeptanz der Präventions- und Schutzprinzipien stellte er fest, dass die Staaten noch Fragen zur Umsetzung haben. Er machte deutlich, dass es noch unerledigte Aufgaben in Bezug auf die operative Praxis, die Übernahme der individuellen Verantwortung und die Entwicklung eines differenzierteren Verständnisses von Souveränität gibt. Er schloss sich dem brasilianischen RwP-Vorschlag an und betonte die Notwendigkeit, vor und nach dem Schutz mehr Verantwortung zu übernehmen. Laut Luck ergibt sich eine zentrale Herausforderung daraus, dass auf dem Gipfel 2005 nicht festgelegt wurde, wer für den Schutz verantwortlich ist, da eine individuelle Verantwortung in der kollektiven Verantwortung leicht verloren gehen kann. „Die Herausforderung ist jetzt hochpolitisch und sehr praktisch. Wir müssen die nationalen Entscheidungsträger überzeugen: (1) dass die Eindämmung von Gräueltaten ihren umfassenderen außen- und sicherheitspolitischen Zielen dient und (2) dass wir wissen, wie Prävention und Schutz auf kosteneffiziente und nachhaltige Weise erfolgen können." (2015: 503). Er unterscheidet sinnvoll zwischen territorialer Souveränität und „Entscheidungssouveränität". Nur wenige Länder haben territoriale Souveränitätsansprüche genutzt, um gegen Aktionen nach dem R2P-Prinzip zu protestieren, doch viele bestehen darauf, das Recht zu behalten, zu entscheiden, ob und wie sie handeln sollen – etwas, das er als echtes Hindernis für die Umsetzung von R2P ansieht.

Mehr als anderthalb Jahrzehnte nach dem Weltgipfel 2005 bleibt R2P zweifellos eine entscheidende Norm. Der Beweis für die wachsende normative Dynamik liegt in der allgemeinen Akzeptanz und Unterstützung von R2P sowohl in der Generalversammlung als auch im Sicherheitsrat. Zwischen 2005 und Anfang 2011 hat der Sicherheitsrat nur vier Resolutionen gebilligt, in denen R2P erwähnt wurde, hat aber zwischen März 2011 und Oktober 2015 31 Resolutionen angenommen, in denen auf dieses Prinzip verwiesen wurde, Zahlen die einige angesichts der starken Meinungsverschiedenheiten über die libysche Intervention im März 2011 und der daraus resultierenden Unkenrufe zum Untergang von R2P (ebd.) überraschen könnten. Dennoch haben sich die Säulen der Prävention und des Wiederaufbaus als weniger umstritten erwiesen als die, die die Staaten auffordern zu reagieren und damit der Kernnorm der Nicht-Einmischung zuwiderlaufen. Und wie wir gesehen haben, ist R2P keineswegs eine Garantie dafür, dass die in Gefahr befindlichen Menschen Unterstützung erhalten; die Geopolitik bestimmt weiterhin, wem geholfen wird und wer seinem Schicksal überlassen wird.

Migration, Flüchtlinge und die humanitäre Hilfe

Im Jahr 2019 berichteten die Vereinten Nationen, dass die Zahl der gewaltsam vertriebenen Menschen weltweit – erstaunliche 79,5 Millionen – die höchste in der Geschichte der Menschheit war. Während sich die Vertriebenen auf Flüchtlinge, Binnenvertriebene und Migranten beziehen, gelten nur die in den ersten beiden Kategorien als „gewaltsam vertrieben“ (siehe Kasten 15).

Der Konflikt in Syrien ist zweifellos für einen großen Teil der Vertriebenen verantwortlich. Seit Beginn des Bürgerkriegs im März 2011 sind über 13 Millionen Syrer aus ihren Häusern geflohen – mehr als die Hälfte der syrischen Bevölkerung. Ende 2019 schätzte die UNO die Zahl der Flüchtlinge auf 6,6 Millionen (von denen sich die meisten in Nachbarländern aufhielten), und ging zusätzlich von mehr als 6 Millionen Binnenvertriebenen aus. Während die syrischen Flüchtlinge im Mittelpunkt der Aufmerksamkeit der Welt stehen, haben Konflikte und Unruhen in Venezuela, Irak, Libyen, Somalia, Afghanistan, Jemen und anderswo gleichermaßen zu einem Exodus der Menschen aus diesen Ländern geführt.

Nach dem Völkerrecht haben Flüchtlinge das Recht auf sicheres Asyl. Dazu gehören körperliche Sicherheit, aber auch Gedanken-, Meinungs-, Religions- und Bewegungsfreiheit, Freiheit von Diskriminierung und Folter sowie wirtschaftliche und soziale Rechte wie Zugang zu Gesundheitsversorgung, Bildung und Arbeit. Das wichtigste Rechtsdokument zum Thema Flüchtlingsschutz ist die Flüchtlingskonvention von 1951, die von 145 Staaten unterzeichnet wurde. Sie definiert den Begriff „Flüchtling“ und legt ihre Rechte sowie die rechtlichen Verpflichtungen der Staaten zum Schutz fest.

Der Hochkommissar der Vereinten Nationen für Flüchtlinge (UNHCR) steht der Flüchtlingsorganisation der Vereinten Nationen vor und ist der Hüter der Flüchtlingskonvention. Die Behörde wurde im Jahr 1950 gegründet, um den Millionen von Europäern zu helfen, die nach dem Zweiten Weltkrieg vertrieben wurden. Der UNHCR sollte nur drei Jahre bestehen und seine Arbeit abschließen, nachdem er das Flüchtlingsproblem in Europa erfolgreich gelöst hatte. Niemand konnte vorhersehen, dass dies nicht die letzte Flüchtlingskrise sein würde, mit der die internationale Gemeinschaft konfrontierte werden würde. Er musste nicht nur alle paar Jahre neue Herausforderungen bewältigen , sondern die Zahl der Menschen, die unter sein Mandat fallen, ist auch in jedem Jahrzehnt stetig angestiegen (siehe Abbildung 7). Seit 2012 ist der Anstieg drastisch. Die Schauplätze von Massenbewegungen haben sich im Laufe der Zeit verlagert, seit den 1960er Jahre erst von Europa nach Asien (und in geringerem Maße nach Afrika und Lateinamerika) und dann um die Jahrhundertwende in den Nahen Osten.

Kasten 15: Schlüsselbegriffe im Zusammenhang mit der Freizügigkeit von Personen

Flüchtlinge – Menschen, die vor bewaffneten Konflikten oder Verfolgung fliehen, indem sie ihre Landesgrenze überschreiten, um in den nahe gelegenen Ländern Zuflucht zu suchen. Flüchtlinge sind völkerrechtlich definiert und geschützt, und der Status garantiert den Zugang zu Unterstützung durch Staaten, UNHCR und andere Organisationen. Die Regierungen haben spezifische Verantwortlichkeiten gegenüber jedem, der in ihrem Hoheitsgebiet Asyl beantragt, wie in der nationalen Gesetzgebung und im Völkerrecht definiert.

Binnenflüchtlinge – Diejenigen, die gezwungen sind, aus ihren Häusern zu fliehen, oft aus den gleichen Gründen wie Flüchtlinge – Krieg, Bürgerkrieg, politische Auseinandersetzungen und schwere Menschenrechtsverletzungen –, aber die in ihrem eigenen Land bleiben und keine internationale Grenze überschreiten.

Migranten – Im Gegensatz zu Flüchtlingen ziehen Migranten nicht wegen einer direkten Bedrohung durch Verfolgung oder Tod um, sondern um ihr Leben zu verbessern. Typischerweise sind sie auf der Suche nach besseren Arbeitsmöglichkeiten, aber sie können auch zur Ausbildung, zur Familienzusammenführung oder aus anderen Gründen umziehen. Länder akzeptieren oder lehnen Migranten auf der Grundlage ihrer eigenen Einwanderungsgesetze und -prozesse ab.

Staatenlose Personen – Diejenigen, die von keinem Staat als Bürger anerkannt werden.

Die UNO genießt generell ein hohes Ansehen für ihre humanitäre Arbeit und die Unterstützung von Flüchtlingen. Das UNHCR hat seit seiner Gründung mehr als 50 Millionen Flüchtlingen geholfen und erhielt zwei Friedensnobelpreise (1954 und 1981) für seine weltweite Hilfe für Flüchtlinge. Dem Welternährungsprogramm der UNO (WFP) wurde diese Ehre im Jahr 2020 zuteil, als Auszeichnung für seinen Kampf gegen Hunger als „Kriegswaffe". Doch das Ausmaß der jüngsten Notfälle hat dazu geführt, dass es überfordert und unterbesetzt ist. Im Jahr 2014 gingen dem WFP, das ausschließlich auf freiwillige Beiträge angewiesen ist, das Geld und die Nahrungsmittel aus und es war gezwungen, die Nahrungsmittelhilfe für 1,7 Millionen syrische Flüchtlinge einzustellen. Ohne eine zuverlässige Finanzierungsquelle musste sie auf Online-Crowdfunding zurückgreifen, um die 64 Millionen Dollar aufzubringen, die für die Wiedereinführung des Food Voucher Programms benötigt wurden. Die 72-stündige Social-Media-Kampagne mit dem Hashtag #AdollarAlifeline war ein verzweifelter Appell, die Öffentlichkeit zu bitten, einen Dollar für die Sache zu spenden (WFP 2014).

Abbildung 7: Bedrohte Bevölkerungsgruppen (Flüchtlinge, Asylbewerber, Binnenvertriebene, Rückkehrer, Staatenlose), 1951–2015

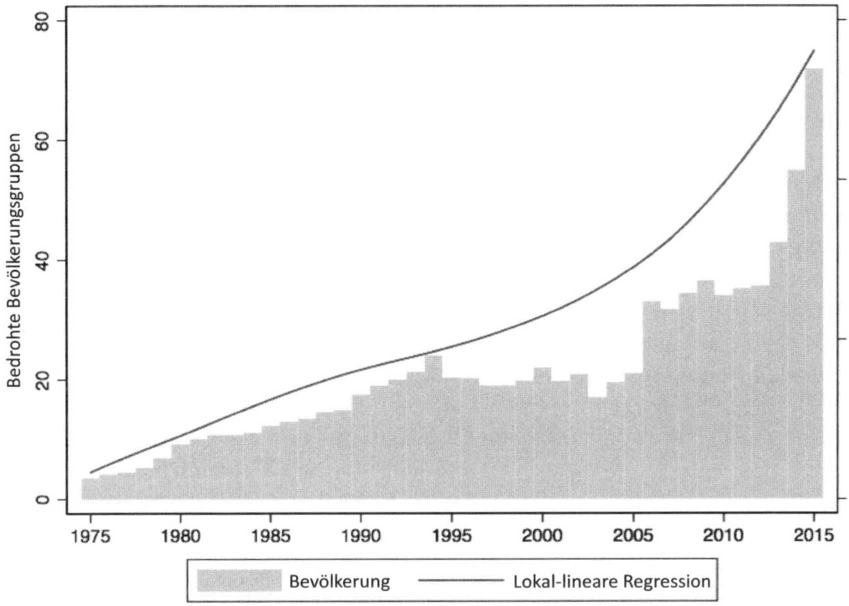

Quelle: Daten von UNHCR. Verfügbar unter: http://popstats.unhcr.org/en/overview

Es ist keine Überraschung, dass die Eskalation der aktuellen Krise zu einer erneuten Diskussion über die Ursachen von Flüchtlingsbewegungen und Massenmigration geführt hat. In seiner früheren Funktion als Leiter des UNHCR sprach UN-Generalsekretär Antonio Guterres unverblümt über die Notwendigkeit, dies anzugehen, und erklärte: „Denjenigen, die Konflikte auslösen und verlängern, und es humanitären Organisationen überlassen, das Chaos zu beseitigen, muss jetzt gesagt werden, dass dies aufhören muss. Wir als Menschenrechtler können die Scherben nicht mehr beseitigen.“ (UNHCR 2014).

Leider hat die UNO bei der Konfliktbewältigung weitaus weniger Erfolg gehabt als bei der Bereitstellung humanitärer Hilfe und der Hilfe für Flüchtlinge.

Die UNO hat auch darum gekämpft, dass die Staaten ihren Teil zur Aufnahme von Flüchtlingen und zur Einhaltung ihrer Verpflichtungen aus der Flüchtlingskonvention beitragen. Die Angst vor islamischer Radikalisierung und Terrorismus hat in vielen westlichen Ländern dem Nationalismus Tür und Tor geöffnet und öffentliche Narrative gegen Immigranten ausgelöst. Einige Staaten zögerten, Flüchtlinge aus Syrien und anderen Teilen des Nahen Ostens aufzunehmen, die sie als größere Bedrohung empfanden als Flüchtlinge früherer Zeiten.

Während der UNHCR für seine Arbeit mit Flüchtlingen gelobt wurde, wurde die Generalversammlung kritisiert, weil sie es versäumt hat, die Staaten dazu zu bringen, die notwendigen Verpflichtungen einzugehen, um das Leiden von Millionen Menschen weltweit zu beenden. Der erste Gipfel für Flüchtlinge und Migranten fand anlässlich der Eröffnung der 71. UN-Generalversammlung im September 2016 statt. Die Mitgliedstaaten haben eine Vereinbarung angenommen, die darauf abzielt, die Bildungsmöglichkeiten für Flüchtlingskinder und die Arbeitsbedingungen für vertriebene Erwachsene zu verbessern und gleichzeitig Fremdenfeindlichkeit und Angst zu bekämpfen. Unterdessen beriefen die USA am nächsten Tag einen Leaders‘ Summit on Refugees ein, um die einzelnen Staaten zu einer Einigung darüber zu motivieren, mehr Flüchtlinge aufzunehmen, und um Staaten und Unternehmen zu ermutigen, materielle Unterstützung (sowohl Finanzierung als auch Sachleistungen) für Flüchtlingshilfsprogramme bereitzustellen. Die NGOs waren von den Ergebnissen der Gipfeltreffen weitgehend enttäuscht, und Menschenrechtskritiker waren der Ansicht, dass die internationale Gemeinschaft nicht genug getan hat. Salil Shetty, Generalsekretär von Amnesty International, erklärte: „Angesichts der schlimmsten Flüchtlingskrise seit 70 Jahren haben die Staats- und Regierungschefs der Welt eine schockierende Geringschätzung der Menschenrechte von Menschen an den Tag gelegt, die aufgrund von Konflikten oder Verfolgung gezwungen waren, ihre Häuser zu verlassen“. (Amnesty International 2016).

Im März 2017 ernannte Generalsekretär António Guterres Louise Arbour aus Canada zu seiner Sonderbeauftragten für internationale Migration. Als frühere UN-Hochkommissarin für Menschenrechte und Chefanklägerin der Internationalen Strafgerichtshöfe für das ehemalige Jugoslawien und Ruanda ist Arbour gut positioniert, um die Weiterverfolgung der migrationsbezogenen Aspekte des Gipfels 2016 zu leiten und mit den Mitgliedstaaten und anderen Beteiligten zusammenzuarbeiten, um einen globalen Pakt über sichere, geordnete und regelmäßige Migration zu entwickeln.

Was nun?

Reformen: groß und klein

In diesem Kapitel wurden die wichtigsten Defizite der Vereinten Nationen beim weltweiten Schutz der Menschenrechte untersucht. Trotz seines guten Rufs für die Förderung der Menschenrechte, insbesondere in den Bereichen Bildung, Kapazitätsaufbau und technische Hilfe, kämpft das globale Gremium damit, seinen politischen Charakter mit dem grundsätzlichen Schutz der Menschenrechte in Einklang zu bringen. Fehlende Justizbehörden und Durchsetzungsmechanismen haben seinen Erfolg geschmälert. Wissenschaftler und Experten haben viele Reformvorschläge unterbreitet – sowohl große als auch kleine –, um die Rolle der UNO bei der Förderung der Menschenrechte weltweit zu verbessern.

Eine besonders ehrgeizige Idee ist die Einrichtung eines Weltmenschenrechtsgerichtshofs, der den Mangel an Justiz- und Durchsetzungsmechanismen auf internationaler Ebene beheben soll, um Einzelpersonen vor Missbrauch zu schützen und Verstöße zu ahnden.

Die Unterbreiter dieses Vorschlags, die Wissenschaftler Nowak und Scheinin, argumentieren, dass es eine Lücke im Justizsystem gibt und viele Verletzungen der internationalen Menschenrechtsnormen, die von Einzelpersonen (und nicht von Staaten) zur Anzeige gebracht werden, außerhalb der Zuständigkeit bestehender Foren liegen. Der ICC wurde zwar geschaffen, um Verstöße gegen das internationale Strafrecht und das humanitäre Recht zu bekämpfen, aber nicht in Fällen, die ausschließlich unter das Menschenrechtsgesetz fallen, während der Internationale Gerichtshof nur Fälle zwischen Staaten verhandelt. Bislang haben die Entscheidungen der UN-Ausschüsse, die die wichtigsten internationalen Menschenrechtsabkommen überwachen, nicht genügend Gewicht, um die verbleibende Lücke zu schließen.

Eine frühe Vision für einen Weltmenschenrechtsgerichtshof wurde in den 1970er Jahren entwickelt, aber es dauerte Jahre, bis die Idee vollständig ausgearbeitet war. Im Jahr 2014 wurde in internationaler Zusammenarbeit von Richtern, Anwälten und Wissenschaftlern ein Statut für den Weltmenschenrechtsgerichtshof (der Vertrag von Lucknow) ausgearbeitet. Die Befürworter machen zur Zeit auf das Projekt aufmerksam, ermutigen die Staaten, den Vertrag von Lucknow anzunehmen, um den Gerichtshof zu etablieren, und versuchen, den Vertrag auf die Tagesordnung für die Debatte bei den UN setzen zu lassen. Nicht alle Menschenrechtskommentatoren sind jedoch so begeistert. Viele bringen ihre Besorgnis darüber zum Ausdruck, dass das Statut in seiner jetzigen Form die Probleme, unter denen andere internationale Rechtsorgane leiden, nicht ausreichend angeht, nämlich ob die Länder davon überzeugt werden könnten, die Zuständigkeit des Gerichtshofs als verbindlich anzuerkennen, und wie er seine Urteile durchsetzen würde.

Im Laufe der Jahre wurden eine Reihe von weniger radikalen Reformvorschlägen vorgelegt. Freedman hat vorgeschlagen, dass eine praktischere Lösung als ein Weltgericht die Stärkung und Nutzung regionaler Menschenrechtsgerichte wäre. Drei der Regionen der Welt verfügen über Menschenrechtsmechanismen: Europa, Amerika und Afrika. Jeder dieser Mechanismen beruht auf einem regionalen und nicht auf einem universellen Verständnis der Menschenrechte, was erklärt, warum die Einhaltung stark ausgeprägt ist. Eine Ähnlichkeit in Normen, Kultur, Praktiken und guter Regierungsführung hat dazu geführt, dass Länder eher bereit sind, sich mit regionalen Mechanismen zu befassen, als mit solchen auf internationaler Ebene. Ebenso entscheidend waren die geografischen, politischen und wirtschaftlichen Beziehungen, die die Länder innerhalb einer Region verbinden. Diese Bindungen führen oft zu stillschweigenden Druck auf die Staaten, im Bereich der Menschenrechte zusammenzuarbeiten, was sie wiederum die potentiellen Auswirkungen von Nichteinhaltung begreifen lässt. Zunächst schlägt Freedman vor, Menschenrechtsmechanismen in Asien und Osteuropa zu schaffen und Druck auf alle Länder auszuüben, um einem regionalen System beizutreten. Dann müsste finanzielle und technische Hilfe geleistet werden, um sicherzustellen, dass die Regionalgerichte akzeptable Menschenrechtsverfahren anbieten können. Der Haken an diesem Ansatz ist, dass er das Ziel eines wirklich universellen Menschenrechtsschutzes aufzugeben scheint.

In dem Bestreben, nicht auf den Begriff der Universalität zu verzichten, haben Beobachter verschiedene Optionen zur Verbesserung der UN-Menschenrechtsmaschinerie angeboten. Es überrascht nicht, dass der Menschenrechtsrat das Hauptziel war. Das abschließende Kapitel beschreibt die von Bertrand Ramcharan, dem ehemaligen amtierenden Hochkommissar für Menschenrechte, vorgeschlagenen Reformen, die besonders einfühlsam auf die Gegebenheiten der Praxis eingehen. Schwartzberg (2013) liefert ebenfalls nützliche Ideen zur Stärkung der wesentlichen Menschenrechtsorganisation. Weiss (2009) macht die Bürokratie und mangelnde Führung für die Untätigkeit der UNO in Situationen wie dem ruandischen Völkermord verantwortlich, während Hanhimäki (2008) behauptet, dass es einfach zu viele Menschenrechtsorganisationen gibt und dass bei den Reformmaßnahmen die Konsolidierung im Vordergrund stehen sollte.Dieser Leitfaden soll nicht dazu dienen, Vorschläge im Detail zu erforschen, sondern zur weiteren Lektüre des Themas anregen.

Es mangelt eindeutig nicht an guten Ideen, aber wie wahrscheinlich ist es, dass in naher Zukunft eine Reform des UN-Menschenrechtsmechanismus durchführen werden wird? Wenn uns der Prozess der Ablösung der fehlerhaften Menschenrechtskommission durch den Menschenrechtsrat etwas gelehrt hat, dann ist es, dass es keine leichte Aufgabe ist, substanzielle Veränderungen zu erreichen. Diese gewaltige Anstrengung wurde vor etwas mehr als einem Jahrzehnt abgeschlossen. Trotz der nicht überzeugenden Ergebnisse ist es zweifelhaft, dass in naher Zukunft eine weitere ehrgeizige Reform auf der Tagesordnung stehen wird. Zum einen wäre dies ein Eingeständnis der Niederlage. Zudem kostet die Überholung von Institutionen oder ganzen Systemen viel Zeit und viele Ressourcen, die sonst anderweitig vergeben werden könnten.

Plausibler wäre eine Reihe kleinerer Reformen oder Optimierungen, die zu einem schrittweisen Wandel in die richtige Richtung führen würden. Human Rights Up Front, eine Initiative des Generalsekretärs, die 2013 ins Leben gerufen wurde, ist ein Beispiel dafür, wie die UNO versucht hat, die Umsetzung ihres Menschenrechtsmandats durch Prozesse unter ihrer Kontrolle zu verbessern – mit anderen Worten, interne Reformen unterhalb des Charta-Niveaus. Die Initiative zielt darauf ab, einen Kulturwandel innerhalb des UN-Systems zu bewirken, indem sie das Bewusstsein der UN-Mitarbeiter für die Menschenrechte und ihre Verantwortung schärft und sie gleichzeitig ermutigt, Maßnahmen zur Verhinderung von Verletzungen zu ergreifen.

Kann Veränderung stattfinden?

Dass die Vereinten Nationen nur eine Organisation souveräner Staaten sind, die allein handeln, kann nicht genug betont werden. Wie bei der Wahrung von Frieden und Sicherheit und der Verwirklichung einer nachhaltigen Entwicklung hängt der Fortschritt bei den Menschenrechten ausschließlich von den Mitgliedstaaten ab. Es wäre ebenso unrealistisch zu erwarten, dass die Staaten der UNO (oder einer anderen globalen Institution) die Macht zum Schutz und zur Förderung der Menschenrechte überlassen, wie die Hoffnung auf einen radikalen Wandel in der Einstellung zur staatlichen Souveränität. Dennoch können Staaten, die derzeit den Menschenrechten keine Priorität einräumen, mit der Zeit beeinflusst werden. Ein entscheidender Faktor, um Staaten zum Handeln zu bewegen, ist der Druck von inländischen Privatinitiativen, ausländischen NGOs und internationalen Organisationen. Ob in einer liberalen Demokratie oder in einer repressiven Regierung, nichtstaatlichen Akteuren gelingt es oft im Laufe der Zeit, Einfluss auf die Staaten auszuüben, um die Menschenrechte zu achten.

Internationale Menschenrechts-NGO wie Amnesty International und Human Rights Watch haben in den letzten Jahrzehnten die Vereinten Nationen beim Schutz und der Förderung der Menschenrechte besonders unterstützt. Durch ihre Arbeit, Menschenrechtsverletzungen zu dokumentieren, Tatsachen zu ermitteln und für Maßnahmen einzutreten, spielen sie eine entscheidende Rolle bei der Aufdeckung von Missbräuchen und setzen Staaten unter Druck, sie anzugehen. Ohne ihre unermüdlichen Bemühungen ist es unwahrscheinlich, dass der ICC geschaffen worden wäre oder dass Staaten das Internationale Verbot von Landminen angenommen hätten, als sie es taten. Leider gibt es viele Länder – Russland, die Türkei und China sind besonders prominente Beispiele, aber es gibt unzählige andere –, die zunehmend gegen NGOs, Journalisten und die Medien vorgehen. Wenn ein autoritäres Regime die Meinungsfreiheit unterdrückt, die Tätigkeit von NGOs einschränkt und Menschenrechtsverteidiger schikaniert, erschwert es die Identifizierung dessen, was Freedman als „versteckte Missbräuche" bezeichnet. Diese nicht gemeldeten oder kaum berichteten Missbräuche finden weltweit in Ländern wie Nordkorea, Äquatorialguinea, Gambia, Katar, Saudi-Arabien und Turkmenistan statt.

Doch auch autoritäre Regime stellen fest, dass Technologie und Social Media ihre Fähigkeit aushebeln, innerhalb ihrer Grenzen absolute Kontrolle auszuüben und den öffentlichen Diskurs zu dominieren. In einer ohnehin schon komplexen Welt des Menschenrechtsschutzes hat sich der „Bürgerjournalismus" als vielversprechender Mechanismus erwiesen, um Menschenrechtsverletzungen aufzudecken, insbesondere in Ländern, in denen die Presse- oder Meinungsfreiheit nicht gewährleistet ist. Während des Arabischen Frühlings, als ausländischen Reportern häufig der Zugang verwehrt wurde und staatliche Medien nur der Verbreitung von Regierungspropaganda dienten, erfassten einzelne Bürger Missbräuche mit Handykameras und verbreiteten die Videos auf Social Media Websites und Blogs wie Facebook, Twitter, YouTube und WordPress.

Einige Beobachter glauben, dass sich der Schutz der Menschenrechte zur Zeit nach außerhalb des Einflusses von Staaten verschiebt, da es für Regierungen schwieriger wird, an ihrer gewohnten Kontrolle festzuhalten. Das mag zum Teil stimmen, aber es wäre verfrüht, das Ende des Staates vorherzusagen.

Der subjektive Charakter der Menschenrechte erschwert die Sache zusätzlich. Die Staaten übernehmen ihr eigenes Verständnis von Menschenrechten und entscheiden sich dafür, bestimmte Rechte anderen gegenüber zu priorisieren, wie in diesem Kapitel gezeigt wurde. Dass sie die gleichen Verträgen und Erklärungen unterzeichnet haben, vermittelt ein falsches Gefühl des Konsenses. Selbst unter ansonsten ähnlichen Staaten (ganz zu schweigen von Gruppen innerhalb der Staaten) kommt es oft zu Meinungsverschiedenheiten. Wir haben dies in den westlichen Staaten bei Fragen wie Abtreibung, dem Verbot religiöser Kleidung oder Symbole und der Frage, ob die Gesundheitsversorgung als ein öffentliches Gut angesehen werden sollte, erlebt. Menschenrechte sind schließlich Fragen der moralischen Beurteilung.

Normen ändern sich und richten sich langfristig neu aus. Aber solange es keinen tatsächlichen Konsens zwischen den Staaten gibt, wird es für die UNO schwierig sein, einen systematischen und autoritativen Schutz zu gewährleisten. Die Fortschritte an einigen Fronten deuten darauf hin, dass es Grund zur Hoffnung gibt, aber Rückschritte bei anderen geben zu Recht Anlass zur Sorge. Während die allgemeine Entwicklung in den Bereichen Frieden und Sicherheit sowie Entwicklung positiv ist, ist dies bei den Menschenrechten schwieriger zu erkennen. Obwohl es der UNO gelungen ist, das Konzept der „universellen" Menschenrechte auf die internationale Agenda zu setzen, bleibt der eigentliche Schutz der Menschenrechte auch heute noch genauso eine große Herausforderung für die UNO wie im Jahr 1945.

Kapitel 5 – Funktionsfähige globale Institutionen: Wie kommt man von hier nach dort?

> „Die Charta der Vereinten Nationen zeigt häufig eine große Diskrepanz zwischen ihren Ansprüchen und den verfügbaren Mitteln für die Umsetzung ihrer Ziele. Dem Krieg soll abgeschworen werden, die Menschenrechte sollen gefördert werden, und die Entwicklung von Ländern soll Vorrang haben. Doch der Frieden ist von den fünf ständigen Mitgliedern des Sicherheitsrates abhängig, der Schutz der Menschenrechte beschränkt sich nach wie vor auf freiwillige Verpflichtungen der Staaten, und die Entwicklung ist das Paradebeispiel für ein nicht finanziertes Mandat." Simon Chesterman (2015: 505)

Dieses Buch hat versucht, zunächst zu zeigen, was die Vereinten Nationen sind und tun und welchen erstaunlichen Leistungen sie für die Welt erbringen. Zweitens haben wir versucht zu erklären, warum die UNO so heftig dafür kritisiert wird, dass sie nicht in der Lage ist, dringende Probleme der Welt zu lösen. Drittens wollten wir die Art von Analyse erklären, die erforderlich ist, um diese Weltinstitution zu verstehen.

In diesem abschließenden Kapitel betrachten wir mögliche Reformen der Vereinten Nationen und bauen auf den grundlegenden Analysen auf, die im gesamten Buch vorgestellt wurden. Wir beginnen damit, uns anzusehen, was andere über die Vorgehensweise bei globalen Reformen gesagt haben. Dann führen wir einige der Arten von Reformen auf, die dringend erforderlich sind. Schließlich untersuchen wir, wie wir globale Reformen herbeiführen können. Konkret gesagt, wie bringen wir die Bürger dazu, Autorität auf die internationalen Institutionen übertragen zu wollen, damit die Transformation dieser Einrichtungen auf der politischen Tagesordnung steht?

Was wir über das Verständnis der internationalen Einrichtungen gelernt haben

Unser Ziel ist es, einen möglichen Weg zu funktionsfähigeren globalen Institutionen des 21. Jahrhunderts zu finden – d. h. zu Institutionen, auf die die Welt hört. Was hat uns die Geschichte der internationalen Organisationen und die Analyse ihrer gegenwärtigen Operationen darüber gelehrt, wie wir die UNO in eine effektive globale Institution verwandeln können? Das Bild ist komplex, dennoch sollten wir versuchen, die bestmöglichen Schlussfolgerungen daraus zu ziehen.

Wenn uns die Geschichte der Gründung des Völkerbundes und der UNO eines gelehrt hat, dann ist es, dass es dabei großer Führungsstärke, Diplomatie und öffentlicher Kommunikation bedurfte. Es brauchte einen Woodrow Wilson oder einen Franklin Roosevelt. Sie brachten Ideen und gründliches Nachdenken ein, aber sie waren auch in der Lage, das Konzept der Öffentlichkeit zu verkaufen. Roosevelt träumte von einer Organisation, die Unilateralismus, Allianzen, Einflussbereiche und Machtverhältnisse überwinden konnte. Dies gelang nicht, aber diese Ideale ebneten den Weg für das, was möglich war. Die Vordenker wurden von soliden Sekretariaten unterstützt, und die Impulse und Ideen von Privatpersonen und der Zivilgesellschaft spielten ebenfalls eine Rolle. Können wir also zu dem Schluss kommen, dass es einer Großmacht bedarf, um voranzugehen? Vielleicht. Sicherlich kann man sich den Großmächten nicht widersetzen. Ist es eine bestimmte Persönlichkeit? Auch das ist nicht sicher. Wilson versäumte es, die USA von dem Völkerbund zu überzeugen, und Roosevelt übergab den Staffelstab an seinen Nachfolger Harry Truman, einen soliden, aber nicht gerade bemerkenswerten Präsidenten. Es bestand eine dringende Notwendigkeit für Diplomatie und Hartnäckigkeit, um mit den widersprüchlichen Zielen umzugehen. Die Mitgliedstaaten wollten sowohl Zusammenarbeit als auch Unabhängigkeit, Internationalität, die mit ihren nationalen Interessen vereinbar ist, und eine Hierarchie neben Gleichheit und Beteiligung. Das sind genau die Vereinten Nationen, die wir haben.

Abgesehen von den Akteuren des Augenblicks waren die internationalen Organisationen auch das Ergebnis ihres historischen Kontextes. Der Völkerbund und die UNO wären ohne die Verwüstung durch die Kriege nicht zustande gekommen. Sie wären auch nicht ohne die gesammelten historischen Präzedenzfälle und Modelle zustande gekommen. Sie waren zum Teil das Ergebnis jahrelanger Arbeit von Denkern, internationaler Ideen und Konferenzen, die durch zunehmenden „Internationalismus" entstanden sind. Man kann also sagen, dass neue internationale Organisationen ein Ergebnis von dem sind, was wir die „Urknalltheorie" und den „evolutionären Historismus" genannt haben. Sie waren ebenfalls Kinder ihrer Epoche. Sie wurden durch die wirtschaftlichen, sozialen und technologischen Bedingungen der Nachkriegszeit hervorgebracht. Nun stellt sich die Frage: Befinden wir uns in einer „globalen Ära", die den neuen „globalen" Herausforderungen entspricht und „globale" Institutionen erfordert – und nicht einfach nur „inter-nationale"?

Unsere Analyse der Vereinten Nationen – einschließlich ihrer Bedeutung, der Notwendigkeit ihrer Transformation, ihrer Reformvorschläge und ihrer Hindernisse – liefert auch nützliche Erkenntnisse, wenn es darum geht, einen

Weg für die Zukunft zu finden. Zunächst einmal ist die Bedeutung der UNO enorm. Dieses Buch hat viele ihrer zahlreichen Errungenschaften ausführlich diskutiert. Als Koordinationsleiter, Konferenzveranstalter und Normengeber sind die Beiträge der UNO zum Frieden erstaunlich hoch. Im Jahr 2020 gab es 14 laufende multidimensionale UN-Friedensoperationen mit 100.000 Militärs, Polizisten und Zivilisten, die versuchten, Konflikte in der Welt zu begrenzen. Gleichzeitig ist die UNO der weltweit größte Koordinator und Bereitsteller humanitärer Hilfe und verantwortlich für die Verwaltung der gigantischen Agenda für nachhaltige Entwicklung 2030 (SDGs). Die Organisation war auch für die Einführung und das Etablierung neuer Konzepte wie Menschenrechte, R2P und Geschlechtergleichstellung verantwortlich, wie sie in *The Power of UN Ideas* untersucht wurden. Unter der Führung von Ban Ki-moon hat die UNO große Fortschritte gemacht, um sicherzustellen, dass der Klimawandel auf der weltweiten Agenda steht, unter anderem durch die Einberufung der erfolgreichen Klimakonferenz 2015 in Paris.

So sehr die Notwendigkeit der UNO offensichtlich ist, so ist auch ihre Umwandlung in eine effektive, globale Institution notwendig. Kritiker verweisen auf die mangelnde Legitimität der UNO als Entscheidungsorgan sowie auf das Fehlen einer demokratischen Teilhabe und einer fairen Repräsentation. Das zweistufige System des Sicherheitsrates, das den Mächtigen ein Veto einräumt, wird als Ungleichbehandlung angesehen. Viele halten seine Entscheidungen nicht für moralisch oder angemessen, ganz zu schweigen von den Pattsituationen, wenn Vetos angewendet werden. Mittlerweile wird der Generalversammlung, die sich auf „ein Mitglied, eine Stimme" und nicht auf eine Form der gewichteten Abstimmung stützt, ebenfalls vorgeworfen, nicht repräsentativ zu sein. Der Menschenrechtsrat kämpft für den weltweiten Schutz der Menschenrechte und kämpft gleichzeitig mit einem grundlegenden Widerspruch: Er ist ein politisches Organ, von dem erwartet wird, dass es prinzipientreu handelt. Der Wirtschafts- und Sozialrat schlägt sich mit seinen eigenen Problemen herum, nämlich eine langsame und bürokratische Organisation zu sein, die keine verbindlichen Entscheidungen treffen kann und deren Mandat sich stark mit dem der Generalversammlung überschneidet. Daraus ergeben sich unzählige Forderungen nach einer Reform des UN-Systems und die Notwendigkeit einer globalen Bewegung, um diese auch zu verwirklichen.

Unsere Analyse hat nicht nur die Schwächen unserer derzeitigen Institutionen offenbart, sondern auch gezeigt, dass es an Verbesserungsvorschlägen nicht mangelt. Viele wollen die Art der Repräsentation, Fairness und Effektivität der wichtigsten Organe, insbesondere der Generalversammlung, des Sicherheitsrates, des ECOSOC und des Menschenrechtsrates, verbessern. Andere konzentrieren sich auf Themen wie die Sicherstellung einer angemessenen Finanzierung, autonome Friedenseinsatzdienste und ein stärkeres Engagement von und die Beratung mit Interessengruppen. Später in diesem Kapitel werden wir auf neun wichtige Reformideen näher eingehen.

Trotz all der guten Ideen, die im Laufe der Jahre entstanden sind, haben wir auch gesehen, warum den Vereinten Nationen die Hände gebunden sind und warum wir nicht vorankommen. Zwischen den Reformideen und dem politischen Willen zu ihrer Umsetzung besteht in der Tat eine erhebliche Diskrepanz. Die meisten Staaten wollen keine mächtigere und effektivere UNO. Und obwohl die bedeutenden Schritte in Richtung der internationalen Schutzverantwortung die souveräne Straffreiheit eingeschränkt haben, leben wir immer noch in einer Ära der nationalstaatlichen Vorherrschaft. Der Vorrang der nationalen Macht und Politik ist kaum zu bestreiten. Unterdessen gab es keine nachhaltige Kampagne, um die Errungenschaften der UNO zu kommunizieren oder über die Notwendigkeit zusätzlicher Autorität zur Bewältigung globaler Herausforderungen zu sprechen. Dies sind einige Gründe, warum wir noch keinen echten Wandel erlebt haben.

Literatur zur Umgestaltung der UNO

> „Um auf die heutigen und zukünftigen Bedrohungen für Frieden und Sicherheit zu reagieren, müssen die Vereinten Nationen relevanter, glaubwürdiger, legitimer und leistungsfähiger werden." Mogens Lykketoft, Präsident der Generalversammlung (UN 2016)

Bevor wir Reformvorschläge skizzieren und diskutieren, wie wir die Bürger dazu bringen können, Autorität auf globale Institutionen zu übertragen, sollten wir einen Blick darauf werfen, was verschiedene Experten zu diesem Thema gesagt haben. In diesem Abschnitt untersuchen wir drei wichtige, aktuelle Beispiele für Überlegungen zur Modernisierung der UNO.

In *UN 2030: Rebuilding Order in a Fragmenting World*, einem Bericht von Kevin Rudd, ehemaliger australischer Premierminister und Vorsitzender der Unabhängigen Kommission für Multilateralismus, aus dem Jahr 2016, werden zehn Prinzipien für die Reform der Vereinten Nationen als Reaktion auf die „Globalisierung von allem" vorgeschlagen. Um eine relevantere und reaktionsschnellere UNO zu gewährleisten, betont Rudd die Notwendigkeit einer zukunftsorientierten Agenda (z. B. Umgang mit Cybersicherheit und tödlichen autonomen Waffensystemen) und schlägt vor, die Fähigkeit zur Politikplanung zu stärken. Er plädiert für das Durchbrechen institutioneller Kommunikationsblockaden durch einen „Team UNO"-Ansatz multidisziplinärer Teams, die sich mit spezifischen Herausforderungen vor Ort befassen, sowie durch die strukturelle Integration der Agenden der Vereinten Nationen für Frieden und Sicherheit, nachhaltige Entwicklung, humanitäre Hilfe und Menschenrechte. Um die Beteiligung und Zusammenarbeit der Mitgliedstaaten zu verbessern, fordert er eine formelle Verpflichtung der Mitgliedstaaten zum Multilateralismus und verlangt von den Vereinten Nationen, Brücken zwischen den Großmächten zu schlagen, um Spannungen zu reduzieren. Rudd schlägt auch vor, sich stärker auf Prävention, bessere Ergebnisverwaltung und mehr Effizienz zu konzentrieren, um der Realität der Haushaltsengpässe gerecht zu werden. Schließlich plädiert er dafür, dass Frauen im Mittelpunkt der UN-Agenda stehen sollten und dass Jugendliche in den UN-Räten Gehör finden müssen.

Obwohl all dies wie ein vernünftiges Programm für eine Veränderung aussieht, ist zu beachten, dass kaum von strukturellen Umbauten die Rede ist. Tatsächlich sieht es eher nach administrativen Anpassungen an die neuen Anforderungen der Globalisierung aus, von denen die meisten in gewissem Maße schon jetzt innerhalb der UNO stattfinden. Obwohl gute Prinzipien angekündigt werden, gibt es keine institutionellen Veränderungen, um sie zu verwirklichen.

Der Bericht *Reinventing Development: Reforming the UN for People and Planet* von Barbara Adams und Karen Judd (2016) warnt ausdrücklich davor, dass institutionelle Transformationen, die Veränderungen in den Machtstrukturen innerhalb der Vereinten Nationen erfordern würden, sehr viel Zeit brauchen können. So könnten Bemühungen um größere strukturelle Veränderungen den dringenden Reformen im Wege stehen, die die UNO zu einer leistungsfähigeren Kraft für Menschen und den Planeten machen können. Es gibt tief verwurzelte Interessen, die den Status quo unterstützen, so dass es effektiver sein kann, schwierige institutionelle Reformen zu ignorieren und sich stattdessen auf die kritische Frage der zukünftigen Entwicklung zu konzentrieren.

Laut Adams und Judd gibt es bereits einen Rahmen für die Mitgliedstaaten, um die UNO zu transformieren. Sie besteht aus den drei neuen globalen „Agenden", die 2015 von den Staaten und der Zivilgesellschaft ausgearbeitet wurden: der Agenda für nachhaltige Entwicklung (SDGs) von 2030, der Addis Abeba-Aktionsplattform zur Entwicklungsfinanzierung und dem Pariser Abkommen über den Klimawandel. Die Agenden spiegeln die politischen Bemühungen wider, sich mit den neuen globalen Realitäten auseinanderzusetzen. Sie können möglicherweise eine internationale Zusammenarbeit unter der Schirmherrschaft der UNO schmieden. Im Gegensatz zu früheren Entwicklungsabkommen ist die Agenda von 2030 universell und verpflichtet alle Länder, die Fortschritte zu messen und darüber zu berichten.

Die Autoren benennen den zunehmenden Einfluss von Unternehmen und die sich abzeichnende Lücke in der verantwortungsvollen Unternehmensführung als Hindernisse bei der Verwirklichung von Entwicklungszielen und dem Dienste im öffentlichen Interesse. Sie erklären, dass universelle Normen und

Standards nicht einheitlich in der gesamten UNO angewendet werden und auch nicht unbedingt von anderen Institutionen wie der WTO oder dem IWF akzeptiert werden. Da Handel und Investitionen die UNO weitgehend umgehen, ist die Wahrung des öffentlichen Interesses nicht immer gewährleistet. Eine weitere Herausforderung besteht darin, dass die Haushaltsbeiträge der UNO zunehmend unzureichend sind, um die gestiegenen Verantwortlichkeiten der Organisation zu decken.

Um diese Hindernisse zu überwinden, nennen Adams und Judd vier Prioritäten für die Mitgliedstaaten, die für die Verwirklichung der drei neuen Entwicklungspläne notwendig sind: eine stärkere Integration der drei Säulen der Vereinten Nationen (Frieden und Sicherheit, Menschenrechte und nachhaltige Entwicklung); die Umsetzung einer neuen Finanzierungsformel zur Finanzierung von Zielen und Verpflichtungen; die Annahme eines wertebasierten Rahmens für zwischenstaatliche Prozesse; und die Schaffung einer Kultur der Verantwortlichkeit. Zusammengenommen bilden diese Imperative eine Reformagenda.

All dies erscheint sehr plausibel und vernünftig. Die Frage ist natürlich, ob die drei Agenden eingehalten werden, ohne jegliche Autorität, die Einhaltung zu erzwingen? Reicht es aus, dass ein Haufen NGOs den widerspenstigen Staaten hinterherläuft, damit sie ihre Versprechen halten? Bislang ist das nicht passiert. Haben die drei Agenden genügend Einfluss, um den Wandel in der UNO zu gewährleisten? Die Autoren machen gute Vorschläge, um diese zu erreichen, und die drei Tagesordnungen enthalten Zeitpläne und messbare Ziele. Und Experten und die Zivilgesellschaft arbeiten hart daran, dass die Staaten ihren Verpflichtungen nachkommen. Aber werden „sollte" und „muss" zu „soll" und „wird"? Ist es nur ein weiterer Fall von geplanten Reformen, die als Papiertiger enden? Werden Entwicklungsverbesserungen auf die Machtpolitik übergreifen? Die grundlegende Frage, die wir uns stellen müssen, ist, ob „Prozessagenden" die internationale Politik verändern können, ohne dass sich die institutionellen Strukturen und das zugrunde liegende Machtungleichgewicht und die damit verbundenen Interessen wesentlich ändern.

Im Juni 2015 wurde der *Report of the Commission on Global Security, Justice & Governance* veröffentlicht. Es ist eine der bedeutendsten jüngsten Studien, die eine "Renaissance der UNO" vorschlägt. Bei der Vorstellung ihres Berichts stellte Ibrahim Gambari, Ko-Vorsitzender der Kommission und ehemaliger nigerianischer Außenminister und UN-Untergeneralsekretär für politische Angelegenheiten, fest, dass „die UNO und die Institutionen der Global Governance ungeeignet sind, sich mit vielen der sich entwickelnden modernen Bedrohungen auseinanderzusetzen, und dass sie Reformen durchführen muss oder das Risiko eingeht, globale Krisen zu verlängern und zu vertiefen". Laut der anderen Ko-Vorsitzenden, der ehemaligen US-Außenministerin Madeleine

Albright, benötigt die Welt „leistungsfähigere Instrumente der globalen Governance mit verschiedenen Arten von öffentlichen, privaten und gemischten Institutionen, die auf die Herausforderungen des 21. Jahrhunderts ausgerichtet sind".

Der über 100 Seiten umfassende Bericht enthält eine umfassende Reformagenda. Im Mittelpunkt stehen die vorrangigen Ziele Sicherheit (insbesondere staatliche Fragilität und gewalttätige Konflikte), Klimapolitik, Steuerung der Weltwirtschaft, Reform der globalen Institutionen und Einbeziehung von Partnern. Einige der wichtigsten Empfehlungen sind im Folgenden zusammengefasst:

- **Sicherheit:** Die Kommission befürwortet, sich auf die Konfliktprävention zu konzentrieren, die Rolle der Frauen im Bereich Frieden und Sicherheit zu stärken und eine Einigung über die Kriterien für die Festlegung des Zeitpunkts der Anwendung der R2P zu erzielen. Um Konfliktsituationen zu bewältigen, fordert sie eine Stärkung der Kapazitäten der UNO bei der militärischen, polizeilichen und zivilen Reaktion durch schnelle Entsendung und militärische Planung, ausgewiesene militärische Einheiten, von Staaten gebildete Polizeieinheiten sowie eine Anzahl von ständigen zivilen Spezialisten, die um eine Reserve ergänzt werden kann.
- **Klimawandel:** Es wird vorgeschlagen, eine Reihe neuer Einrichtungen für den Klimawandel zu schaffen, um die Umsetzung der COP21-Klimaverpflichtungen zu unterstützen. Dazu gehören: eine internationale Abteilung für CO2-Monitoring, ein Klimaforschungsregister, eine Clearingstelle für Maßnahmen zum Klimaschutz und einen Beirat für Klimatechnik. Es wird auch vorgeschlagen, zusätzliche Investitionen in die Klimaanpassung zu tätigen und die Privatwirtschaft in marktgestützte Anreize zur Emissionsminderung einzubinden.
- **Steuerung der Weltwirtschaft:** Um einen neuen Rahmen für die globale wirtschaftliche Zusammenarbeit und die Krisenreaktion zu schaffen, wendet sich die Kommission an die sogenannte G20+, wobei das Plus eine verstärkte Koordinierung mit den Institutionen der Vereinten Nationen und von Bretton Woods bedeutet. Interessanterweise wird dieser Vorschlag gemacht, obwohl die Autoren einräumen, dass es bislang kaum Belege dafür gibt, dass Abmachungen der G20 andere Länder dazu bringen, nationale Maßnahmen auf deutliche Weise zu verändern.Weitere skizzierte Prioritäten sind: die Bekämpfung illegaler Finanzströme und der Finanzierung von Extremisten, die Einführung einer effektiven Verwaltung der natürlichen Ressourcen und die Sicherung der digitalen Wirtschaft sowie die Förderung des Internetzugangs im globalen Süden.

- **Reform der globalen Institutionen:** Zu den Empfehlungen für die Generalversammlung gehören die Straffung ihrer Agenda, die Leitung der Entwicklungsagenda nach 2015 und die Entwicklung eines beratenden parlamentarischen UN-Netzwerks, das eine formelle Beziehung zu den Vereinten Nationen als Berater der Generalversammlung haben würde. Ziel des Netzwerks wäre es, gewählte Parlamentarier aus ihren nationalen Parlamenten zusammenzubringen, um Fragen der UN-Führung zu diskutieren und zu beraten. Es würde auch als zusätzlicher Kommunikationskanal zur Zivilgesellschaft, und damit zur Erweiterung des öffentlichen Wissens und der Beteiligung an der Arbeit der Vereinten Nationen dienen. Was den Sicherheitsrat betrifft, so schlägt die Kommission vor, die Mitgliedschaft zu erweitern und die sofortige Wiederwahl nicht ständiger Mitglieder zu ermöglichen. Er fügt hinzu, dass der Rat die Zivilgesellschaft und die Wirtschaft stärker konsultieren sollte. Bei der Modernisierung des Sekretariats wird empfohlen, das Auswahlverfahren für das Generalsekretariat zu verbessern und dem GS mehr Ermessensspielraum bei der Leitung des Sekretariats einzuräumen. Andere Ideen werden im Zusammenhang mit der Kommission für Friedenskonsolidierung, internationalen Gerichten und Menschenrechtsorganisationen vorgestellt.
- **Engagement:** Die Kommission betont, wie wichtig es ist, dass die UN mit kritischen regionalen, lokalen, zivilgesellschaftlichen und wirtschaftlichen Akteuren der Global Governance zusammenarbeiten.

Um diese Veränderungen umzusetzen, empfiehlt die Kommission eine Übergangsstrategie für die Reform – einen längerfristigen Ansatz zur Modernisierung der Global Governance-Strukturen. Insbesondere wird die Bildung von „intelligenten Koalitionen“ zur Mobilisierung der Unterstützung für nachhaltige Reformen, die Einberufung einer Konferenz über globale Institutionen im Jahr 2020 und die Schaffung eines Mechanismus zur Überwachung und Koordinierung der Reformen gefordert.

Wir sehen, dass es in diesem Bericht sicherlich nicht an Reformvorschlägen mangelt. Die Arbeit der Kommission ist in der Tat ein ausgezeichnetes Beispiel dafür, wie eine hochgesinnte Analyse der Notwendigkeit einer besseren Global Governance mit dem Urteil ihrer Mitglieder darüber, was tatsächlich möglich ist, kombiniert werden kann. Sie ist pragmatisch, geht aber nicht auf Kosten guter Ideen und notwendiger Veränderungen. Der einzige Kritikpunkt wäre, dass nicht genug Ideen für eine Transformation der Einrichtungen angeboten werden. So werden beispielsweise keine autonome Friedenstruppe oder unabhängige Finanzierungsquellen für die UNO vorgeschlagen. Schließlich geht der Bericht weiter als die meisten anderen, indem er das letzte Kapitel

„Von hier nach dort“ widmet, und uns so dazu bringt, darüber nachzudenken, *wie* wir Reformen erreichen können.

Neun populäre Vorschläge zur Transformation der UNO

Was bedeutet der Begriff ‚Reform‘?

Zum Abschluss dieses Buches stellen wir eine Liste von allgemein bekannten Vorschlägen zur Stärkung der Vereinten Nationen vor, bevor wir es mit einer Reihe von Ideen darüber abschließen, wie die Renaissance der Vereinten Nationen herbeigeführt werden kann. Um zu steuern, wie die einzelnen Vorschläge verstanden und in ihren Kontext gesetzt werden können, beginnen wir zunächst mit einigen Gedanken über die unterschiedlichen Arten von Veränderung (und einer Bewertung des dafür nötigen Ehrgeizes) zusammen mit widersprüchlichen Ansätzen zu Verwirklichung dieser Veränderung.

Es ist hilfreich, über Veränderungen in einer Reihe von unterschiedlichen Abstufungen nachzudenken. Man hat behauptet, dass die Reform in zwei Kategorien eingeteilt werden kann: eine modernere Ausrichtung von Status und Autorität und eine bessere Verwaltung des Systems (Fasulo 2015: 237). Doch es ist in Wirklichkeit etwas komplizierter. Erstens gibt es einfache Korrekturen bei den administrativen, finanziellen, personellen und budgetären Aspekten, die oft als „Reform“ bezeichnet werden. Dies können gezielt gesteuerte Verbesserungen der Verwaltung sein. Die UNO hat sich bei dieser Art von laufenden Reformen als sehr effektiv erwiesen. Die Begriffe „Reform“ und „Veränderung“ können zu Verwirrung führen, da sie oft als Sammelbegriffe verwendet werden, die das gesamte Spektrum des Wandels bei den Vereinten Nationen umfassen. Zweitens haben wir eine Korrektur. Dies bezieht sich auf Änderungen, die ad hoc vorgenommen werden, um kurzfristige Probleme zu lösen, ohne ein Gesamtkonzept oder Plan. Eine grundlegendere Form der Veränderung ist drittens die so genannte „Transformation“. Transformation beinhaltet strukturelle Veränderungen von Aufbau, Organisation, Normen und Regeln einer Institution, damit sie besser mit den Auswirkungen des sozioökonomischen, technischen und politischen Wandels zurechtkommt. Sie kann die Ziele, Zwecke, Werte und Funktionen von Organisationen in Frage stellen. Dies wird manchmal als Umgestaltung der „Architektur“ des internationalen Systems bezeichnet. Die Unterscheidung zwischen den Definitionen der Begriffe „Reform“, „Korrektur“ und „Transformation“ ist nicht nur eine theoretische Frage, sondern entscheidend für unser Verständnis dessen, was wir erreichen wollen (für eine Ausarbeitung siehe Trent 2007: 24–30).

Hat man sich auf die gewünschte Veränderung geeinigt, können unterschiedliche Strategien zur Erreichung dieser Veränderung betrachtet werden.

Reformer (und wir hoffen, dass auch Sie dazugehören werden) streiten darüber, ob sie eine radikale und sofortige Veränderung oder inkrementelle Schritte anstreben, die im Laufe der Zeit zu einer Transformation führen können. Historisch gesehen wurde die Debatte über Revolution oder Evolution geführt – was theoretisch notwendig ist oder was politisch realisierbar ist. Im ersten Kapitel haben wir diese Debatte vorgestellt und kamen zu dem Schluss, dass die Gründung der Liga und der UNO das Ergebnis sowohl des „Big Bangs" (der Weltkriege) als auch der „historischen Evolution" (eine Kumulation von progressiven Schritten) war.

Auf der einen Seite kann ein schrittweiser Ansatz für eine Veränderung, der politische Zwänge berücksichtigt, als praktisch und realistisch angesehen werden. Die Hoffnung ist, dass kleinere, erreichbare Änderungen letztendlich zu einer größeren Verschiebung führen werden. Wir erinnern uns an diese Empfehlung führender Wissenschaftler im Zusammenhang mit der Optimierung des Menschenrechtsrates.

Das Problem liegt darin, dass diese minimalistischen Ansätze den Fokus darauf legen, was wahrscheinlich erreichbar ist, und zwar auf Kosten dessen, was wünschenswert und zukünftig vielleicht auch möglich wäre. Ambitionierte Träume für eine alternative Weltordnung werden von Beratern, die praktisch und umsichtig denken, oft auf den kleinsten gemeinsamen Nenner gebracht. Die Reformer müssen sich von der Vision einer kooperativen Welt inspirieren lassen, genau wie die Gründer der Liga und der UNO. Das bedeutet, die schwierige Aufgabe der Errichtung von funktionsfähigen Institutionen anzunehmen, die in der Lage sind, Antworten auf die Herausforderungen der Zukunft zu geben. Es bedeutet, von den Zielen inspiriert zu werden, die greifbar nahe liegen, während wir alle praktischen Schritte annehmen, die uns voran bringen.

Vielleicht sind die beiden also doch nicht unvereinbar. Wie Ban Ki-moon klugerweise sagte: „Halte deinen Kopf über den Wolken und deine Füße fest auf dem Boden. Und steige Schritt für Schritt weiter nach oben. Das bedeutet: Hege große Träume – aber geh sie praktisch an." (UNSG 2016).

Abschließend noch eine kurze Anmerkung dazu, wie wir diese neun Ideen ausgewählt haben. Wir müssen betonen, dass alle folgenden Vorschläge ihre Kritiker haben. Sie sind auch nicht als exklusiver Plan für die Erneuerung der Vereinten Nationen gedacht, sondern als Beispiele für Reformen, die es den Vereinten Nationen ermöglichen könnten, Legitimität zu erlangen und die institutionelle Kapazität für respektierte, maßgebliche Entscheidungen zu entwickeln. Jeder der Vorschläge ist das, was wir „praktikabel" nennen, was bedeutet, dass er praktisch, notwendig und umsetzbar ist. Im Gegensatz zu den Listen, die von verschiedenen internationalen Kommissionen und hochrangigen Gremien erstellt wurden, besteht unsere Auswahl jedoch nicht aus denjenigen Vorschlägen, die als die politisch annehmbarsten angesehen werden könnten. Sie basieren vielmehr auf dem, was notwendig ist, um die UNO zu einer glaubwürdigen globalen Institution zu machen, die der Welt eine Führungsrolle geben kann. Sie reichen von grandios bis minimal.

1. Ein legitimerer Sicherheitsrat

Ein ziemlich radikaler, aber „praktikabler" Vorschlag zur Umstrukturierung des Sicherheitsrates wird von Joseph Schwartzberg in seinem eindrucksvollen Buch *Transforming the United Nations System: Designs for a Workable World* gemacht. Er empfiehlt einen dreigliedrigen Ansatz. Erstens schlägt er ein Repräsentationssystem für den Rat vor, in dem 12 Weltregionen anstelle von einzelnen Nationalstaaten den Rat bilden, um nationale Interessen zu überwinden und kleineren Ländern zu helfen, größere Gruppierungen zu bilden. Jede multinationale Region nominiert verschiedene Kandidaten, aus denen jeweils einer von der Generalversammlung in den Sicherheitsrat gewählt wird. Zweitens schlägt er eine mathematisch berechnete, gewichtete Stimme für jede Region vor. Drittens würden die P5 als Gegenleistung für das Auslaufen des Vetos in einer gestärkten Generalversammlung mit größeren Befugnissen mit einer höheren Stimmengewichtung belohnt werden.

Weitere neue Vorschläge zur Reform des Sicherheitsrates wurden im *Report of the Commission on Global Security, Justice and Governance (2015)* gemacht. Um die beiden Ziele Effektivität und Akzeptanz zu erreichen, wird vorgeschlagen, die Zusammensetzung des Rates zu erweitern, um dem enormen Anstieg der UN-Mitgliedschaft Rechnung zu tragen (wie 1965 geschehen) und eine sofortige Wiederwahl nicht ständiger Mitglieder zu ermöglichen. Die Kommission schlägt danach Ideen zur Lösung der Frage des Vetos und zur Verbesserung der Friedensmissionen durch verbesserte Arbeitsmethoden vor (siehe Kasten 16).

Bei der Bewertung des derzeitigen Bedarfs an sozialer, wirtschaftlicher und rechtlicher Unterstützung für Frieden und Sicherheit befürwortet die Kommission die Einführung eines formalen Konsultationsmechanismus für regelmäßige, strukturierte Gespräche zwischen dem Sicherheitsrat und Vertretern der Zivilgesellschaft, der Wirtschaft und der Kommunen. Schließlich haben diese Gruppen Interesse an den neuen Dimensionen der Sicherheit gezeigt und leisten konkrete Beiträge in diesen Bereichen (Gesundheit, Schutz von Zivilisten, Frauen und Kindern, Klimawandel, Naturkatastrophen).

Kasten 16: Verbesserung der Arbeitsmethoden des Sicherheitsrates

— Wenn es triftige Gründe gibt, dies zu rechtfertigen, sollten die Mitglieder aufgefordert werden, ihr Nein im Sicherheitsrat öffentlich zu verteidigen.
— Ständige Mitglieder sollten die Möglichkeit haben, eine „abweichende Stimme" abzugeben, die nicht die Macht eines Vetos besitzt und daher die Annahme einer Resolution nicht blockiert.
— Der Rat sollte für ausreichende Ressourcen und politische Unterstützung für neue Friedensoperationen sorgen, wenn die Gefahr von Kriegsverbrechen besteht.
— Für jede Friedensoperation sollte eine „Gruppe von Freunden" gebildet werden, Staaten, die helfen können, politischen und diplomatischen Druck auf die Situation auszuüben.
— Der Rat muss die Länder, die Truppen und Polizisten beisteuern, bei Problemen befragen und deren Anliegen berücksichtigen.
— Er sollte eine fortlaufende Überprüfung von terroristischen, kriminellen und extremistischen Elementen durchführen, die in der Lage sind, den Kontext von Friedensoperationen zu beeinflussen.

Schließlich sollten die ständigen Mitglieder (P5) im Sicherheitsrat auf Empfehlung der Internationalen Kommission für Intervention und staatliche Souveränität (die R2P unterstützte) kein Veto einlegen, außer in Fällen wo ein essentielles Interesse das Staates betroffen ist. Falls der Sicherheitsrat nicht in angemessener Zeit reagiert, wäre es eine alternative Möglichkeit, den Fall in der Generalversammlung in einer Notfallsondersitzung im Rahmen der Resolution Vereint für den Frieden („Uniting for Peace") zu besprechen oder das Eingreifen einer regionalen Organisation zu überlassen.

Die Vetomacht zu brechen, wird sicherlich extrem schwierig. Dennoch ist dies für die Agenda für Frieden und Sicherheit unumgänglich. Und wie Jennifer Trahan in ihrem Buch *Existing Legal Limits to Security Council Veto Power in the Face of Atrocity Crimes* argumentiert, gibt es Möglichkeiten, die Legalität des Gebrauchs eine Vetos anzufechten, insbesondere dann, wenn ein Veto oder die Androhung eines Vetos den Sicherheitsrat daran gehindert hat, Maßnahmen zu ergreifen, die Gräueltaten und Verbrechen verhindert oder gemildert hätten.

2. Eine ausgewogenere und fokussiertere Generalversammlung

Joseph Schwartzberg (2013) schreibt, dass die Generalversammlung ihre Legitimität der Tatsache verdankt, dass sie mit 99,6 Prozent der Weltbevölkerung ein nahezu weltweites Organ ist. Diese Bevölkerung hat sich seit 1945 verdreifacht, aber während all dieser Zeit war die Stimmberechtigung in der GA nicht wirklich repräsentativ und hat relativ kleine Staaten begünstigt, insbesondere dank eines großen Zuwachses von Mikrostaaten. Nicht weniger als 39 derzeitige Mitgliedsstaaten haben jeweils weniger als eine Million Einwohner, und 13 haben sogar jeweils weniger als 100.000 Einwohner. Schaut man auf die Finanzen, so zahlen 128 Mitglieder zusammen weniger als 1,3 Prozent des gesamten UN-Budgets. Wenn man gegen ein „undemokratisches" Veto sein kann, dann sollte man auch gegen GA-Koalitionen der sehr schwachen Staaten sein. Dies wurde sogar als ein „unmoralischer Egalitarismus" der Regel „Ein-Mitglied-Ein-Stimme-" bezeichnet. Derzeit vereinen die drei bevölkerungsreichsten Länder (China, Indien und die Vereinigten Staaten) 42 Prozent der Weltbevölkerung auf sich, haben aber nur 1,6 Prozent der Stimmen in der Generalversammlung. Die Großmächte greifen auf Bestechung oder Drohungen zurück, um ihren Forderungen gegenüber den schwachen Staaten durchzusetzen. Auf Grund dieser Missstände haben sich die größten Staaten dafür entschieden, die G20 zu gründen, wo sie über wirtschaftliche Fragen diskutieren können, ohne sich von den ihrer Meinung nach lärmenden, „marginalen" Staaten behindern zu lassen. Ein gut durchdachtes System der Stimmengewichtung würde diese Mängel mildern. Das Ziel sollte, wie zu Gründung der UNO, darin bestehen, Macht und Prinzipien zu verbinden.

Die drei Grundprinzipien für die gewichtete Abstimmung jedes Mitglieds wären: 1) das demokratische Prinzip, bei dem die Größe der Bevölkerung der entscheidende Faktor ist; 2) die wirtschaftliche Leistungsfähigkeit, die durch Beiträge zum UN-Haushalt abgebildet wird; und 3) das Prinzip der souveränen Gleichstellung, bei dem jeder Staat gleich behandelt wird. Die drei Komponenten der Abstimmung würden in einer einfachen Formel zusammengefasst, als wären sie von gleicher Bedeutung (Schwartzberg 2013: 21–26). Im Laufe der Zeit, z. B. alle zehn Jahre, würde eine neutrale Agentur diese Gewichte an geänderte Verhältnisse anpassen. Das Ziel ist, dass Staaten anfangen können, einander zuzuhören. Anstatt schwache und arme Staaten eine Vielzahl sinnloser Resolutionen verabschieden zu lassen, die den Ruf der GA zerstören und die von den reichen und mächtigen Staaten weitgehend ignoriert werden, könnten Debatten konsequenter werden.

Sobald das Stimmrecht in der Generalversammlung ausgewogener ist, könnte man damit fortfahren, den Fokus ihrer Tätigkeit zu verbessern. Da globale Probleme globale Lösungen erfordern, argumentiert Schwartzberg, dass es an der Zeit ist, der GA eng begrenzte Möglichkeiten zur Verabschiedung rechtsverbindlicher Resolutionen zu geben (in Bereichen, die vom Sicherheitsrat nicht berücksichtigt werden). In Angelegenheiten weltweiter Natur, die nicht auf regionaler oder nationaler Ebene behandelt werden können, sollte die GA ermächtigt werden, verbindliches Völkerrecht zu erlassen, wenn es eine Zweidrittelmehrheit gibt, die 50 Prozent der gesamten Weltbevölkerung umfasst. Bestimmte Themen könnten sogar eine Supermehrheit von 75 Prozent der gewichteten Stimmen erfordern.

Viele Experten haben sich mit den Empfehlungen von Schwartzberg im Zusammenhang mit einem gewichteten Stimmrecht in der Generalversammlung beschäftigt. Erst vor Kurzem haben August Lopez-Claros, Arthur L. Dahl und Maja Groff in ihrem Buch *Global Governance and the Emergence of Global Institutions for the 21st Century (2020)* Ideen für eine veränderte Form des Schwartzberg-Vorschlags vorgestellt, die viele Kritikpunkte und Bedenken zu seinem Ansatz behandeln. Sie legen außerdem ausführlich dar, wie eine Parlamentarische Versammlung als beratendes Organ für die Generalversammlung die Legitimität der UN als globalem Entscheider verstärken könnte. Dieser Vorschlag, der Ähnlichkeiten mit der Idee eines Parlamentarischen Netzwerks der UN aufweist, die wir an früherer Stelle in diesem Kapitel besprochen haben, wird von ihnen als Übergangslösung propagiert, bis grundlegendere Reformen wie eine Gewichtung der Stimmen durchgeführt werden können.

3. Ein Wirtschafts-, Sozial- und Umweltrat

In diesem Buch werden einige der Gründe diskutiert, warum Analysten den ECOSOC seit mindestens den 1980er Jahren als den Kümmerling unter den Hauptorganen der UNO verurteilen. Die Gründer der Vereinten Nationen hatten die Absicht, ihn die wirtschaftliche und soziale Arbeit des UN-Systems mit seinen Sonderorganisationen und anderen Einrichtungen koordinieren zu lassen. Dennoch gaben sie den Agenturen eigenständige Verwaltungsregeln, gaben den Finanzinstituten von Bretton Woods erhebliche Autonomie, gaben dem ECOSOC und der Generalversammlung überlappende Aufträge und versäumten es, dem ECOSOC ein unverwechselbares Profil zu verleihen. Von da an ging es nur noch bergab. Kritiker beklagen, dass der ECOSOC zu groß für Beratungen auf hoher Ebene und flexible Entscheidungsfindung sei, aber nicht groß genug, um als Plenumsgremium glaubwürdig zu sein. Staatschefs, Außenminister sowie Finanz- und Handelsminister bevorzugen die kleineren, kürzeren und fokussierteren Treffen von Weltbank und IWF. Sie sind der Ansicht, dass der ECOSOC nicht in der Lage ist, Krisen zu bewältigen oder wesentlichen Einfluss auf die spezialisierten Agenturen auszuüben, und somit nur Delegierte auf niedriger Ebene anzieht, die zu endlosen Debatten neigen und nur selten sichtbare Maßnahmen beschließen.

Im Laufe der Jahre gab es eine Vielzahl von Reformvorschlägen aus verschiedenen Gruppen. Aus Angst vor der Komplexität von Strukturreformen haben sich einige Beobachter darauf beschränkt, kurzfristige Prozessänderungen vorzuschlagen. Angesichts der großen Unzufriedenheit mit dem ECOSOC haben viele Gruppen jedoch strukturelle Veränderungen vorgeschlagen, wie zum Beispiel: UBUNTU (World Forum of Civil Society Networks), die Commission on Global Governance, Reimagining the Future, die United Nations Association of the USA, die South Commission und die World Commission on Environment and Development.

Der wichtigste Vorschlag dieser Gruppen ist die Umwandlung des ECOSOC in einen Rat für soziale und wirtschaftliche Sicherheit oder einen Wirtschafts-, Sozial- und Umweltrat (ESEC), mit Befugnissen und Methoden, die denen des Sicherheitsrates entsprechen (ohne P5-Veto). Ihre politischen Vorschläge würden zur Diskussion und mehrheitlichen Genehmigung an die GA zurücküberwiesen. Entsprechend der ursprünglichen Absicht der Charta würde der neue ESEC über eine wirksame Kontrolle und Koordinierung aller Agenturen, Finanzinstitute und multilateralen Gruppen im UN-System in den Bereichen Wirtschaft, soziale Entwicklung und Umwelt verfügen. Der Zweite und der Dritte Ausschuss der Generalversammlung (die sich mit Wirtschafts- und Finanzfragen sowie mit sozialen, humanitären und kulturellen Fragen befassen) würden aufgelöst und ihre Aufgaben auf den neuen ESEC übertragen. Die UN-Konferenz für Handel und Entwicklung (UNCTAD) und die UN-Organisation für industrielle Entwicklung (UNIDO) würden geschlossen. Die Stimmen in der Weltbank und im IWF würden gerechter verteilt. Zur Leitung des neuen Rates könnte ein Ministerrat von etwa 25 Regierungen sowie eine Beratungskommission gebildet werden. Alternativ könnte der Generalausschuss der Generalversammlung auch der Leiter des ECOSOC sein. Die Leitungsorgane der großen Entwicklungsagenturen würden zu einem Exekutivausschuss zusammengefasst.

Die Kommission für Frieden, Gerechtigkeit und Governance skizzierte eine alternative Idee, um die Rolle der Vereinten Nationen im Bereich der Wirtschaft zu stärken, ohne den ECOSOC völlig neu zu gestalten. Er schlug vor, die G20 in die G20+ umzuwandeln. Der Begriff „Kooptation“ wird nicht verwendet, aber das ist der Kern des Vorschlags zur Institutionalisierung der G20 und zur Stärkung ihrer Koordination mit den Vereinten Nationen, der Weltbank, dem IWF, der WTO, der IAO und regionalen Organisationen. Die vorgeschlagenen G20+ würden alle zwei Jahre bei den Vereinten Nationen zusammentreten. Die UNO würde ein Sekretariat, einen Verbindungsmechanismus, einen stellvertretenden Generalsekretär der UNO und ein technisches Expertengremium zur Verfügung stellen, um ihre Aktivitäten zu planen. Die Details sind klug und komplex, aber dies wirkt wie ein subtiles Verfahren, um die G20 in die UNO zu bringen – was in der Tat eine Notwendigkeit ist.

4. Ein neu geordneter Menschenrechtsrat

In Kapitel 4 haben wir besprochen, dass die UNO bei der Entwicklung und Förderung der Menschenrechte weitaus größere Erfolge erzielt hat als bei deren Schutz, und wie die Politisierung der UN-Menschenrechtsorganisationen, insbesondere des Menschenrechtsrates, dafür verantwortlich ist. Wir haben auch betrachtet, warum es unwahrscheinlich ist, dass wir in naher Zukunft eine vollständige Reform des mangelhaften Menschenrechtsrates erleben werden, und zwar aus einer Vielzahl von Gründen, unter anderem dem damit verbundenen Aufwand von Zeit und Ressourcen sowie das negative Image einer weiteren großen Reform so kurz nach den Anstrengungen im Jahr 2006.

Das sollte uns aber nicht davon abhalten, bestimmte Änderungen vorzunehmen, die messbare Auswirkungen auf die Arbeit des Menschenrechtsrates haben würden. Dabei sollten wir uns auf das konzentrieren, was realistisch und machbar ist. Ramcharan (2011) skizziert eine Reihe von umsetzbaren Ideen, die helfen könnten, die Organisation fairer, unparteiischer und effektiver zu machen (siehe Kasten 17). Manche davon sind ehrgeiziger als andere.

Kasten 17: Ideen zur Reform des Menschenrechtsrates

— Repräsentation: Regierungen könnten Mitglieder bleiben, aber die von ihnen ausgewählten Vertreter sollten Richter oder Wissenschaftler mit Menschenrechtskenntnissen sein. Die Mitgliedschaft könnte auch auf unabhängige Experten über die Regierungsvertreter hinaus ausgedehnt werden.

— Status innerhalb der UNO: Der Rat könnte letztendlich zu einem wichtigen UN-Organ und nicht zu einem untergeordneten Organ der Generalversammlung ernannt werden, obwohl dies zu diesem Zeitpunkt nur zu einer Erhöhung seiner Politisierung führen kann.

— Prävention: Es sollten Strategien verfolgt werden, die den Schwerpunkt auf die Prävention von Konflikten und Gewalt legen, die zu Menschenrechtsverletzungen führen.

— Schutz: Eine Bestimmung über die Umsetzung der Schutzverantwortung könnte dem Mandat des Rates hinzugefügt werden.

— Universelle periodische Überprüfung: In den UPR-Prozess könnte ein Verfahren für den Umgang mit Menschenrechtsverletzern integriert werden, um sicherzustellen, dass Dialog und Zusammenarbeit auch zu Maßnahmen führen.

— NGOs: Ein formellerer institutioneller Rahmen für die Beziehungen der NGOs zum Rat wäre von Vorteil. Der Konsultativstatus, den NGOs beim ECOSOC genießen, wäre ein Modell dafür.

Die Reform des Menschenrechtsrates wird nicht einfach sein – vor allem, wenn der Reformprozess der Menschenrechtskommission als Beispiel dient -, aber auf lange Sicht wird es verheerende Folgen haben, wenn man es nicht einmal versucht.

5. Verbesserte Personal- und Managementpraktiken

Es besteht ein allgemeiner Konsens unter den Experten, dass der Ansatz der UNO bei der Einstellung von Personal und Verwaltung des internationalen öffentlichen Dienstes verbessert werden muss.

Eine der Hauptkritikpunkte des Sekretariats bezieht sich auf den politisierten Ansatz bei Personalentscheidungen, insbesondere bei Spitzenpositionen. Seit ihrer Gründung im Jahr 2014 hat die Kampagne 1 für 7 Milliarden zu mehr Transparenz bei den wichtigsten UN-Ernennungen und zur Beendigung des derzeitigen Entscheidungsmonopols aufgerufen. Darin wird erläutert, wie die ständigen Mitglieder des Sicherheitsrates den Auswahlprozess für Generalsekretäre dominiert haben und die Kandidaten oft im Gegenzug für die Zusage unterstützen, leitende Positionen für ihre eigenen Staatsangehörigen vorzusehen. Es werden zahlreiche Beispiele genannt, z. B. wie seit 1997 das Department of Peacekeeping Operations von vier aufeinanderfolgenden französischen Staatsangehörigen geleitet wurde und wie fünf aufeinanderfolgende US-Bürger von 1992–2007 das Department of Management geleitet haben (seit 2007 leiten Amerikaner das Department of Political Affairs). Es gibt ähnliche Fälle von Stellen, die von britischen, russischen und chinesischen Staatsangehörigen über mehrere Amtszeiten hinweg besetzt sind. Diese Praxis hindert Staatsangehörige anderer Länder daran, diese Positionen zu übernehmen. 1 für 7 Milliarden argumentiert, dass das Auswahlverfahren ausschließlich leistungsbasiert erfolgen sollte, wie in der UN-Charta festgelegt, so dass der Generalsekretär ein starkes Führungsteam aus allen Regionen der Welt rekrutieren kann (1 für 7 Milliarden 2016).

Die Kommission für globale Sicherheit, Justiz und Governance sah das ähnlich und erklärte, dass die Mitgliedstaaten durch die Generalversammlung die Einstellung von Arbeitskräften auf allen Ebenen politisieren, indem sie den Haushalt bis ins kleinste Detail steuern. Auch kann der Generalsekretär, obwohl er einen gewissen Einfluss auf den Auswahlprozess hat, die Leiter von UN-Organisationen, -Programmen und -Fonds weder ernennen noch entlassen. Die Kommission betonte, dass der Generalsekretär einen größeren Ermessensspielraum bei der Leitung des Sekretariats haben muss. Für die Ernennung von Unterstaatssekretären und stellvertretenden Generalsekretären schlägt sie vor, dass die Mitgliedstaaten die Auswahl weiterhin bestätigen, dem Generalsekretär jedoch eine Reihe von Kandidaten zur Auswahl vorgelegt werden (2015: 93).

Ein zweites Thema, das zunehmend im Fokus steht, sind die Managementpraktiken. In dem Bericht des ehemaligen australischen Premierministers Kevin Rudd aus dem Jahr 2016 fordert er „tiefgreifende Reformen des UN-Managementsystems" und kritisiert, dass sich die Organisation auf „starres Personal" stützt und dass seine „übermäßig hierarchische Struktur ein Erbe aus einer früheren Ära" ist (2016: 21, 35). Er weist auf einige der wichtigsten Probleme hin, vom Unvermögen der Führungskräfte, Mitarbeiter innerhalb oder zwischen den Agenturen zu versetzen, über die Dauer des Einstellungsverfahrens für Mitarbeiter (bis zu 12 Monate) bis hin zu schwerfälligen Verfahren zur Entlassung von Mitarbeitern. Er missbilligt auch das, was er als „Untergang eines festen, professionellen, internationalen öffentlichen Dienstes" bezeichnet, wonach die Chancen für langjährige und erfahrene UN-Mitarbeiter, in leitende Positionen aufzusteigen, durch eine Zunahme externer, politischer Ernennungen geschmälert werden . Er plädiert für eine flachere, flexiblere, effektivere und interdisziplinäre Struktur, die besser auf komplexe Herausforderungen reagieren kann.

Schließlich behauptet Rudd, dass mehr Mitarbeiter des Sekretariats vor Ort sein sollten und weniger in den Hauptsitzen (derzeit sind sie etwa gleich verteilt). Dies würde dazu beitragen, die Arbeit der UNO von der Erstellung von Berichten auf die Ausführung ihres Mandats vor Ort zu verlagern. Gleichzeitig stellt er fest, dass die Aufstiegsmöglichkeiten in den Hauptsitzen überproportional sind und dass verdienstvolle Außendienstmitarbeiter gefördert, belohnt und befördert werden sollten (ebd.: 33). Weiss (2009) hat sich dieser Meinung angeschlossen und fordert, dass die Tendenz, dass sich Beförderungen vor allem durch Arbeit und Kontakte in den angenehmen Räumlichkeiten der Hauptsitze ergeben, beendet wird.

Generalsekretär Guterres hat viele dieser Herausforderungen erkannt und der Reform des Managements als Teil seiner größer angelegten Reformagenda im Jahr 2017 den Vorrang gegeben. Er führte eine Reihe von Veränderungen ein, die Folgendes bewirken sollten: Entscheidungen sollten eher vor Ort getroffen werden, Verantwortung und Transparenz sollten erhöht, Doppelstrukturen und sich überlappende Mandate vermindert werden, den Mitgliedern vor Ort sollte mehr Unterstützung gewährt, Manager mit mehr Macht ausgestattet werden, und die Planungs- und Budgetierungsprozesse sollten reformiert werden. Es ist noch zu früh, um den Einfluss dieser Reformen abschließend zu bewerten, aber sie scheinen nur einen Teil der Probleme in den Bereichen Management und Personal anzugehen.

6. Autonome Eingreiftruppen für die UNO

Es ist unwahrscheinlich, dass reformierte Strukturen allein ausreichen werden, um den Vereinten Nationen bei der Erfüllung ihres Mandats für globalen

Schutz und Entwicklung zu helfen. Die Organisation wird auch zusätzliche Ressourcen benötigen, um die notwendige Autonomie für die Ausführung ihrer Arbeit zu erlangen. Dieser Abschnitt behandelt einen Vorschlag mehrerer Experten, der darauf abzielt, der UNO eine eigene Friedenstruppe für Notfälle und schnelle Eingriffe zur Verfügung zu stellen, während der nächste Abschnitt Ideen für unabhängige Einkommensquellen vorstellen wird.

Peter Langille (2015), einer der führenden Befürworter einer Friedenseingreiftruppe der Vereinten Nationen (UNEPS), hat darauf hingewiesen, dass UN-Friedenstruppen im Laufe der Jahre dazu beigetragen haben, die Situationen in 69 bewaffneten Konflikten weltweit zu verbessern. Das Hauptproblem besteht darin, dass es derzeit 6–12 Monate dauert, bis die UNO eine Friedensmission einleitet – im Gegensatz zu den sieben Tagen, die sie 1956 für den Einsatz von Truppen bei der ersten UN-Friedenssicherung in der Sueskrise benötigte. Darüber hinaus steuern die westlichen Länder mit ihren fortschrittlichen Streitkräften nur noch einen Bruchteil zu den 120.000 Soldaten bei, die die UNO vor Ort hat. Teilweise auf Grund dieser langsamen Reaktion gibt die UNO jetzt jährlich 6,5 Milliarden Dollar für die Friedenssicherung aus, aber erst nachdem sich die Konflikte ausgebreitet haben, Tausende gestorben und Länder zerstört worden sind.

Die Schaffung einer UNEPS würde dazu beitragen, die Ausbreitung von Konflikten mit den daraus resultierenden massenhaften Gräueltaten und enormen Kosten zu verhindern. Seine Hauptmerkmale wären:

- eine ständiger, integrierter UN-Verband;
- hochqualifiziert und gut ausgestattet;
- bereit für die sofortige Entsendung durch den Sicherheitsrat;
- bestehend aus Soldaten, Polizisten und zivilen Experten („multidimensional“);
- fähig zu vielfältigen Aufgaben (z. B. Bewältigung von Sicherheits-, Umwelt- und Gesundheitskrisen);
- 13.000 bis 15.000 professionelle Freiwillige;
- gerechte regionale und geschlechtsspezifische Repräsentation; und
- eine Einsatztruppe, die die ersten sechs Monate abdeckt, bis die Truppen der Mitgliedstaaten einsatzbereit sind.

Das zentrale Ziel der UNEPS wäre es, Aggressionen und deren Ausbreitung zu verhindern. Es gäbe genügend Streitkräfte und Polizisten, um die Ordnung wiederherzustellen und aufrechtzuerhalten, und zivile Teams, die grundlegende Dienstleistungen erbringen. Seine ungefähren Anlaufkosten von 3 Milliarden Dollar und wiederkehrenden Kosten von 1,5 Milliarden Dollar pro Jahr sind zwar beträchtlich, aber im Vergleich zu den jährlichen Militärausgaben weltweit unbedeutend. Ein sehr ähnlicher Vorschlag wurde von Robert Johansen in „A United Nations Emergency Peace Service: To Prevent Genocide and Crimes Against Humanity" sehr ausführlich vorgestellt.

7. Finanzierung der UNO

Im Laufe der Jahre haben UN-Befürworter eine ganze Reihe von Ideen entwickelt, um innovative alternative Finanzierungsquellen für die Organisation zu etablieren. Das grundlegende Problem besteht darin, dass durch die regelmäßigen Haushaltsbeiträge der Mitgliedstaaten (selbst wenn sie bezahlt werden) noch nie ein ausreichendes Budget zur Verfügung gestellt werden konnte, um die Vielzahl der Operationen der UNO zu finanzieren. Auch wenn der Haushalt durch freiwillige Beiträge von Staaten ergänzt wird, sind diese Mittel immer noch unzureichend und tendenziell von den Prioritäten des jeweiligen Gebers abhängig. Sie wurden als „UN à la carte" bezeichnet. Es wird also ständig nach zusätzlichen und unabhängigen Finanzmitteln für die UNO gesucht. Den Vorschlägen mangelt es nicht an Einfallsreichtum, unter anderem wurde die Erhebung von Abgaben (einer Art internationaler Steuer) auf den Luft- und Seeverkehr, auf Waffenverkäufe, transnationale Währungsbewegungen, den internationalen Handel, die Produktion von umweltschädlichen Stoffen und auf die Nutzung von globalen Gemeinschaftsgütern wie den Abbau von Meeresknollen vorgeschlagen – ja selbst eine jährliche UN-Lotterie war im Gespräch. Die Herausforderung liegt darin, diese Abgaben international zu erheben, große Geschäftsbereiche zu finden, die noch nicht besteuert werden, und die eigentliche Steuer gering genug zu halten, um keinen Widerstand hervorzurufen. Ein gutes Beispiel ist die Flugverkehrssteuer, die Frankreich 2005 zur Finanzierung von Unitaid eingeführt hat und die von neun Ländern umgesetzt wurde.

Doch keine dieser relativ einfachen und genialen Ideen wurde jemals weltweit umgesetzt. Viele Kritiker sind der Meinung, dass die Mitgliedstaaten der UNO nicht erlauben, solche Abgaben zu erheben, weil sie nicht wollen, dass die Organisation über ihre eigenen unabhängigen Einnahmequellen verfügt. Vielmehr wollen sie die volle Kontrolle behalten. Eines der Hauptziele der Reformbewegung muss darin liegen, diese Haltung der Regierungen zu verändern.

Diese zuletzt benannte Überlegung veranlasste Joseph Schwartzberg zu einem sehr schlichten Vorschlag, mit dem die UNO auf eine kluge Weise zu ihren ursprünglichen Finanzierungsquellen zurückkehren könnte. Er schlägt vor, das gegenwärtige komplizierte und umstrittene System zur Berechnung der Haushaltsbeiträge der Mitgliedstaaten zu streichen und durch ein System zu ersetzen, bei dem alle Staaten mit einem „sehr kleinen, erschwinglichen und gleichen Prozentsatz" (z. B. zunächst 0,1 Prozent) ihres jeweiligen Bruttonationaleinkommens (BNE) besteuert werden. Er rechnet vor, dass eine solche BNE-Bewertung im Jahr 2010 58,65 Milliarden Dollar eingebracht hätte – mehr als das Doppelte der gesamten laufenden Ausgaben für das komplette UN-System (2013: 201–24).

Steuerhinterziehung ist ein weiteres Thema, das den nationalen Haushalten und damit auch dem Haushalt der Vereinten Nationen schadet. In seinem Buch *Options for Strengthening Global Tax Governance* fordert Wolfgang Obenland die Vereinten Nationen auf, neue Institutionen für eine Plattform für eine Zusammenarbeit im Bereich Steuern zu schaffen. Er behauptet, dass die Welt jährlich Hunderte von Milliarden an Steuereinnahmen verliert, weil es an internationaler Zusammenarbeit in Steuerfragen mangelt, die es reichen Privatpersonen und Unternehmen ermöglicht, Steuern mit Hilfe von Offshore-Steueroasen zu umgehen oder zu vermeiden oder sogar eine Sonderbehandlung in ihren Gastländern zu fordern.

8. Grundsätze und Kriterien für die Schutzverantwortung

Es ist an der Zeit, das zu vollenden, was die Vereinten Nationen bei der Annahme der Resolution über die Schutzverantwortung (R2P) auf dem UN-Gipfel 2005 versäumt haben. Für sich genommen war es einer der wichtigsten Schritte, um dem Missbrauch der nationalen Souveränität einige erste Grenzen zu setzen. Aber in der Entschließung wurden zwei der wichtigsten Elemente des Berichts der Internationalen Kommission für Intervention und staatliche Souveränität, die das Konzept der R2P formuliert hatte, weggelassen. Dies waren die „Grundsätze für militärische Interventionen", die die Kriterien für den Handlungsbedarf des Sicherheitsrates bildeten, und, was noch beunruhigender ist, das gesamte Kapitel über die „Die Verantwortung für die Prävention", das sich mit Frühwarnung vor, Analyse der Ursachen sowie den Methoden der Prävention von Menschenrechtsverletzungen beschäftigte.

Ohne klare Prinzipien für eine Intervention fehlten der UNO die Schlüsselinstrumente, um zu entscheiden, wann R2P umgesetzt werden sollte. Einige böse Zungen behaupteten, dass genau dies die Absicht einiger der Mitglieder der P5 war. Wenn dies der Fall war, ging der Schuss nach hinten los. Als der Sicherheitsrat die NATO-Intervention in Libyen genehmigte, wurden die Grundsätze der „richtigen Absicht" und der „verhältnismäßigen Mittel" sowie das operative „Prinzip der Beschränkungen" nicht beachtet, um die Resolution zu steuern. Die NATO stürzte also die Regierung von Libyen, anstatt nur das menschliche Leid zu beenden oder zu lindern. Wie wir besprochen haben, war dies die Grundlage dafür, dass Russland und China gegen eine UN-Intervention in Syrien Einspruch erhoben haben, mit den uns bekannten Ergebnissen.

Die Kommission hat sechs Grundsätze aufgestellt, die eingehalten werden sollten, bevor die UNO über eine militärische Intervention im Namen des Schutzes der Zivilbevölkerung entscheidet:

- Die „Schwelle für die gerechte Ursache" bedeutet, dass es in großem Umfang zu tatsächlichen oder wahrgenommenen Todesfällen oder ethnischen Säuberungen kommen muss. Menschenrechtsverletzungen, der Umsturz einer Demokratie oder der Wunsch, die eigenen Staatsangehörigen zu retten, sind kein ausreichender Grund.
- Der Grundsatz der „richtigen Absicht" besagt, dass die Intervention darauf abzielen muss, menschliches Leid zu verhindern, was am besten durch „multilaterale Operationen" gewährleistet werden kann, die von der öffentlichen Meinung und den Opfern in der betroffenen Region unterstützt werden.
- Das Prinzip des „letzten Auswegs" sieht vor, dass vor einer Intervention jede Art von Druck durch Verhandlungen und nichtmilitärische Aktionen ausgeschöpft sein muss.
- Der Grundsatz der „proportionalen Mittel" stellte fest, dass Umfang, Dauer und Intensität der Intervention das für die Erreichung der Menschenrechtsziele erforderliche Minimum einhalten müssen.
- Der Grundsatz der „vernünftigen Aussichten" besagt, dass es angemessene Erfolgsaussichten geben muss und dass Maßnahmen keine schlimmeren Auswirkungen haben dürfen als Nichtstun.
- Der Grundsatz der „richtigen Autorität" sieht vor, dass der Sicherheitsrat das geeignete Organ für die Genehmigung von Interventionen ist, aber er sollte umgehend handeln.

Zusätzlich zu diesen R2P-Grundsätzen für militärische Interventionen schlug die Kommission auch „operationelle Grundsätze" vor, einschließlich klarer Ziele, Geschlossenheit des Führungsstabs, Einschränkungen bei der Anwendung von Gewalt („zum Schutz der Bevölkerung, nicht zur Niederlage des Staates"), Einhaltung des Völkerrechts und Koordinierung mit humanitären Organisationen.

Es ist höchste Zeit, dass die UNO diesen Kriterien und Prinzipien für den Einsatz von R2P gebührend Rechnung trägt.

9. Die Verteilung und Kontrolle der globalen Macht

Die meisten Experten sind sich einig, dass es notwendig ist, den Vereinten Nationen mehr Autorität zu verleihen. Thomas Weiss hat in seinen jüngsten Publikationen mutig den Stier bei den Hörnern gepackt. In seinem Buch *What's Wrong with the United Nations and How to Fix It (2009),* schließt er mit der

Aussage: „Global Government statt Global Governance ist ein notwendiger Bestandteil zukünftiger analytischer Perspektiven“. (232). In jüngster Zeit kommt Weiss in seinem Buch *„Governing the World“* zu dem Schluss: „Wir können das Fehlen einer übergreifenden Autorität nicht länger ignorieren und rationalisieren ... Die Menschheit ist kollektiv in der Lage, die Welt besser und gerechter zu regieren.“ (2014a: 101).

Auch der französische Denker Jacques Attali fasste diese Sichtweise gut zusammen und sagte: „Weder ein Imperium noch der Markt werden in der Lage sein, die immensen Probleme, die die Welt erwartet, zu bewältigen. Dazu bedarf es einer Weltregierung. Diese Regierung wird eine Form annehmen, die den heutigen föderalen Regelungen ziemlich nahe kommt. [...] Die globale Regierung überlässt den nationalen Regierungen die Verantwortung für die Gewährleistung der spezifischen Rechte jedes Volkes und den Schutz jeder Kultur, wobei sie für das allgemeine Interesse des Planeten verantwortlich ist und überprüft, ob jede Nation die Rechte jedes einzelnen Bürgers der Menschheit respektiert.“ (2011: 10).

Es besteht jedoch eine weit verbreitete Angst vor globalen Institution mit mehr Befugnissen. Seit der Zeit von Immanuel Kant ist die Angst vor einem globalen Leviathan eines der Hauptargumente gegen die Stärkung der Autorität der Vereinten Nationen oder einer anderen internationalen Institution. Leider teilen auch Kosmopoliten diese Angst vor einer übermächtigen Regierung – auch wenn sie darüber hinaus zu den stärksten Befürwortern eines reformierten internationalen Systems gehören. Dies spiegelt sich sogar in der Science Fiction wider, wo wir die Kräfte der „Föderation“ haben, die diejenigen konfrontieren, die einen bösen und allmächtigen Unterdrücker installieren wollen.

Eine ernstzunehmende Warnung kam von Michael Barnett und Martha Finnemore in ihrem Buch *Rules for the World*. Ihre Forschung konzentrierte sich auf internationale Organisationen als Bürokratien. Sie weisen darauf hin, dass wir seit der Arbeit des deutschen Soziologen Max Weber wissen, dass Bürokratie eine eigenständige Gesellschaftsform mit eigener interner Logik ist, die spezifische Verhaltenstendenzen erzeugt, die gut oder schlecht sein können.

Nach Ansicht der Autoren können Bürokratien komplexe Situationen aufgrund ihrer regelbasierten, hierarchischen, kontinuierlichen, unpersönlichen und fachkundigen Natur steuern. Sie kontrollieren den Zugang zu Wissen und ihr rationaler Prozess macht sie kompetent und effizient. Darüber hinaus prägen Regeln ihre Aktivitäten, ihr Verständnis, ihre Identität und Praktiken sowie die Art und Weise, wie Bürokraten die Welt sehen und soziale Probleme wahrnehmen. Bürokraten erstellen oft Regeln, die das Verhalten anderer vorschreiben. Wenn wir über die Aktivitäten der UNO und der Europäischen

Kommission in diesem Zusammenhang nachdenken, sehen wir, warum es immer wachsenden Widerstand gegenüber oft unangemessenen Vorschriften gibt, die von weit entfernt lebenden, unpersönlichen, sogenannten Experten erlassen werden, die sich der lokalen Bedingungen nicht bewusst sind. Dies ist zum großen Teil der Grund für den Aufstieg des Populismus.

Die Analyse von Barnett und Finnemore zeigt, dass in den fast 300 internationalen Organisationen, die einen Großteil der weltweiten Beziehungen verwalten, eine versteckte Gefahr lauert. Diese Organisationen werden für die Förderung liberaler Ziele wie Menschenrechte und Wirtschaftswachstum gelobt, aber hinter dieser liberalen Fassade verbirgt sich die traurige Wahrheit, dass sie dies mit undemokratischen Verfahren tun. Sie beschreiben, wie Weber erkannte, dass „eine bürokratische Welt ihre eigenen Gefahren birgt, die immer mächtigere und autonomere Bürokraten hervorbringt, die „geistlos" und von Regeln getrieben sein können, die diese Regeln in einer Weise anwenden können, die den Menschen schadet, denen sie dienen sollen". (2004: 172–73).

Wir müssen uns diese Warnungen zu Herzen nehmen, wenn wir über immer mächtigere internationale Organisationen nachdenken. Es wird Bürokratien geben. Doch die begründeten Bedenken, die einige Autoren hinsichtlich einer „Weltregierung" haben, können durch die Gestaltung transformierter globaler Institutionen auf der Grundlage von Teilung und Kontrolle von Macht angegangen werden. Wie Trent in seinem *„Modernizing the United Nations System"* (2007: 237–40, 256–8) erläuterte, lässt sich dies am besten erreichen, indem man das anwendet, was die Demokratien in den letzten zweihundert Jahren über die Teilung und Kontrolle von Macht gelernt haben. Die Techniken des Föderalismus, der Subsidiarität, der Überprüfung und des Ausgleichs, der Gewaltenteilung, der verfassungsmäßig garantierten Freiheiten, der Rechte und der Gleichheit, des Liberalismus, der Rechtsstaatlichkeit, der Transparenz und der Beteiligung tragen alle zur Dezentralisierung der Macht bei. Hinzu kommen die spezifischeren Freiheiten, wie die Meinungs-, Gedanken-, Versammlungs- und Pressefreiheit. Auf den ersten Blick mag es nicht so aussehen, aber die wachsende Ungleichheit zwischen und innerhalb der Länder trägt auch dazu bei, die etablierte Macht zu stärken. Die Reichen nutzen ihr Geld oft, um die politische Elite zu beeinflussen, um Politiken zu entwickeln, die ihren Reichtum stärken – und schaffen so einen Teufelskreis. Die Kontrolle und Verteilung der Macht muss den Kampf gegen die Ungleichheit umfassen.

Die Demokratie selbst steht im Mittelpunkt der Machtverteilung. Viele verbinden Demokratie mit Wahltechniken, aber sie ist viel komplexer als das. Es gibt eine lange Liste von Merkmalen, die oft als die bestimmenden Merkmale der Demokratie angesehen werden: freie, faire und häufige Wahlen, Wettbewerb, Teilnahme, Widerspruch, bürgerliche Freiheiten, Rechte, Meinungs-, Informations- und Versammlungsfreiheit, Rechtsstaatlichkeit, ein wirksamer Staat, Rechenschaftspflicht, Gleichheit, integrative Staatsbürgerschaft, individuelle und Minderheitenrechte, Überprüfung und Ausgleich, Verfassungsschutz und eine aktive Zivilgesellschaft (Geissel et al., 2016). Zusammengenommen gewährleisten diese Eigenschaften die Zirkulation, Verteilung, Aufteilung und Kontrolle der Macht, ein zentrales Ziel der Demokratie. Vor zwei Jahrhunderten gaben nur wenige den aufstrebenden Demokratien eine große Chance, bestehen zu bleiben, aber durch die Kontrolle der Macht sind wir weit gekommen. Diese Techniken müssen in allen Vorschlägen für die Reform der globalen Institutionen nachgebildet werden.

Ein weiteres Konzept, auf das wir kurz eingehen können, ist das des Weltföderalismus. Der Föderalismus ist ein Mechanismus zur Schaffung von Regeln und Normen für die Verteilung der Gerichtsbarkeiten und für einen anhaltenden, von Prinzipien gesteuerten Machtkampf. Im Föderalismus behält jede politische Einheit ihre eigenen „souveränen" Verantwortlichkeiten und Befugnisse. In funktionierenden Föderationen mit einer verfassungsmäßigen Rechtsstaatlichkeit und mehreren politischen Parteien gibt es keine Machtkonzentration. Es ist eine grundlegende Technik, um sicherzustellen, dass das „Zentrum" nicht zu viel „Autorität" ansammelt. Es ist auch das, was es riesigen Gebieten wie Kanada und den Vereinigten Staaten ermöglicht hat, eine einzige Zentralregierung zu haben, gepaart mit einer deutlichen Weitergabe von Macht an die Provinzen/Territorien oder Staaten. So würde der Weltföderalismus ein ständiges Gleichgewicht der Kräfte zwischen den Staaten und einer UNO mit mehr Autorität fördern. Wir können also davon ausgehen, dass, selbst wenn die UNO über kleine, aber autonome Friedenskräfte und Finanzierungsquellen verfügt, die Mitgliedstaaten immer noch ihre eigenen nationalen Militär- und Polizeikräfte sowie ihre eigenen Gesetzgebungen, Gerichte, öffentlichen Dienste und alles andere, was souveräne Nationalstaaten ausmacht, besitzen würden.

Es sei hinzugefügt, dass der so genannte Föderalismus auch die Regierungsform in Ländern wie Russland ist, die nicht gerade als Vorbilder für Demokratie und Freiheit gelten. Wir müssen also verstehen, dass der Föderalismus eine notwendige Technik zur Machtverteilung ist, aber keineswegs ausreicht, um die Dezentralisierung und Kontrolle von Autorität zu gewährleisten.

Sich mit den Techniken der globalen Demokratie und des Weltföderalismus zu beschäftigen, mag nicht dringlich erscheinen, aber die Berücksichtigung der vielfältigen Techniken zur Kontrolle und Verteilung der Macht in internationalen Organisationen mit mehr Entscheidungsbefugnissen muss eine Priorität sein.

Sequenzierung von Reformvorschlägen: Wo soll man anfangen?

Diese Liste möglicher Transformationen der UNO führt sofort zu der Frage: Wo soll man anfangen? Der folgende Abschnitt, der dieses Buch abschließen wird, untersucht einen möglichen Weg, um die öffentliche und politische Unterstützung für Reformen zu mobilisieren, damit sie auf die internationale Agenda gesetzt werden. Bevor wir zu diesem Thema kommen, müssen wir darüber nachdenken, in welche Abfolge wir die Reformvorschläge bringen können.

Wie wir bereits gesagt haben, ist es nicht unsere Absicht, ein umfassendes Programm oder einen Stufenplan für eine Reform vorzulegen. Vielmehr wollten wir dem Leser zeigen, wie viele Überlegungen bereits für eine UN-Reform angestellt worden sind, und eine Reihe von Vorschlägen unterbreiten, mit denen weitergearbeitet werden kann. Darüber hinaus gibt es noch viele andere, die von Wissenschaftlern, der Zivilgesellschaft und anderen UN-Experten stammen. Diese Themen zu sortieren oder zu bewerten, ist keine leichte Aufgabe. Die Entwicklung eines methodischen Ansatzes ist daher hilfreich. Einige der Fragen, die wir uns stellen müssen, wenn wir überlegen, wie wir Prioritäten setzen, sind: Wie dringend ist der Reformbedarf? Wie groß ist der Umfang und die Reichweite? Wie leicht könnten Reformen erreicht werden? Wie hoch würden die Kosten sein? Wie lange könnte es dauern? Gibt es/gäbe es einen politischen Willen? Gibt es/würde es öffentliche Unterstützung geben? Wie weit sind die Vorschläge entwickelt? Besteht unter den Experten Konsens darüber, was zu tun ist? Gibt es einen einflussreichen Fürsprecher?

Joseph Schwartzberg (2013) beschäftigt sich intensiv mit der Abfolge der UN-Reformen. Er schlägt vor, dass manche Änderungen leichter akzeptiert werden können, und dass diese einen Einstieg in weitere Reformen möglich machen könnten. Seine Präferenz wäre zunächst: die Verbesserung der UN-Finanzierung durch ein neues Haushaltssystem; die Wiedererlangung der Legitimität durch gewichtete Abstimmungen in allen UN-Organen (d. h. unter Berücksichtigung der Bevölkerungsgröße und der wirtschaftlichen Beiträge der Staaten für den Umfang ihrer Stimmen anstelle der simplen Regelung, ein Staat – eine Stimme); die Schaffung eines Sicherheitsrates, der durch gewichtete regionale Abstimmungen und nach der Abschaffung des Vetos universell repräsentativ ist; und die Einrichtung einer ständigen UN-Friedenstruppe, die komplett aus Freiwilligen besteht.

Nur wenige wehren sich gegen den Vorschlag, dass die UNO über ihre eigenen Einnahmequellen verfügen muss, obwohl viele es vorziehen würden, dass diese aus einer Art von Besteuerung stammen. Viele akzeptieren auch die Notwendigkeit einer Art Notfall-Friedenstruppe. Doch um diese beiden Ressourcen zu erhalten, muss die Organisation *eine* akzeptierte Legitimität besitzen.

Aus diesem Grund ist das Konzept der gewichteten Abstimmung so wichtig. Die Europäische Union nutzt das Prinzip der gewichteten Stimmen, und es scheint dort recht gut zu funktionieren. Im Bereich der globalen Institutionen könnte dieses Konzept dazu beitragen, die Tendenz großer Länder zu unterbinden, aus dem Stimmengewirr der UNO zu flüchten und sich lieber in den G7 und G20 einzubringen, damit ihre Stimmen so gehört werden, wie es ihrer Größe entsprechen würde.

Vier Schritte in Richtung „Renaissance" der Vereinten Nationen

Wir sind zu dem Schluss gekommen, dass noch erhebliche Vorarbeiten geleistet werden müssen, bevor die Reformen in Gang kommen. Die gesamte Frage der Erneuerung der UNO muss zunächst auf die internationale Agenda gesetzt werden. Dies erfordert eine erhebliche Führungs-, Bildungs- und Kommunikationsarbeit. Gleichzeitig wird die Überwindung etablierter Interessen und natürlicher Tendenzen zur Aufrechterhaltung des Status quo eine immense Mobilisierung der öffentlichen Unterstützung bei der Schaffung eines politischen Willens erfordern. Aller Wahrscheinlichkeit nach wird keines von beiden ohne die Bemühungen einer engagierten und nachhaltigen Bewegung erreicht werden, die auf Veränderungen in diese Richtung drängt. Dieser letzte Abschnitt untersucht, wie wir eine zivilgesellschaftlich geführte UN-Renaissancebewegung hervorbringen und wie strategische Kampagnen und Lobbyarbeit die öffentliche Unterstützung und den politischen Willen für einen transformativen Wandel auf die Beine stellen können.

1. Erfassung von Akteuren und Interessen

Ein nützlicher erster Schritt zum Aufbau einer erfolgreichen Reformbewegung, die in der Bevölkerung genügend Unterstützung findet, um zu politischem Handeln zu führen, ist ein tiefes Verständnis der beteiligten Akteure. Dies gilt für Verbündete ebenso wie für Gegner.

Beginnen wir mit der Identifizierung potentieller Verbündeter, um Möglichkeiten für die Bildung von Koalitionen zu erkennen. Ein erster Schritt ist die Suche nach zivilgesellschaftlichen Organisationen, die sich für eine effektivere Global Governance einsetzen und eine gemeinsame Vision für eine gerechtere und legitimere UNO teilen. Es gibt auch eine Reihe von Staatengruppen, die ihre Bedenken über den Status quo geäußert und Reformen bei den Vereinten Nationen gefordert haben. Einige dieser Regierungen sind vielleicht bereit, sich zusammenzuschließen, um gemeinsam auf Maßnahmen hinzuarbeiten. Ein Beispiel ist die Allianz für Multilateralismus, die im April 2019 auf Initiative der Außenminister von Frankreich und Deutschland gegründet wurde, um die weltweite Zustimmung zu einer regelbasierten, institutionellen Ordnung zu erneuern, unter anderem durch die Reform internationaler Einrichtungen. Die Allianz öffnet sich auch für nicht-staatliche Akteure wie wichtige Interessenvertreter und deren Partner.

Es gibt auch Verbündete innerhalb der UNO und anderen internationalen Organisationen, die sich eine effektivere globale Institution wünschen. Das Zentrum des Wandels wird aus einer Partnerschaft von NGOs und gleichgesinnten Staaten sowie Reformern in den Vereinten Nationen entstehen.

Nicht alle, die als Verbündete identifiziert wurden, werden sich auf dieselben Themenbereiche konzentrieren, noch werden sie sich unbedingt darauf einigen können, wie manche der Probleme gelöst werden sollen. Dafür können themenspezifische Gruppen oder Ausschüsse gebildet werden, wie dies bei der in Kasten 18 diskutierten NGO-Koalition für einen Internationalen Strafgerichtshof der Fall war.

Natürlich befürwortet nicht jeder einen rationalen und fortschrittlichen Wandel zu funktionsfähigeren globalen Institutionen. Der deutlichste Widerstand kam von den Mitgliedsstaaten selbst, insbesondere von den mächtigsten. Die jüngste Welle von rechtspopulistischem Nationalismus, der sich im Westen ausbreitet, stellt eine zusätzliche Bedrohung für die Reformversuche dar, da die Stimmung gegen den Globalismus mit isolationistischer Politik, Handelsbarrieren und Einschränkungen der Freizügigkeit von Menschen einhergeht. Solche Politiker reagieren auf die verständliche Enttäuschung, die viele als Folge der ungerechten Verteilung der Vorteile der Globalisierung sowie der Probleme, die aus einer stärkeren regionalen und globalen Integration resultieren, empfunden haben. Anstatt sich für die Verbesserung der globalen Institutionen einzusetzen, um die negativen Auswirkungen des Lebens in einer globalisierten Welt besser zu bewältigen, schlagen sie vor, die positiven Errungenschaften der letzten Jahrzehnte zurückzudrehen, einschließlich der Fortschritte in den Bereichen Klimapolitik, Handel, Regionalismus und Multilateralismus, Diplomatie, Bemühungen zur Verbesserung der Besteuerung und der Umweltregulierung, Humanitarismus, Multikulturalismus, Rüstungsreduzierung sowie Frieden und Sicherheit. Der amerikanische Präsident Donald Trump ist das deutlichste Beispiel dafür, mit den gefährlichen Attacken, die er und seine Regierung seit seinem Regierungsantritt im Jahr 2017 auf multilaterale Einrichtungen und Verträge gefahren haben – inklusive die UNESCO, die WHO, das Übereinkommen von Paris, den ICC, die WTO, und das Iran-Abkommen. Die Wahlen im Jahr 2020 werden entscheiden, ob die USA diesen Weg weiter beschreiten werden.

Potentieller Widerstand könnte auch von all denen ausgehen, die von internationalen Konflikten, Ungleichheiten und allgemeinem Chaos profitieren. Darunter fällt das reichste Ein Prozent (was zusammen über fünfzig Prozent des Weltkapitals kontrolliert), die möglicherweise kein besser reguliertes internationales System unterstützen, das beispielsweise Offshore-Steueroasen bekämpfen könnte. Es gibt auch diejenigen, die wirtschaftlich von Krieg und weltweiten Militärausgaben profitieren, die 2019 auf 1,9 Billionen Dollar geschätzt wurden. Und natürlich gibt es die vielen Täter innerhalb von Konflikten und Kriegen.

Nicht alle Gruppen von Akteuren werden klar identifizierbare Interessen oder Rollen haben. Die Medien (was zugegebenermaßen ein breiter Begriff ist, der eine große Vielfalt von Organisationen beinhaltet, von CNN über DemocracyNow! bis hin zu Breitbart News) haben zu verschiedenen Zeiten unterschiedliche Rollen gespielt. Auf der einen Seite gab es zum 75-jährigen Bestehen der UNO eine ausgewogene und qualitativ hochwertige Berichterstattung in den Mainstream-Medien, die die vielen Erfolge der Organisation würdigte und gleichzeitig auf die Notwendigkeit von Veränderungen hinwies. Gleichzeitig haben die Medien die UNO oft negativ dargestellt, wie Ende 2016, als sie es versäumt haben, über ein erfolgreiches Beispiel für Länder zu berichten, die sich gegen die Untätigkeit des Sicherheitsrates in Syrien zusammenschlossen, und sich stattdessen dafür entschieden haben, über die Ernennung von Wonder Woman zur Ehrenbotschafterin zu schimpfen. Angesichts des ziemlich direkten Zusammenhangs zwischen Medienberichterstattung und öffentlicher Meinung kann dieses Beispiel erklären, warum wir eine relativ schlecht informierte und ambivalente Öffentlichkeit haben.

Es gibt weitere Akteure und Interessen, die ebenfalls betrachtet werden sollten, von denen viele vielleicht keine klaren Verbündeten oder Gegner sind. Dazu gehören verschiedene Teile des UN-Systems selbst, regionale Gruppierungen, religiöse Organisationen, multinationale Unternehmen und andere, die in diesem Buch untersucht wurden.

2. Bildung intelligenter Koalitionen von Verbündeten

Damit viele der substanzielleren Reformen verwirklicht werden können, muss wahrscheinlich eine Koalition oder sogar mehrere Koalitionen gebildet werden, um eine breitere Bewegung in Fahrt zu bringen. Zu den Merkmalen dieser intelligenten Koalitionen, die sich aus NGOs und einigen Regierungen zusammensetzen, gehören: Ideen, Führung, Fachwissen, geschickte Verhandlungen, Mobilisierung von Netzwerken und Ressourcen, konkrete Tagesordnungen, Ziele und Indikatoren sowie Instrumente zur Messung von Fortschritten und zur Reaktion auf Rückschläge.

Was das Personal betrifft, so werden für diese Reformen NGO-Experten, internationale Praktiker, Kommunikatoren, Wissenschaftler, pensionierte Politiker und idealerweise einige Vertreter williger Regierungen benötigt. Häufig müssen komplexe Reformen in überschaubare, themenspezifische Bereiche aufgeteilt werden, die von Akteuren mit spezifischem Fachwissen betreut werden können.

Es ist nützlich, aus früheren Beispielen erfolgreicher Koalitionen zu lernen, wie z. B. der Koalition für einen Internationalen Strafgerichtshof, der Internationalen Koalition für R2P, der Internationalen Kampagne zum Verbot von Landminen, 1 für 7 Milliarden und kürzlich die UN2020 Kampagne, die alle von der World Federalist Movement mobilisiert wurden. Diese Kampagnen kamen zustande, als die Bedingungen in der Generalversammlung die Chance eröffneten, Impulse für die spezifische Reform zu geben. NGOs und Regierungen nutzten die relativen Vorteile des jeweils anderen. NGOs setzten ihr Fachwissen, ihre Fähigkeit, die Medien zu informieren und den Diskurs zu gestalten, und ihre Möglichkeiten ein, abweichende Regierungen durch Naming and Shaming-Kampagnen in Verlegenheit zu bringen. Freundliche Regierungen nutzten ihr Geld und ihre Ressourcen, um Verhandlungen zu führen und Entscheidungen zu beeinflussen. Die Kampagnen basierten auf einer starken und einfachen normativen Botschaft. Anstatt die oppositionellen Regierungen (sogar der P5) direkt zu konfrontieren, manövrierten sie die Koalitionen mit Unterstützung einer großen Mehrheit von Staaten einfach aus. Die Koalition für einen Internationalen Strafgerichtshof wird in Kasten 18 näher beschrieben.

Kasten 18: Eine NGO-Koalition, die Geschichte geschrieben hat

Die Koalition für den Internationalen Strafgerichtshof (CICC) entstand im Jahr 1995, als sich 25 zivilgesellschaftliche Organisationen zusammenschlossen, um sich für einen ständigen Internationalen Strafgerichtshof einzusetzen. Bis 1997 war die Koalition auf 450 Organisationen angewachsen. Nach dreieinhalb Jahren intensiver Fürsprachearbeit und ausgeprägter Zusammenarbeit innerhalb von und zwischen verschiedenen NGOs, Regierungen und dem UN-Sekretariat, veranstalteten die beteiligten Regierungen eine diplomatische Konferenz in Rom, und 120 Länder verabschiedeten das Römische Statut, mit dem der ICC eingerichtet wurde. Die Rolle der Koalition war dabei enorm. Der Informationsaustausch, die rechtliche Analyse und die Fürsprachearbeit, die sie vor und während der Konferenz geleistet hat, werden allgemein als entscheidend für das Ergebnis angesehen. Der Koalition wird eine Reihe von Errungenschaften zugeschrieben, nämlich die Unabhängigkeit des Gerichtshofs und seines Strafverfolgers, ein starker Opfer- und Zeugenschutz sowie die Einbeziehung von Geschlechterdelikten.

Die Koordination der mehr als 200 NGOs, die an der Konferenz teilnahmen, und die Erzielung dieser Ergebnisse war eine große Leistung. Die Koalition bestand aus einem Lenkungsausschuss von einem Dutzend NGOs und regionalen Ausschüssen, die alle Regionen der Welt vertraten. Es wurden zusätzlich thematische Ausschüsse gebildet, um sich mit spezifischen Themen zu befassen. Das waren: Fraueninitiative für Geschlechtergerechtigkeit, Arbeitsgruppe Opferrechte, der konfessionsbezogene Ausschuss, Ausschuss für die Universelle Gerichtsbarkeit, Kinderausschuss und Friedensausschuss. Das World Federalist Movement-Institute for Global Policy (WFM-IGP) und sein Exekutivdirektor William R. Pace dienten als Sekretariat für das gesamte Netzwerk.

Über 25 Jahre später ist die Koalition nach wie vor aktiv. Ihre jüngsten Bemühungen im Kampf für die internationale Justiz konzentrierten sich auf die Ermutigung von afrikanischen Ländern, im ICC zu bleiben, die Einschränkung des Vetorechts des Sicherheitsrates (das die Untersuchung von Verbrechen in Syrien verhinderte) und den Versuch, die Regierungen daran zu hindern, den International Gerichtshof zu schwächen.

Quelle: Koalition für den ICC – Website

Die UN2020 Kampagne ist das jüngste Beispiel eine Koalition für die Reform der UNO, die von der Zivilgesellschaft angeführt wird. Unter Leitung des World Federalist Movement-Canada nutzte diese Kampagne das 75-jährige Jubiläum der UNO, um Bilanz zu ziehen und das UN-System durch einen erneuerten Multilateralismus zu stützen. Die Initiative, die über 800 NGS hinter sich versammelt, umfasste verschiedenste Elemente, unter anderem die UN75 People's Declaration and Plan for Global Action (die Erklärung der Völker für die UN75 und der Plan für Globale Aktion) und der Eminent Persons Open Letter (Offener Brief von Herausragenden Persönlichkeiten). Bis jetzt hat die Declaration and Plan for Action über 770 Empfehlungen erhalten. Der Eminent Persons Open Letter, der sich an Regierungschefs wendet und ein stärkeres, verantwortungsvolleres und umfassend multilaterales System fordert, wurde von 49 ehemaligen Präsidenten und Ministerpräsidenten, UN Führungspersonal und Regierungsministern unterschreiben. Die Mitgliedsstaaten der UNO erkannten ebenfalls das Potential für Erneuerung, das das 75-jährige Jubiläum bot. Auf der Generalversammlung der UNO wurde im September 2020 eine Gedenkerklärung mit dem Ziel der Stärkung des UN-Systems angenommen. Sie besagt unter anderem, dass insbesondere angesichts der Coronavirus-Pandemie „Multilateralismus nicht eine Option, sondern eine Notwendigkeit für den Wiederaufbau einer Welt mit mehr Gleichberechtigung, mehr Widerstandskraft und mehr Nachhaltigkeit ist. Die Vereinten Nationen müssen im Zentrum unserer Anstrengungen stehen." Die Erklärung beinhaltete 12 Bekenntnisse zu zukünftigen Aktionen: Niemanden zurücklassen; unseren Planeten schützen; den Frieden fördern und Konflikte verhindern; das Völkerrecht einhalten und Gerechtigkeit gewährleisten; Frauen und Mädchen in den Mittelpunkt stellen; Vertrauen aufbauen; die digitale Zusammenarbeit verbessern; die Vereinten Nationen aufwerten; eine nachhaltige Finanzierung sicherstellen; Partnerschaften fördern; der Jugend zuhören und mit ihr zusammenarbeiten; und vorbereitet sein.

3. Marketing der UNO und ihrer Errungenschaften zum Aufbau öffentlicher Unterstützung

Eine Hauptaufgabe einer intelligenten Koalition wäre es, durch eine effektive Marketingkampagne öffentliche Unterstützung für maßgeblichere globale Institutionen zu generieren. Menschen in anderen Bereichen und Branchen scheinen die Bedeutung des Marketings viel besser zu verstehen als diejenigen, die eine UN-Reform wünschen. Man denke nur an die Unternehmer, die oft mehr Zeit mit Marketing verbringen als mit dem Erfinden. Oder die Athleten, die genauso hart an ihren Strategien arbeiten wie am Muskelaufbau. Oder die Filmmogule, die sich genauso sehr um die Publikumswirksamkeit bemühen wie um die Filmproduktion. Die Reformwilligen müssen die Bedeutung der UNO sowie ihre zahlreichen Errungenschaften einem Publikum vermitteln, das nach wie vor nicht davon überzeugt ist, dass eine bessere Global Governance sogar dringend notwendig ist. Dies erfordert eine erhebliche Führungs-, Bildungs- und Kommunikationsarbeit. Es erfordert auch die Einbeziehung externer Spezialisten aus verschiedenen Disziplinen – Strategen, Kommunikatoren, Pädagogen, Psychologen, Verhaltensökonomen, Marketingfachleute und Mobilisierer.

In diesem Buch haben wir unsere kollektive Unfähigkeit beobachtet, Strategien zu entwickeln und Maßnahmen zu ergreifen, um den Herausforderungen, die über die Fähigkeiten eines einzelnen Staates hinausgehen, angemessen zu begegnen. Wir haben untersucht, welche neuen institutionellen Kapazitäten die UNO benötigt, um diese Lücke zu schließen, und wie ein erster Schritt in diese Richtung darin besteht, die Bemühungen zur Nutzung der Souveränität fortzusetzen. Die Frage ist, wie genau wir die Bürger dazu bringen können, eine größere Autorität der UNO positiv zu sehen?

Einige nützliche Erkenntnisse lieferte Matthias Ecker-Ehrhardt in seinem Artikel „Why do citizens want the UN to decide?“. Er untersuchte die fünfte Welle der World Values Survey und zog mehrere Schlussfolgerungen über die öffentliche Haltung, der UNO mehr Entscheidungsbefugnis zu geben. Erstens stellte er fest, dass die öffentliche Unterstützung der UN-Behörde im Allgemeinen stark mit dem Glauben von Menschen verbunden ist, dass viele aktuellen Probleme von globaler Tragweite sind und dass die Nationalstaaten nicht in der Lage sind, sie allein zu bewältigen. Eine zweite Erkenntnis ist, dass Bürger mächtiger Nationen die UN-Autorität positiver einschätzen, weil ihre Machtbasis es ihnen ermöglicht, internationale institutionelle Regelungen zu etablieren, die ihre Interessen wahren. Schließlich stellte er fest, dass die soziale Legitimität der weltweiten Institutionen bereits jetzt gering ist. Global Governance „Architekten" oder „Unternehmer" – diejenigen, die auf Reformen drängen – sollten sich bewusst sein, dass jeder Versuch, einfach mehr Autorität in bestehende Institutionen ‚hochzuladen', wahrscheinlich zu weiterem Widerstand führen wird. Ecker-Ehrhardt kam zu dem Schluss, dass institutionelle Ungleichheit und verzerrte Machtverteilung überzeugend angegangen werden müssen, bevor wirksame globale Institutionen eine breite Akzeptanz finden.

Die Lektion dieser Forschung lautet, dass je mehr Menschen glauben, dass globale Herausforderungen die Fähigkeiten von Staaten übersteigen, desto mehr werden sie globale Behörden unterstützen – außer wenn sie denken, dass die gegenwärtigen Institutionen der Welt zugunsten von Großmächten oder Sonderinteressen ausgerichtet sind, in diesem Fall werden sie eine institutionelle Reform fordern, die die Macht gerechter verteilt. Marketing- und Kommunikationsmaßnahmen müssen diese Erkenntnisse berücksichtigen.

Eine weitere weltweite Umfrage zu den Meinungen über die UNO wurde kürzlich durch die UN75-Initiative durchgeführt, bei der über eine Million Weltbürger mit Hilfe von Fragebögen und Interviews einbezogen wurden, um das 75-jährige Jubiläum der UN zu feiern. Die Ergebnisse verheißen Gutes für den Multilateralismus und die UNO, da 87% der Befragten glauben, dass internationale Zusammenarbeit für die Bewältigung der gegenwärtigen Herausforderungen notwendig ist. Die Mehrzahl der befragten Personen war der Meinung, dass die Covid-19-Krise internationale Zusammenarbeit noch dringlicher gemacht hat. Darüber hinaus dachten 60% der Befragten, dass die UN in der Vergangenheit die Welt verbessert haben, aber 74% sehen die Rolle der UNO als „essentiell", um in Zukunft die globalen Herausforderungen zu bewältigen (UN75 2020). Dies deutet darauf hin, dass die Menschen wahrscheinlich für eine effektive Kommunikationskampagne empfänglich wären.

Natürlich sollte die Einbeziehung der Öffentlichkeit nicht in die alleinige Verantwortung einer zivilgesellschaftlichen Koalition für Reformen fallen. Die UNO selbst muss mehr Zeit und Energie in ihre Öffentlichkeitsarbeit investieren und ihre Erfolge, wie die Verleihung des jüngsten Friedensnobelpreises an das Welternährungsprogramm, vermarkten Diese Beobachtung wurde von Kevin Rudd gemacht, der der UNO die Ernennung eines leitenden Kommunikationsbeauftragten empfahl, der „die Kommunikationsstruktur und -strategie der UNO überarbeitet, um ihre Botschaft den Mitgliedstaaten, der Öffentlichkeit, den Medien und dem Rest des UN-Systems wirksam zu vermitteln" (2016: 62). Seine Begründung ist genau das, was wir schon gesagt haben: „Die UNO hat eine gute Geschichte zu erzählen, aber sie erzählt sie nicht effektiv." Er schlug vor, dass die UNO eine neue Kommunikationsstrategie entwickelt, die alle Medienplattformen in mehreren Sprachen nutzt und eher Klartext spricht als „UN-Dialekt" verwendet, „der für den Rest der Welt unverständlich ist". Obwohl klargestellt wird, dass dies kein Ersatz für die individuellen Kommunikationsbemühungen der UN-Organisationen sein wird, betonte Rudd die Notwendigkeit eines UN-weiten Ansatzes zur Verbesserung der Integrität ihrer Marke.

4. Umwandlung von öffentlicher Unterstützung in politisches Handeln

Können wir davon ausgehen, dass eine effektive soziale Bewegung und ein entsprechender Meinungswandel in der Öffentlichkeit zu einem politischen Willen zum Wandel führen wird? Die kurze Antwort ist ja. In den letzten Jahrzehnten wurde eine Fülle von Untersuchungen über die Auswirkungen der öffentlichen Meinung auf die öffentliche Ordnung durchgeführt, und die Beweise sind überzeugend. In seinem Buch *How Change Happens* untersucht Duncan Green, Autor und Forschungsleiter bei Oxfam, wie es Aktivisten gelungen ist, einen Normenwandel zu erreichen (2016: 48–56). Er räumt ein, dass Regierungen in seltenen Fällen die Quelle neuer Normen waren, erklärt aber, wie viele Kernelemente des Staates, wie soziale Sicherheit, Bildung und Gesundheit, von Aktivisten formuliert wurden, bevor sie vom Staat übernommen wurden. Dies gilt auch für die Sicherung verschiedener Gruppenrechte, darunter Frauenrechte, Kinderrechte, Rechte von Behinderten und Rechte von Homosexuellen. Die typische Vorgehensweise ist, dass Aktivisten öffentliche Unterstützung erhalten, und Politiker auf die Wünsche der Wähler reagieren, indem sie Veränderungen umsetzen.

In ihrem Artikel „When the pillars fall: how social movements can win more victories like same sex marriage" beschreiben Mark und Paul Engler (2014), dass der Kampf für die Gleichstellung der Ehe in den USA ein Prozess war, wo sich die Konsensmeinung der Öffentlichkeit aus einer Vielzahl von Gründen änderte und Politiker und Gerichte mit Entscheidungen nachzogen. „Die Veränderung entstand dadurch, dass sich die große Mehrheit nicht länger an eine alte Ordnung halten wollte, die auf Vorurteilen beruhte. Sie war deutlich spürbar, lange bevor sie in Kraft trat, und lange bevor sie von den Führungspersonen anerkannt wurde, die sich jetzt darum bemühen, ihre persönliche Weiterentwicklung zu demonstrieren". Noch 1990 hielten 75 Prozent der Amerikaner Homosexualität für unmoralisch. Politiker wussten, dass eine öffentliche Unterstützung für gleichgeschlechtliche Ehen ihre Karriere beenden würde. 1996 verabschiedete der US-Senat mit überwältigender Mehrheit den *Defense of Marriage Act*, der die Ehe eng definierte und den gleichgeschlechtlichen Paaren Bundesleistungen verweigerte. Aber die Bewegung trug nach und nach die „Säulen der Unterstützung" ab, Institutionen der Gesellschaft, die den Status quo legitimierten. In diesem Fall war die Verweigerung der Gleichberechtigung gleichgeschlechtlicher Paare ein System, das von den Kirchen, den Medien, der Wirtschaft, dem Militär, dem Bildungssystem, den Gerichten und so weiter unterstützt wurde.

Die öffentliche Unterstützung für gleichgeschlechtliche Ehen stieg stetig an, bis sie 2011 einen Höhepunkt erreichte, Umfragen zufolge lag sie zum ersten Mal in der Geschichte bei mehr als 50 Prozent. Die öffentliche Meinung hatte sich verändert, und rechtliche und politische Siege folgten in rascher Folge. Im Jahr 2012 erklärte Präsident Obama, dass er seine Position zu diesem Thema geändert habe, ebenso wie Bill Clinton, der den *Defense of Marriage Act* nur anderthalb Jahrzehnte zuvor geleitet hatte. In einer einzigen Woche im April 2013 erklärten sechs US-Senatoren ihre Unterstützung der Ehegleichstellung. Dieses Beispiel stellt eine wichtige Lektion für andere soziale Bewegungen dar: „Anstatt von einer kühlen Berechnung der realen Situation auszugehen – eine kluge Einschätzung dessen, was im aktuellen politischen Klima erreichbar war –, beruhte das Streben nach Gleichstellung in der Ehe auf einer transformativen Vision." (Engler und Engler, 2014).

Natürlich kommt dieser Fall aus den USA, die über starke demokratische Institutionen verfügen. Inwieweit funktioniert die Annahme, dass die öffentliche Meinung zu politischen Veränderungen führt, an Orten mit undemokratischen Regimen? Schließlich werden die Forderungen durch innenpolitische Institutionen gefiltert, und die Sensibilität der politischen Eliten für die Forderungen der Wähler ist sehr unterschiedlich hoch. Doch der Begriff der „Stützpfeiler" ist genauso anwendbar. Wenn Beamte, Militärs, Kaufleute und alle anderen, die ein Regime effektiv unterstützen, sich plötzlich weigern würden, mit ihm zusammenzuarbeiten, könnten sie selbst die autoritärste Diktatur zu Fall bringen. Durch das Entfernen von genügend Säulen wird der Tempel einstürzen und der Tyrann wird fallen (ebd.).

An diesem Beispiel und anderen, die in diesem Buch untersucht wurden, sollte deutlich geworden sein, dass soziale Bewegungen wichtig sind. In vielen Fällen sind sie der wichtigste Faktor, der zu Veränderungen führt. Nehmen wir zum Beispiel die Forschung von Laurel Weldon und Mala Htun darüber, welche Faktoren den Wandel in der Politik von Regierungen zur Bekämpfung von Gewalt gegen Frauen auf der ganzen Welt antreiben, die Green in seinem Buch (2016: 55–56) präsentiert. Sie erhoben über vier Jahrzehnte hinweg Daten aus 70 Ländern über verschiedene Formen staatlichen Handelns (Rechts- und Verwaltungsreformen, Präventionsmaßnahmen, Ausbildung usw.) und anderen Faktoren wie Gesetzgeberinnen, wirtschaftlichem Entwicklungsstand, und dem politischen System. Sie kamen zu dem Schluss, dass es unter allen Umständen die Präsenz starker feministischer Bewegungen war, die den größten Einfluss darauf hatten, ob ein Land eine umfassende Politik zur Bekämpfung von Gewalt gegen Frauen hatte oder nicht. Die öffentliche Meinung und der politische Druck können und werden zu politischem Handeln führen.

Zusammenfassend lässt sich sagen, dass wir durch die Untersuchung von nationaler und internationaler Politik erkannt haben, dass die Schaffung eines signifikanten politischen Wandels einer Reihe von Komponenten bedarf. Informierte Bürger müssen ein massives öffentliches Problem erkennen, in diesem Fall, dass die bestehenden internationalen Organisationen nicht in der Lage sind, globale Probleme zu überwinden. Aktivisten müssen sich für eine transformative Vision einsetzen, wahrscheinlich in Partnerschaft mit Politikern und anderen Verbündeten. Es muss eine Reformbewegung eingeleitet werden – idealerweise eine, die darauf abzielt, die „Säulen der Unterstützung" für die Aufrechterhaltung des Status quo zu untergraben. Es muss eine breite öffentliche Unterstützung erzeugt werden, um die Entscheidungsfindung von Eliten zu beeinflussen.

Schlussbemerkungen

Der Blick in die Geschichte legt nahe, dass eine Reformbewegung höchstwahrscheinlich beginnen wird, wenn eine kleine Anzahl von gleichgesinnten Staaten und zahlreiche zivilgesellschaftliche Organisationen mit starken Führungs- und Kommunikationsfähigkeiten eine breite und nachhaltige Unterstützung für eine UNO mit ausreichender Autorität mobilisieren können. Dies sollte der Hauptschwerpunkt von Aktivisten sein, die sich mit unserer derzeitigen kollektiven Unfähigkeit, die Welt zu regieren, befassen.

Es sei daran erinnert, dass all diese potentiellen Reformen beiseite geschoben werden könnten, wenn die nationalistische und isolationistische Politik weiter an Fahrt gewinnt, zumindest für kurze Zeit. Wenn dies geschieht, werden die Reformen dennoch wieder aktuell werden, wenn immer mehr Bürger erkennen, dass die Renaissance der weltweiten Institutionen notwendig ist, um sich mit globalen Fragen zu befassen. Es kann sogar dazu führen, dass sie wieder ins Rampenlicht rücken, wobei die Reformagenda als dringender denn je angesehen wird. Die UNO und der Völkerbund gründeten sich sowohl auf kumulative historische Entwicklungen als auch auf die Impulse, die von der Geißel der Weltkriege ausgingen. Aber mit all den modernen Waffen können wir wahrscheinlich keinen weiteren weltweiten Konflikt überleben. Wir müssen hoffen, dass die Angst vor globalen Katastrophen wie der Coronavirus-Pandemie die Staats- und Regierungschefs der Welt dazu zwingen wird, sich für Reformen statt für Konflikte oder Chaos zu entscheiden. Die Krise des Multilateralismus könnte gerade genug Licht auf das werfen, was wir zu verlieren haben, um die Zweifler und Gläubigen zusammenzubringen, um die UNO wiederzubeleben.

> *„Du wirst vielleicht nie wissen was deine Handlungen bewirken, aber wenn du nichts tust, wird auch nichts bewirkt."* Mahatma Gandhi

Bibliographie

1 for 7 Billion (2016). "Campaign Calls for Transparency and End To Monopoly On Top UN Appointments". Aufgerufen am 5. Oktober 2020. http://www.1for-7billion.org/news/2016/6/13/campaign-calls-for-transparency-and-end-to-monopoly-on-top-un-appointments.

Adams, Barbara and Karen Judd (2016). *Reinventing Development: Reforming the UN for People and Planet,* Rosa Luxemburg Stiftung New York Office.

A Fair Globalization: Creating Opportunities for All (2004). Report of the Commission on the Social Dimensions of Globalization, Geneva, International Labour Organization.

Amnesty International (2016). "World Leaders have Shirked Responsibility on Refugee Crisis". Aufgerufen am 5. Oktober 2020. https://www.amnesty.org/en/press-releases/2016/09/world-leaders-have-shirked-responsibility-on-refugee-crisis/.

Amnesty International (2017). "Syria: Secret campaign of mass hangings and extermination at Saydnaya Prison". Aufgerufen am 5. Oktober 2020. https://www.amnesty.org/en/latest/news/2017/02/syria-investigation-uncovers-governments-secret-campaign-of-mass-hangings-and-extermination-at-saydnaya-prison/.

Annan, Kofi (2005). *In Larger Freedom: Toward Development, Security, and Human Rights, Report of the Secretary-General.* Aufgerufen am 5. Oktober 2020. https://www.who.int/hdp/publications/4a.pdf?ua=1.

Archer, C. (2001). *International Organizations* (3rd ed.), London, Routledge.

Attali, Jacques (2011). *Demain, qui gouvernera le monde?* Paris, Fayard.

Axworthy, Lloyd (2003). *Navigating a New World: Canada's Global Future,* Toronto, Alfred A. Knopf.

Barrnett, Michael and Martha Finnemore (2004). *Rules for the World: International Organizations in Global Politics,* Ithica, Cornell University Press.

Basic Facts about the United Nations (2017) New York, United Nations Department of Public Information.

British Council and SEUK (2015). "Think Global Trade Social: How business with a social purpose can deliver more sustainable development". Aufgerufen am 5. Oktober 2020. https://www.britishcouncil.org/sites/default/files/seuk_british_council_think_global_report.pdf.

Browne, Stephen and Thomas G. Weiss, ed. (2014). *Post-2015 UN Development: Making change happen?* Oxon/New York, Routledge.

Cameron, Maxwell A. (2002). "Global Civil Society and the Ottawa Process: Lessons from the movement to ban anti-personnel mines", Andrew Cooper et al. op.cit.

Caron, David (1993). "The Legitimacy of the Collective Authority of the Security Council", *American Journal of International Law.*

Chase-Dunn Christopher & Salvatore J. Babones (2006), *Global Social Change,* Baltimore, The John Hopkins University Press.

Chesterman, Simon (2015). "The Secretary-General We Deserve?", *Global Governance,* 21(4).

Childers, Erskine with Brian Urquhart (1994). *Renewing the United Nations System,* Uppsala, Sweden, the Dag Hammarskjöld Foundation.

Claude, I.L. (1966). *Swords into Ploughshares: The Problems and Progress of International Organizations,* London, University of London Press.

Coalition for the International Criminal Court website. Aufgerufen am 5. Oktober 2020. http://www.coalitionfortheicc.org/.

Commission on Global Security, Justice and Governance (2015). *Confronting the Crisis of Global Governance,* Hague Institute for Global Justice and Washington, the Stimson Centre.

Compare Your Country. Official Development Assistance 2015. Aufgerufen am 5. Oktober 2020. http://www2.compareyourcountry.org/oda?cr=20001&cr1=oecd&lg=en&page=1.

Cooper, Andrew et al (eds.) (2002). *Enhancing Global Governance: Towards a New Diplomacy?* Tokyo, United Nations University Press.

Corner, Mark (2010). *The Binding of Nations: From European Union to World Union,* Houndmills, U.K., Palgrave Macmillan.

Deudney, Daniel (2006). *Bounding Power: Republican Security Theory from the Polis to the Global Village,* Princeton, Princeton University Press.

Dodds, Felix (2015). "Multi-stakeholder partnerships: Making them work for the Post-2015 Development Agenda". Aufgerufen am 5. Oktober 2020. http://www.un.org/en/ecosoc/newfunct/pdf15/2015partnerships_background_note.pdf.

Doyle, Michael W. & Nicholas Sambanis (2007). "Peacekeeping Operations" in Weiss & Daws op.cit.

Ecker-Ehrhardt, Matthias (2016). "Why do citizens want the UN to decide? Cosmopolitan ideas, particularism, and global authority", *International Political Science Review,* 37(1).

Economic and Social Council (ECOSOC, 2016). Meetings coverage: Partnership Forum on March 31, 2016. "Sustainable Development Goals Offer Chance to Create Synergies between All Parties, Special Advisor Says at Economic and Social Council Partnership Forum". Aufgerufen am 5. Oktober 2020. http://www.un.org/press/en/2016/ecosoc6746.doc.htm.

Engler, Mark and Paul Engler (2014). "When the pillars fall: how social movements can win more victories like same-sex marriage". Waging Nonviolence. Aufgerufen am 5. Oktober 2020. http://wagingnonviolence.org/feature/pillars-fall-social-movements-can-win-victories-like-sex-marriage/.

Evans, Gareth (2015). Speech: "Responsibility to Protect: After Libya and Syria". Aufgerufen am 5. Oktober 2020. http://www.gevans.org/speeches/speech585.html.

A Fair Globalization: Creating Opportunities for All (2004). Report of the Commission on the Social Dimensions of Globalization, Geneva, International Labour Organization.

Fasulo, Linda (2015). *The Insider's Guide to the UN,* 3rd Edition, Yale University Press.

Freedman, Rosa (2011). *The UN Human Rights Council: A Critique and Early Assessment.* Doctoral thesis, University of London.

Freedman, Rosa (2015). *Failing to Protect: The UN and the Politicization of Human Rights,* New York, Oxford University Press.

Future United Nations Development System (FUNDS, 2014). UN FUNDS 2014 survey. Aufgerufen am 5. Oktober 2020.https://www.futureun.org/media/archive1/surveys/FUNDS2014Surveysummaryresults.pdf

Future United Nations Development System (FUNDS, 2016). Delivering As One: Could it Help the 2030 SDG Agenda? Aufgerufen am 5. Oktober 2020. https://futureun.org/media/archive1/briefings/FUNDS_Brief38_DeliveringAsOne_Feb2016.pdf.

Geissel, Brigitte, Marianne Kneuer, & Hans-Joachim Lauth (2016). "Measuring the quality of Democracy: Introduction", *The International Political Science Review,* 37(5): 571–580.

Goldin, Ian (2013). *Divided Nations: Why Global Governance is Failing and What Can be Done About It,* Oxford, Oxford University Press.

Green, Duncan (2016). *How Change Happens*, Oxford, Oxford University Press.

Hanhimäki, Jussi M. (2015). *The United Nations: A Very Short Guide,* Oxford University Press.

Hoge, Warren (2005). "U.N. Condemns Zimbabwe for Bulldozing Urban Slums". New York Times. Aufgerufen am 7. April 2017. http://www.nytimes.com/2005/07/23/world/africa/un-condemns-zimbabwe-for-bulldozing-urban-slums.html?_r=0.

Human Rights Watch (2002). News: "International Criminal Court a Reality: Human Rights Watch Applauds Historic Justice Benchmark". Aufgerufen am 5. Oktober 2020. http://iccnow.org/documents/4-11-2002HRW.pdf

ILO 2015. *Global Employment Trends for Youth.* Aufgerufen am 5. Oktober 2020. https://www.ilo.org/wcmsp5/groups/public/---dgreports/---dcomm/---publ/documents/publication/wcms_737648.pdf.

ILO 2016. *Women at Work. Trends 2016.* Aufgerufen am 5. Oktober 2020. http://www.ilo.org/wcmsp5/groups/public/---dgreports/---dcomm/---publ/documents/publication/wcms_457317.pdf.

International Commission on Intervention and State Sovereignty (2001). *The Responsibility to Protect,* Ottawa.

Inter-Parliamentary Union 2016. *Youth participation in national parliaments.* Aufgerufen am 5. Oktober 2020. http://archive.ipu.org/pdf/publications/youthrep-e.pdf.

Joint SDG Fund. Aufgerufen am 5. Oktober 2020. https://jointsdgfund.org/

Jolly, Richard, Louis Emmerij and Thomas Weiss (2005). *The Power of UN Ideas,* City University of New York.

Jonah, James O.C. (2007). 'Secretariat: Independence and Reform', in Weiss & Daws, op.cit.

Keane, John (2003). *Global Civil Society,* Cambridge, Cambridge University Press.

Knight A.W. (2002). "The Future of the UN Security Council" in Andrew Cooper et al. *Enhancing Global Governance,* Tokyo, United Nations University Press.

Langille, Peter (2015). "Team UN, world police: why we need an emergency peace service", The Conversation. Aufgerufen am 5. Oktober 2020 http://theconversation.com/team-un-world-police-why-we-need-an-emergency-peace-service-42491.

Lee, Rachel (2007). *The Jericho Pact,* Don Mills, Ontario, MIRA Books.

Lopez-Claros, Augusto, Arthur L. Dahl, & Maja Groff (2020). Global Governance and the Emergence of Global Institutions for the 21st Century, Cambridge University Press,

Lu, Catherine (2006). "World Government", *Stanford Encyclopedia of Philosophy,* Stanford Calif., Stanford University Press.

Luck, Edward C. (2015). 'R2P at Ten: A New Mindset for a New Era?', *Global Governance,* 21(4):499–504.

Luck, Edward C. (2003). *Reforming the United Nations: Lessons from a History in Progress,* New Haven, Academic Council on the United Nations System.

Lyons, F.S.L. (1963). *Internationalism in Europe: 1815–1914,* Leiden, A.W. Sijthoff.

MacMillan, Margaret (2002). *Paris 1919,* New York, Random House Paperbacks.

Malone, David (2007). 'Security Council', in Weiss & Daws, op.cit.

Mani, Rama (2007). 'Peaceful Settlement of Disputes and Conflict Prevention', in Weiss & Daws, op.cit.

Market Research 2019. "Global Crowdfunding Market Size, Status and Forecast 2019-2025". Accessed on October 5, 2020. https://www.marketresearch.com/QYResearch-Group-v3531/Global-Crowdfunding-Size-Status-Forecast-12411297/

Mazower, Mark (2013). *Governing the World: The History of an Idea, 1815 to the Present,* New York, Penguin Books.

Meacham, Jon (2003). *Franklin and Winston,* New York, Random House.
Monbiot, George (2016). *How Did We Get Into this Mess?* London, Verso.
Monks, Kieron (2017). "M-Pesa: Kenya's mobile money success story turns 10". CNN. Aufgerufen am 5. Oktober2020. https://www.cnn.com/2017/02/21/africa/mpesa-10th-anniversary/index.html
Murphy, C. N. (1994). *International Organization and Industrial Change: Global Governance Since 1850,* Cambridge, Polity Press.
Newman, Edward (2007). Secretary-General, in Weiss & Daws, op.cit.
Obenland, Wolfgang (2016). *Options for Strengthening Global Tax Governance,* Bonn, Friedrich-Ebert Stiftung.
OECD. Development Finance Data. Aufgerufen am 5. Oktober 2020. http://www.oecd.org/dac/stats/data.htm.
OECD (2006). *International Migrant Remittances and their Role in Development.* Aufgerufen am 7. April 2017. http://www.oecd.org/els/mig/38840502.pdf.
Piketty, Thomas (2015). *The Economics of Inequality,* Cambridge Mass, the Belknap Press of Harvard University Press.
Plesch, Dan and Thomas G. Weiss (2015). "1945's Lesson: 'Good Enough' Global Governance Ain't Good Enough", *Global Governance,* 21(2).
Ramcharan, Bertrand G. (2011). *The UN Human Rights Council,* Global Institutions series, Oxon/New York, Routledge.
Reimagining the Future: Towards Democratic Governance (2000). La Trobe University, Australia, Toda Institute, Japan, Focus on Global South, Thailand.
Reinalda, Bob (2001). *International Conferences at the Heart of International Organizations,* Canterbury, European Consortium for Political Research.
Reinalda, Bob (2003). *The Evolution of Public and Private International Organizations Before 1919,* Paper prepared for the 19th World Congress of the International Political Science Association, Durban, South Africa.
Rixen, Thomas (2011). "Global Tax Governance", *Global Governance.*
Roche, Douglas (2015). *The United Nations in the 21st Century,* Toronto, James Lorimer.
Roser, Max and Esteban Ortiz-Ospina (2017). 'Global Extreme Poverty'. Published online at OurWorldInData.org. Aufgerufen am 5. Oktober 2020. https://ourworldindata.org/extreme-poverty/.
Rothkopf, David (2008). *Superclass,* New York, Penguin.
Rudd, Kevin the Hon. (2016). *UN 2030: Rebuilding Order in a Fragmenting World,* Chair's Report, Independent Commission on Multilateralism, New York, International Peace Institute.
Sanchez, Raf (2016). "Turkey forces aid group Mercy Corps to shut down its operations". New York Times. Aufgerufen am 5. Oktober 2020. http://www.telegraph.co.uk/news/2017/03/08/turkey-forces-aid-group-mercy-corps-shut-operations/.

Saudi Press Agency (2016). “Ambassador Al-Moallami: Re-electing the Kingdom as Member of the Human Rights Council Reflects the International Community’s Trust”. Aufgerufen am 5. Oktober 2020. http://www.spa.gov.sa/viewstory.php?lang=en&newsid=1553296.

Schemeil, Yves (2003). “Expertise and Politics: Consensus Making within the World Bank and the World Meteorological Association”, in Bob Reinalda & Bertjan Verbeek (eds.) *Decision-Making in International Organizations,* London, Routledge.

Schlesinger, Stephen C. (2003). *Act of Creation: The Founding of the United Nations,* New York, Westview Press.

Schwartzberg, Joseph E. (2013). *Transforming the United Nations System: Designs for a Workable World,* Tokyo, United Nations University Press.

Senate Select Committee on Intelligence (2014). “Committee Study of the Central Intelligence Agency’s Detention and Interrogation Program”. Aufgerufen am 5. Oktober 2020. http://www.intelligence.senate.gov/sites/default/files/press/findings-and-conclusions.pdf.

Smith, Michael G. (2016). ‘Review of the UN High-Level Independent Panel on Peace Operations: Uniting Our Strengths for Peace: Politics, Partnerships and People’, in *Global Governance* 22 (2): 179–187.

South Centre (1996). *For a Strong and Democratic United Nations: A South Perspective on United Nations Reform,* Geneva, the South Centre.

Tapscott, Don (2014). “A Bretton Woods for the 21st Century”. Harvard Business Review. Aufgerufen am 5. Oktober 2020. https://hbr.org/2014/03/a-bretton-woods-for-the-21st-century.

Trahan, Jennifer (2020). Existing Legal Limits to Security Council Veto Power in the Face of Atrocity Crimes, Cambridge University Press.

Trent, John E. (2007). *Modernizing the United Nations System: Civil Society’s Role in Moving from International Relations to Global Governance,* Opladen, Barbara Budrich Publishers.

UBUNTU (2004). “Proposals for the Reform of the System of International Institutions: Future Scenarios”, Barcelona, Technical University of Catalonia. Aufgerufen am 7. April 2017. http://www.ubuntu.org/pdf/seminari_eng.pdf.

UN75 (2020). The Future We Want, The UN We Need”. Accessed October 5, 2020. https://www.un.org/sites/un2.un.org/files/un75report_september_final_english.pdf.

United Nations (1960). *Declaration on the Granting of Independence to Colonial Countries and Peoples.* Aufgerufen am 7. April 2017. http://www.un.org/en/decolonization/declaration.shtml.

United Nations (1987). Report of the World Commission on Environment and Development: Our Common Future. Aufgerufen am 5. Oktober 2020. http://www.un-documents.net/our-common-future.pdf.

United Nations (2012). Independent Evaluation of Delivering as One. Main Report. Aufgerufen am 7. April 2017. http://www.un.org/en/ga/deliveringasone/pdf/summaryreportweb.pdf.

United Nations (2013). Press Release: Secretary-General Statement. "Culture, Religion, Tradition Can Never Justify Denial of Rights, Secretary-General Stresses in Message to Conference on Sexual Orientation, Gender Identity". Aufgerufen am 7. April 2017. http://www.un.org/press/en/2013/sgsm14944.doc.htm.

United Nations (2013). A Million Voices: the World We Want. Aufgerufen am 5. Oktober 2020. http://www.ohchr.org/Documents/Issues/MDGs/UNDGAMillionVoices.pdf.

United Nations (2015). Sustainable Development blog post: "UN Secretary-General's initiative aims to strengthen climate resilience of the world's most vulnerable countries and people". Aufgerufen am 7. April 2017. http://www.un.org/sustainabledevelopment/blog/2015/11/un-secretary-generals-initiative-aims-to-strengthen-climate-resilience-of-the-worlds-most-vulnerable-countries-and-people/.

United Nations (2016). "Opening remarks: High Level Thematic Debate on Peace and Security". Aufgerufen am 7. April 2017. http://www.un.org/pga/70/2016/05/10/opening-remarks-high-level-thematic-debate-on-peace-and-security/.

United Nations Department of Economic and Social Affairs (UNDESA 2019). World Population Prospects 2019. Aufgerufen am 5. Oktober 2020. https://population.un.org/wpp/Publications/Files/WPP2019_Highlights.pdf

United Nations Educational, Scientific and Cultural Organization (UNESCO), Global Education First Initiative (GEFI). Aufgerufen am 5. Oktober 2020. http://www.unesco.org/new/en/gefi/partnerships/.

United Nations High Commissioner for Refugees (UNHCR 2014). "Statement by António Guterres, United Nations High Commissioner for Refugees, Third Committee of the General Assembly, 69th Session, 5 November 2014". Aufgerufen am 5. Oktober 2020. http://www.unhcr.org/admin/hcspeeches/545b36759/statement-antonio-guterres-united-nations-high-commissioner-refugees-third.html.

United Nations Human Rights Council (UNHRC 2017). "Human rights abuses and international humanitarian law violations in the Syrian Arab Republic, 21 July 2016–28 February 2017". A/HCR/34/CPR.3 on 10 March 2017. Aufgerufen am 7. April 2017. http://www.ohchr.org/EN/HRBodies/HRC/IICISyria/Pages/IndependentInternationalCommission.aspx.

United Nations Information Service Vienna (UN Information Service). "United Nations in General". Aufgerufen am 7. April 2017. http://www.unis.unvienna.org/unis/en/topics/selection_secretary-general.html.

United Nations Office of the High Commissioner for Human Rights (UN OHCHR 2016). “Zeid’s Global Human Rights Update”. Aufgerufen am 7. April 2017. http://www.ohchr.org/EN/NewsEvents/Pages/GlobalHumanRightsUpdate.aspx.

United Nations Research Institute for Social Development (UNRISD 2015). Matthew Martin. “Beyond Addis: How Can We Finance the SDGs?” Aufgerufen am 5. Oktober 2020. http://www.unrisd.org/UNRISD/website/newsview.nsf/(httpNews)/4F6F18839672DBEEC1257EBA004314A5?OpenDocument.

United Nations Secretariat (2015). Report of the Secretary-General. Implementation of General Assembly Resolution 67/226 on the quadrennial comprehensive policy review of operational activities for development of the United Nations system (QCPR). Aufgerufen am 5. Oktober 2020. http://www.un.org/en/ecosoc/qcpr/pdf/sg_report_on_qcpr_adv_2015.pdf.

United Nations Secretary-General (UNSG 2013). Secretary-General’s address to the General Assembly on 22 January 2013. Aufgerufen am 7. April 2017. https://www.un.org/sg/en/content/sg/statement/2013-01-22/secretary-generals-address-general-assembly.

United Nations Secretary-General (UNSG 2013). Secretary-General’s remarks at High-Level Event on Supporting Civil Society, delivered on 23 September 2013. Aufgerufen am 5. Oktober 2020. https://www.un.org/sg/en/content/sg/statement/2013-09-23/secretary-generals-remarks-high-level-event-supporting-civil-society.

United Nations Secretary-General (UNSG 2016). Secretary-General’s remarks at Columbia University Commencement, delivered on 18 May 2016. Aufgerufen am 5. Oktober 2020. https://www.un.org/sg/en/content/sg/statement/2016-05-18/secretary-generals-remarks-columbia-university-commencement-prepared.

United States Institute of Peace. “Confronting Crimes Against Humanity”. Aufgerufen am 5. Oktober 2020. http://www.usip.org/sites/default/files/file/09sg.pdf.

Volt, Jonathan (2015). “Opinion: Why does United Nations Secretary-General insist on placing Public-Private Partnerships in the heart of the Post 2015 Development Agenda?” Earth System Governance. Aufgerufen am 7. April 2017. http://sdg.earthsystemgovernance.org/sdg/news/2015-03-19/opinion-why-does-united-nations-secretary-general-insist-placing-public-private-part.

Waltz, Kenneth N. (1965). *Man, the State and War,* New York, Columbia University Press.

Weiss, Thomas and Sam Daws (eds.) (2007). *The Oxford Handbook of the United Nations,* Oxford, Oxford University Press.

Weiss, Thomas G., David P. Forsythe, Roger A. Coate and Kelly-Kate Pease (2014). *The UN and Changing World Politics* 7th Edition, Westview Press.
Weiss, Thomas G. (2009). *What's Wrong with the United Nations and How to Fix It?* Cambridge, Polity Press.
Weiss, Thomas G. (2011). *Thinking about Global Governance: Why People and Ideas Matter,* Oxon/New York, Routledge.
Weiss, Thomas G. (2014a). *Governing the World,* Boulder, Paradigm Publishers.
Weiss, Thomas G. (2014b). "After Syria, Whither R2P?". E-International Relations. Aufgerufen am 5. Oktober 2020. https://www.e-ir.info/2014/02/02/after-syria-whither-r2p/.
Weiss, Thomas G. (2018). Would the World Be Better Without the UN? Polity Press.
Weiss, Thomas G. and Rorde Wilkinson (eds.) (2018), International Organization and Global Governance, Second Edition, Routledge.
Wells. H.G. (1933) *The Shape of Things to Come,* Gutenberg Project electronic book.
Wendt, Alexander (2003). "Why a World State is Inevitable", *European Journal of International Relations.*
World Bank. "The World Bank Group and the United Nations: Working Together for Development". Aufgerufen am 7. April 2017. http://www.un.org/esa/ffd/ffd3/wp-content/uploads/sites/2/WBG-UN-Brochure.pdf.
World Bank (2019). Press release. "Record High Remittances Sent Globally in 2018". Accessed October 5, 2020. https://www.worldbank.org/en/news/press-release/2019/04/08/record-high-remittances-sent-globally-in-2018.
World Court of Human Rights. World Court of Human Rights Development Project, The Case for Support. Aufgerufen am 5. Oktober 2020. http://www.worldcourtofhumanrights.net/project-overview.
World Food Programme (WFP 2014). News: "For 64 Million People, It's A Dollar, For 1.7 Million Syrian Refugees It's A Lifeline". Aufgerufen am 5. Oktober 2020. https://www.wfp.org/news/64-million-people-its-dollar-17-million-syrian-refugees-its-lifeline.
World Health Organization (2015). Report of the Ebola Interim Assessment Panel. July 2015. Aufgerufen am 5. Oktober 2020. https://www.who.int/csr/resources/publications/ebola/report-by-panel.pdf?ua=1.
Youth Envoy website. Aufgerufen am 5. Oktober 2020. http://www.un.org/youthenvoy/about/.